Volkswirtschaftliche und wirtschaftsgeschichtliche Abhandlungen

herausgegeben von

Wilhelm Stieda

o. ö. Professor der Nationalökonomie in Leipzig

III. Folge Heft 5

Der Außenhandel Serbiens

Von

Dr. Ivan Z. Nestorović

„Es handelt sich nicht so sehr um den im Volke verfügbaren Güterwert, wohl aber um den des Volkes selbst"

Leipzig
Verlag von Veit & Comp.
1913

Volkswirtschaftliche und wirtschaftsgeschichtliche Abhandlungen

herausgegeben von

Wilhelm Stieda

o. ö. Professor der Nationalökonomie in Leipzig

III. Folge Heft 5

Der Außenhandel Serbiens

Von

Dr. Ivan Z. Nestorović

„Es handelt sich nicht so sehr um den im Volke verfügbaren Güterwert, wohl aber um den des Volkes selbst.“

Leipzig
Verlag von Veit & Comp.
1913

Druck von Metzger & Wittig in Leipzig.

MEINEM EDLEN BRUDER

MILAN

IN DANKBARKEIT!

Vorwort.

Die vorliegende Arbeit stellt einen Versuch dar, die Entwicklung des Außenhandels Serbiens zu schildern. Sie zerfällt in 2 Teile: Der erste mehr allgemeine Teil, gibt einen Überblick über die Produktionsverhältnisse, über die geschichtliche Entwicklung des serbischen Handels und der Zoll- und Handelspolitik Serbiens. Der zweite, spezielle Teil schildert die Entwicklung des serbischen Außenhandels, seine Bedeutung und gegenwärtige Lage. Bei der Untersuchung der volkswirtschaftlichen Erscheinungen war die heimische Literatur bei weitem nicht ausreichend, weshalb ich auf den Weg der Fragebogen und zum Teil auf eigene Erfahrungen angewiesen war. Nicht zu unterschätzende Dienste leisteten mir das Deutsche Handelsarchiv und die Berichte der k. k. österreichisch-ungarischen Konsularämter.

Eine angenehme Pflicht erfülle ich, wenn ich dem Sekretär des serbischen Wirtschaftsministeriums, Herrn Dr. M. Todorović und dem Statistiker Herrn B. Miloschević, die zu meinem Studium der tatsächlichen Handelsverhältnisse Serbiens mit beigetragen haben, hierdurch meinen aufrichtigen Dank abstatte.

Leipzig, Februar 1912.

Der Verfasser.

Inhalt.

Erster Teil.

§ 1. Produktionsverhältnisse Serbiens.

Bevor wir zeigen, welche Rolle Serbien, dieses relativ noch so junge Mitglied der europäischen Staatenfamilie im Tausch und Verkehr von wirtschaftlichen Gütern mit anderen Staaten spielt, ist es wichtig hervorzuheben, welche Fähigkeit Serbien überhaupt besitzt, die sowohl für seine eigenen als auch für fremden Bedarf notwendigen wirtschaftlichen Güter zu erzeugen. Es sind bekanntlich drei Hauptfaktoren, die die Produktionsfähigkeit eines jeden Landes, folglich auch Serbiens, bedingen: Äußere Natur, Arbeit und Kapital.

a) Die äußere Natur. In der Mitte des nördlichen Teiles der Balkanhalbinsel gelegen und fast gleichweit von den drei Meeren, dem Adriatischen, Ägäischen und Schwarzen Meer entfernt, hat Serbien doch kein mittelmäßiges Klima wie Italien, Süd-Frankreich und Spanien, sondern ein kontinental-gemäßigtes aufzuweisen. Das ist an sich merkwürdig, weil Serbien in derselben geographischen Breite liegt, wie die genannten Länder. Der Grund hierfür ist einerseits in den zwischen der Meeresküste und Serbien sich erstreckenden Gebirgen zu suchen, andererseits in seiner kontinentalen Lage. Die durchschnittliche Sommerwärme im Juli beträgt + 21,6° C, die durchschnittliche Winterkälte im Januar — 1° C und die durchschnittliche Jahrestemperatur beziffert sich auf + 10,7° C. Die Feuchtigkeit des Klimas ist in allen Gegenden Serbiens die gleiche und auch auf die Jahreszeiten ziemlich gleichmäßig verteilt. Der Regenmesser verzeichnet jährlich 690,5 mm Niederschlag.[1] Der Wind ist, außer wenn „Gornjak" und „Koschava" auftreten, nicht allzu stark, so daß seine Triebkraft in nicht unbedeutendem Maße für Windmühlen benutzt werden kann.

Serbien ist ein Gebirgsland. Unter 21 über 1000 m hohen Bergen erreichen manche die Höhe von 2000 m. Dieses, von zahlreichen Flüssen durchquerte Gebirgsland bietet nicht nur mancherlei geradezu alpine Schönheiten, sondern führt vielen Flüssen große Wasserläufe zu, wodurch eine gedeihliche Entwicklung der Mühlen- wie auch der elektrischen Industrie ermöglicht wird. So bestanden z. B. im Jahre 1906 etwa 30 größere Industrieunternehmungen, die als Triebkraft Wasser verwendeten. Infolge seiner gebirgigen Struktur gehört Serbien nicht zu den fruchtbaren Ländern. Der Boden ist für das Wachstum der Pflanzen nicht gerade günstig. Dazu kommt noch, daß bis in die neueste Zeit niemand den serbischen Bauer ge-

[1] Annuaire statistique du Royaume de Serbie 1906, S. 732.

lehrt hat, wie dem Boden mehr Nährkraft zu verleihen sei. Die Baufähigkeit, d. i. die physikalische Beschaffenheit der Ackerkrume, ist an und für sich nicht schlecht.[1]

Trotz der nicht gerade günstigen Bodenbeschaffenheit werden in Serbien doch alle Zweige der Landwirtschaft, darunter auch Viehzucht, mit ziemlichem Erfolg betrieben. Zerealien aller Art gedeihen vorzüglich, so daß nach diesen eine starke Nachfrage auf dem Weltmarkte vorhanden ist, besonders seitdem das Getreide wegen der Vervollkommnung des Verkehrswesens die Ware des Welthandels geworden ist.[2] Von gleicher Wichtigkeit sind serbische Pflaumen und serbisches Pflaumenmus im Welthandel. Der Viehstand hat namentlich durch die vortreffliche Schweine- und Rinderzucht eine bedeutende Höhe erreicht. Das Urteil des italienischen Sanitätsinspektors Dr. Abelardo Boccalari aus Genua bestätigt die Güte der Qualität des serbischen Viehes. „Ich mußte", — so berichtet er — „den außerordentlichen Eindruck bekennen, den das serbische Vieh zur Zeit meiner Tätigkeit in einigen Schlachthäusern auf mich gemacht hat. Das Fleisch hat eine schöne intensiv rote Farbe und einen sehr angenehmen Geruch, »sui generis«. An diesen Tieren sind nicht die geringsten Zeichen der Tuberkulose zu bemerken, was sehr wichtig ist, da man an dem zum Schlachten bestimmten Vieh solche Zeichen vielfach findet...."[3]

Nach der Erhebung vom 31. Dezember 1905 betrug die Gesamtoberfläche Serbiens 48306,6 qkm, d. h. 4830260 ha; davon sind 3525908 ha, d. i. 73%, Kulturland und 1304325 ha oder 27% Nichtkulturland. Von diesen 73% Kulturboden entfällt die Hälfte auf Wald und Weide, die andere Hälfte besteht aus Äckern und Wiesen.[4] Der Gesamternteertrag im Jahre 1906 bezifferte sich nach den Kulturarten wie folgt:[5]

Kulturarten	Oberfläche des Kulturlandes in ha	Mztr	kg pro ha
Getreide	646898	5760839	1068
Mais	548155	7057909	1306
Garten- u. Küchengewächse	38174	1812725	—
Handelspflanzen	15973	224243	—
Wein	34803	574402	—
Pflaumen	132085	3443802	3068
Anderes Obst	—	1041523	—
Wiesen und Kleefelder	325644	5565453	2030
Stroh	300830	5438572	—

Der Bestand an Vieh war nach der letzten Erhebung im Jahre 1905:[6]

[1] Berichte, vorgelegt dem Wirtschaftsministerium für das Jahr 1906. Teil II. S. 10, 65—72.

[2] H. W. d. Staats-Wiss. Bd. IV. 1909. Dr. Wiedenfeld: Die Organisation des Getreidehandels. S. 771.

[3] Berichte, vorgelegt dem Wirtsch.-Min., S. 160.

[4] A. a. O. S. 106.

[5] Annuaire statistique de Serbie. 1906. S. 253 u. 254.

[6] A. a. O. S. 298 u. 299.

Viehgattung	Stück	auf 100 ha kommen Stück	auf 100 Einwohner kommen Stück
Pferde	174363	3,6	6,56
Rinder	962503	20,1	36,07
Büffel.	7450	—	—
Esel und Maultiere. .	1986	—	—
Schweine	908108	18,8	33,80
Schafe	3160166	65,4	117,56
Ziegen	510063	—	18,98

Serbien ist besonders reich an Wäldern und Mineralschätzen. Seine bewaldete Oberfläche bedeckte im Jahre 1906 900830,90 ha; auf Eichenwälder entfällt $^1/_{10}$ des ganzen Waldbestandes, außerdem sind Fichten-, Tannen- und Buchenwälder besonders vertreten. Der größte Teil der Wälder ($^2/_3$) ist Staatseigentum.[1]

Auch der Mineralreichtum Serbiens ist, wie erwähnt, nicht unbedeutend. Das Land ist in dieser Beziehung noch nicht vollständig erforscht, doch werden schon zahlreiche Erzgruben ausgebeutet. Gold, Silber, Kupfer, Blei, Antimon, Mühl- und Wetzsteine sind Mineralien des serbischen Bergbaues. Gold findet man als Waschgold in den Flüssen Ostserbiens und als Quarzgold in nicht unbeträchtlichem Maße. Über Mangel an fossilen Brennstoffen, insbesondere der Steinkohle, kann sich Serbien nicht beklagen. Diese „schwarzen Diamanten“ sind die wichtigsten Hilfsstoffe des serbischen Gewerbefleißes und wohl auch für die künftige Großindustrie; allerdings wird für letztere der Mangel an Eisen stets ein fühlbares Hemmnis zu allzu großer Ausdehnung sein. Es sind insgesamt 42 Erzgruben vorhanden (davon 17 Kohlengruben), und der Wert der daraus gewonnenen Mineralien bezifferte sich auf 4948927 Dinar. Mangel an Kapitalien wie auch Unzulänglichkeit der Verkehrsmittel sind die Hauptursachen der sehr geringen Ausbeutung. Dagegen ist Serbien an Mineralwässern vielleicht reicher als irgend ein anderes Land. Folgende Tabelle möge eine Übersicht über Serbiens Bergschätze geben.[2]

Produkte	Menge in Doppelzentnern	Wert in Dinar
Steinkohle .	635081	951908
Braunkohle.	1343906	990785
Briketts . .	396080	208533
Gold . . .	139747	396221
Silber . . .	3295	393
Kupfer . .	7613	1570445
Blei	213	10946
Zinn. . . .	102	3215
Antimon .	3200	457672
Mühlsteine .	3306	23139
Zement . .	92357	335670
	—	4948927

[1] Annuaire statistique du Royaume de Serbie. 1906. S. 277.
[2] A. a. O. S. 361.

b) Wir kommen zum zweiten Produktionsfaktor, der Arbeit. Die physische Arbeit Serbiens wird vor allen Dingen nach seiner Bevölkerungszahl, sodann nach der Dichtigkeit des Zusammenwohnens und dem Prozentsatz des arbeitsfähigen Alters bestimmt. Nach der Erhebung vom 31. Dezember 1905 zählte Serbien 2688025 Einwohner, 1382318 männliche und 1305707 weibliche. Auf 1 qkm kamen 55,6 Einwohner. Nach den Altersstufen war im Jahre 1900 die Verteilung folgende: Im Alter bis zu 15 Jahren standen 32,4% der Bevölkerung; auf das Alter von 16—45 Jahre entfielen 51,4%; 14,6% erreichten das Alter von 46—70 Jahren und 1,6% wurde über 70 Jahre alt. Physisch leistungsfähig sowohl für die Industrie als auch für das Heer sind im Alter von 15—50 Jahren 65%. Von der gesamten Bevölkerung waren 8568 Personen gebrechlich.[1]

Der serbische Arbeiter ist kräftig, gesund, fleißig und ernst, dem Alkoholismus nicht so sehr zugeneigt. Der Gesang des serbischen Arbeiters ist nicht nur Regulator der Massenarbeit, sondern er schafft auch den Wettbewerb unter denselben und gibt eine größere Triebkraft zur Arbeit. So sagt Bücher über die Teppichweberei in Serbien: „Dabei wird viel im Chor gesungen, und zwar so, daß alle in demselben Raume anwesenden Personen ihre Bewegungen beim Weben nach dem Rhythmus des Gesanges richten.“[2] Gutes Gedächtnis, Arbeitsverständnis, Arbeitslust und Geschicklichkeit fehlen ihm nicht. Mit Ehr- und Pflichtgefühl ist er der Arbeit ergeben. Charakteristisch jedoch ist für den serbischen Arbeiter der Mangel an Ausdauer in der Verfolgung eines bestimmten Zieles, gerade jener Eigenschaft, die, nach Verfassers Erachten, neben anderen Hauptfaktoren Deutschland zu dem gemacht hat, was es heute ist.

Für die Fachbildung der serbischen Industriellen und Handeltreibenden ist bis in die neueste Zeit schlecht gesorgt. Serbien besitzt heute 2 Handelsakademien mit 240 Schülern; 15 Feierabend- und Sonntagsschulen für die jungen kaufmännischen Lehrlinge mit 1321 Schülern; 23 Abendschulen mit 1659 Schülern für jüngere Kaufleute und Handwerker, 6 Fachschulen mit 265 Schülern und 49 Frauenschulen für Handarbeiten mit 1804 Schülerinnen. Also insgesamt bestehen 95 Schulen mit 5289 Schülern.[3] Der Frage der Förderung des serbischen Gewerbewesens ist bis in die neueste Zeit von den Führern der Gewerbepolitik nicht genug Beachtung geschenkt worden. Erst durch das Gewerbegesetz[4] vom 1. Juli 1911, das freilich den Bestrebungen der Gegenwart (Gewerbefreiheit) nicht entspricht, da es den Befähigungsnachweis (Meisterstück) verlangt[5],

[1] Annuaire statistique du Royaume de Serbie. 1906. S. 21, 61, 98.

[2] K. Bücher, Arbeit und Rhythmus. 1909. S. 291.

[3] La Serbie a l'exposition universelle de 1911 a Turin. Dr. K. Jovanovic im Artikel: „L'enseignement commerciale et industrielle. S. 179.

[4] Hier ist das Wort „Gewerbe“ in der historisch-relativen Bedeutung angenommen. K. Bücher im Artikel: „Gewerbe“. Handw. der Staatsw. 3. Aufl. IV. 1909. S. 847.

[5] W. Stieda, Der Befähigungsnachweis. Leipzig 1895. S. 87—104.

mag es auch den eigenen Bedürfnissen Serbiens angepaßt sein — wurden doch kräftige leitende Faktoren geschaffen: Arbeiter-, Handwerks-, Industrie- und Handelskammern. Nach diesem Gesetz darf die durchschnittliche tägliche Arbeitsdauer 10 Stunden nicht überschreiten, die jugendlichen Arbeiter unter 18 Jahren dürfen nicht länger als 8 Stunden täglich beschäftigt werden. Die Kinderarbeit darf erst beginnen mit dem 14., nur ausnahmsweise, wenn die Kinder gut entwickelt sind, auch mit dem 12. Lebensjahre. Nachtbeschäftigung von weiblichen Personen und Kindern unter 18 Jahren ist verboten; Frauen und Kinder werden auch sehr wenig als gewerbliche Arbeitskräfte benutzt. Von ersteren waren nur 16105 im Handel und 2378 in der Industrie tätig, dagegen 51,44% in der Landwirtschaft. Die Schiedsgerichte „Sud dobrich Ljudi“[1] und die Arbeiterversicherung sind ebenfalls erst neuesten Datums.

Von der gesamten Bevölkerung waren beschäftigt in der Landwirtschaft 66,24%, in der Industrie 12,65%, im Handel 8,77% und in anderen Berufen 12,34%.[2]

Wie aus vorstehenden Zahlen zu entnehmen ist, ist Serbien ein reiner Agrarstaat. Die internationale Arbeitsteilung hat bedingt, daß Serbien bis in die neueste Zeit in eine vollständig ökonomische, ja sogar politische Abhängigkeit des mehr industriellen Nachbarreiches Österreich-Ungarn geraten ist.

c) Kapital. Um diesen dritten Faktor der Produktion ist es leider in Serbien sehr schlecht bestellt. Nicht nur, daß das „vornehmste Werkzeug jedes Verkehrs“, das Geld mangelt, sondern auch Kapitalien anderer Art sind in Serbien nur in geringem Maße vorhanden.

Serbiens eigenes Kapital kann man in 3 Gruppen teilen, nämlich die der Landwirtschaft dienenden, in Industrie-Unternehmungen angelegten und die im Handel steckenden Kapitalien. Der Umfang der ersten Gruppe ist schwer festzustellen, während sich über die letzte und zum Teil auch die zweite, soweit die Beträge in den verschiedenen Bankgeschäften angelegt sind, Untersuchungen leichter anstellen lassen. So bestanden im Jahre 1909 165 Bankgeschäfte mit einem Stammkapital von 36,8 Mill. Dinar; davon waren 33,1 Mill. Dinar voll eingezahlt. Die Depositen betrugen 44,6 Mill. Dinar.[3] Das Stammkapital der Kgl. privilegierten National-Bank (serbische Notenbank) belief sich in demselben Jahre auf 20 Mill. Dinar, von denen 7,5 Mill. Dinar eingezahlt waren. Am 31. Dezember 1908 war der Kassenbestand der Nationalbank 73,3 Mill. Dinar bar, und zwar in Noten, Gold und Metallgeld; die Noten im Umlauf (Gold und Silbernoten) beliefen sich auf 37,3 Mill. Dinar, die Depositen auf 9,1 Mill. Dinar.[4]

---

[1] „Das Urteil der guten Menschen“.
[2] Annuaire statistique du Royaume de Serbie. 1906. S. 120 u. 121, 125 u. 126.
[3] Berichte, vorgelegt d. Wirtsch.-Minist., f. d. Jahr 1909, S. 62.
[4] A. a. O. S. 64. 1906.

Im Jahre 1909 gab es 672 verschiedene landwirtschaftliche Vereine für Kredit- und Sparzwecke, für gemeinschaftliche Anschaffung und Gebrauch von landwirtschaftlichen Maschinen usw. mit einem Gesamtstammkapital von 2,1 Mill. Dinar.[1] Das in den verschiedenen Industrieunternehmungen angelegte Kapital bezifferte sich im Jahre 1905 auf 36,7 Mill. Dinar.[2]

§ 2. Abriß der Handelsgeschichte Serbiens.

Es liegt außerhalb des Planes dieser Arbeit, eine umfassende Geschichte des serbischen Handels zu geben. Nur die hauptsächlichsten treibenden Kräfte und Umstände, und die Hauptzüge der Entwicklung sollen hier zusammengefaßt werden.

In der ersten Hälfte des 7. Jahrhunderts (659) verließen die Serben ihre alte Heimat Galizien und siedelten sich in den Gebieten der Balkanhalbinsel an, welche sie noch heute bewohnen. Sie erkannten die Herrschaft der byzantinischen Kaiser an, unter deren Botmäßigkeit das von ihnen besiedelte Land stand. Nach jahrhundertelangen Kämpfen gegen Byzanz und Bulgarien gründeten sie im 12. Jahrhundert einen selbständigen Einheitsstaat zuerst unter dem Groß-Župan Stephan Nemanja (1168—1196), dessen Dynastie im 14. Jahrhundert unter der Herrschaft des Zaren Stephan Duschan (1330—1355) ihre höchste Blüte erreichte. Sein Reich umfaßte nicht nur Serbien, sondern auch Mazedonien, Thessalien, Albanien und Epirus, und als er eben im Begriffe war, Konstantinopel seinem Reiche einzuverleiben, ereilte ihn der Tod. Nach seinem Tode flammten die schon während seines Lebens unter den Adelsherrschaften glimmenden Zwistigkeiten wieder auf und führten zu einer völligen Partikulation des großen serbischen Reiches. Auf diese Weise gänzlich zerstückelt, unter der Herrschaft von Königen, Vojvoden und Knezen, wurde Serbien auf dem Felde „Kossovo“ im Jahre 1389 von den Türken völlig besiegt und schließlich im Jahre 1459 in eine türkische Provinz umgewandelt. Die grausame Herrschaft der Osmanen dauerte vier Jahrhunderte; alle sozialen, kulturellen und wirtschaftlichen Errungenschaften Serbiens gingen innerhalb dieser langen Periode zugrunde. Während Westeuropa mit großen Schritten in der Entwicklung seiner Kultur fortschritt, war die serbische Bevölkerung der Willkür der türkischen Paschas überlassen, so daß es nicht wundernehmen kann, daß die neue, durch die Befreiungskriege von 1804—1815 geschaffene Lage nicht als die Fortsetzung der mittelalterlichen Entwicklung, sondern als eine neue Epoche erscheint. „Die 400jährige türkische Herrschaft in Serbien dagegen bezeichnet ein 400jähriges Stillstehen auf dem Gebiete der Kultur. Alle die großartigen Prozesse, Erfindungen und Fortschritte, welche

[1] A. a. O. S. 69.
[2] A. a. O. S. 95.

dem europäischen Westen seine Physiognomie aufgedrückt hatten, sind an dem von Westen durch Grenz- und Pestkordon hermetisch abgeschlossenen Serbien spurlos vorübergegangen."[1]

Die Handelsgeschichte Serbiens, die in engstem Zusammenhange mit seiner allgemeinen Geschichte steht, kann man in vier Perioden teilen: Die erste beginnt mit der Ansiedlung der Serben auf der Balkanhalbinsel, also mit dem 7., und reicht bis zum 12. Jahrhundert; die zweite erstreckt sich von der Gründung Serbiens als selbständiges Staatswesen im 12. Jahrhundert bis in das 14. Jahrhundert hinein (1459); die dritte dauert von Serbiens Untergang bis zu seiner Befreiung (1815), und die vierte von der Befreiung bis zum Berliner Kongreß 1878. Lassen wir kurz diese vier Perioden an unserem Auge vorüberziehen.

Da wir heimische Urkunden erst von der Organisation des wirtschaftlich gebundenen Nemanjitschen-Staates, also vom 12. Jahrhundert an besitzen, sind handelsgeschichtliche Nachrichten der ersten Periode sehr selten. Manche Schriftsteller nehmen an, daß die Handelsverhältnisse in der Zeit vor dem Nemanjitschen-Staate die gleichen waren wie jene der westeuropäischen Staaten.[2] Allein man kann eine bessere Vorstellung vom Handel Serbiens in jener Periode bekommen, wenn man die Handelsverhältnisse von Byzanz, das mit Serbien in engstem Zusammenhange stand, betrachtet und die verschiedenen Anordnungen gegen die Mißbräuche, die vor der Gründung des Nemanjitschen-Staates bestanden, kennen lernt.[3] Anfänglich konnte bei dem kleinen Volke, dessen Leben durch die Sadruga bestimmt wurde, von einem berufsmäßig betriebenen Handel nicht die Rede sein. Die Sadrugen produzierten nur das, was sie zur Befriedigung ihrer eigenen beschränkten Bedürfnisse brauchten, daher war ihre Produktion nur gering. Infolgedessen kann man auch nicht von einem regelmäßigen Tauschhandel sprechen.

Den serbischen Stämmen standen die in jener Zeit blühenden Städte Norditaliens gegenüber: Venedig, Genua, Pisa, Florenz und die Städte der dalmatinischen Küste, besonders Ragusa, und ferner vor allem Konstantinopel. Dank der Intelligenz und Rührigkeit der Kaufleute dieser Städte wurde Serbien mit neuen Waren versorgt, wodurch natürlich immer wieder neue Bedürfnisse entstanden. Auf diese Weise entwickelten sich allmählich die Handelsbeziehungen Serbiens nach zwei Richtungen: nach dem Adriatischen Meere und nach Konstantinopel. Der wichtigste Weg für den Warenverkehr nach der Adria war „Dubrovački drum" (Via de Ragusi). Er führte von Ragusa über Fotscha, Plevlje, Prijepolje, Novibasar und Prokuplje nach Nisch. Der zweite Verkehrsweg zog von der Mündung der Bojana über Skutari, Prisren, Noro-Brdo nach Sofia, der dritte

---

[1] Kanitz, Serbien. Leipzig 1868. S. 15.

[2] Tsched-Mijatović, Trg. politika srp. Kraljeva (H. p. der serb. Könige). Otačbina III. S. 497—499.

[3] Derselbe, Otačbina I. S. 3.

von der Mündung der Narenta durch Bosnien nach Ungarn. Die Verbindung zwischen Serbien und Konstantinopel wurde hergestellt durch Zarigradski drum (Via militaris), welche von Konstantinopel durch Nisch nach Belgrad und von da weiter nach Westen führte. Von welcher Bedeutung dieser Weg in allen Zeiten nicht nur für den Handelsverkehr, sondern auch in politischer Hinsicht war, ist wohl bekannt.[1] Eine zweite Straße zog von Saloniki durch Altserbien und Bosnien nach Westeuropa.

Von hoher Bedeutung für den mittelalterlichen serbischen Handel ist die kleine Republik Ragusa an der dalmatinischen Küste, die bis zum Anfang des 13. Jahrhunderts unter der byzantinischen Oberherrschaft stand und dann, als Venedig die Handelssuprematie auf dem Adriatischen Meere erlangte, sich unter seinen Schutz stellte bis zum Jahre 1358; von da ab kam es unter ungarische Hoheit, welche bis 1521 dauerte.[2] Diese Periode war die Glanzzeit Ragusas für Handel und Industrie. Später unter türkischer Gewalt, die wiederum von der habsburgischen abgelöst wurde, kam es, nach kurzer französischer Okkupation im Jahre 1806, im Jahre 1815 endgültig an Österreich.[3] Die Ragusaner Kaufleute waren die Hauptvermittler zwischen Serbien und Italien. Ragusa war, wie sich Mijatović ausdrückt, der „Hauptkommissionär" und „Spediteur" des serbischen Handels.[4] Da es der Stadt gelang, die Konkurrenz der oberitalienischen Städte niederzudrücken, erlangte sie bald eine Art Handelsmonopol in den serbischen Ländern.[5] Die Ragusaner wurden besonders geschätzt von den serbischen Königen und von ihnen als Gäste, Freunde, Brüder bezeichnet. Jedoch auch italienische Kaufleute traten in den serbischen Ländern auf, und zwar besonders Venezianer, die, als Ragusa ihnen die Handelsherrschaft auf dem Adriatischen Meere überließ, in noch engere Beziehungen mit Serbien traten. Venedig galt als Stapelplatz für orientalische, folglich auch für serbische Waren, die von den westlichen, vor allem deutschen Kaufleuten, teils zu Schiff, teils auf dem Landwege über die Alpen befördert wurden.[6] Auch die Griechen, Armenier und Juden nahmen in beträchtlichem Maße teil an dem serbischen Außenhandel.[7] Aber auch die serbischen Kaufleute, die natürlich erst später, in der Zeit der Nemanjitschen hervortraten, trieben Handel mit Ragusa, wo sie ihre Ware frei ein- und ausführen konnten: „de dando fidem mercatoribus Sclavoniae[8] et de quolibet alio loco volentibus venire Ragu-

---

[1] K. Jiriček, Die Heerstraße von Belgrad nach Konstantinopel und Balkanpässen. Prag 1877.

[2] Jiriček, Die Bedeutung von Ragusa. S. 9—10.

[3] Kostić, Trg. centri i drumovi. S. 168—178.

[4] Mijatović, Studien zur serb. H.-Geschichte. Glasnik, S. 223.

[5] Kostić, Stara srp. trg. i Industria. S. 14.

[6] W. Stieda, Hansisch-venezianische Handels-Beziehungen im 15. Jahrhundert. S. 89—90.

[7] Kostić, Stara srp. trg. i Industria. S. 14—28, 39.

[8] Die Ragusaner rechneten Serbien zu Sklavonien.

sium."[1] Wie sehr auch die Serben bestrebt waren, den Handel nach der adriatischen Küste ganz an sich zu fesseln, — „die Geschichte des serbischen Volkes vom 7. bis zum 13. Jahrhundert ist nichts anderes als ein Kampf ums Meer"[2] — so ist es ihnen doch nicht gelungen. Der Grund ist in der Handelseifersucht der italienischen Städte, besonders Venedigs zu suchen, das in der Lage war, alle Versuche Serbiens in dieser Richtung zu vereiteln. Auf diese Weise wurde letzteres vom Meere, folglich auch vom Welthandel ganz isoliert und blieb darauf beschränkt, sich als Kontinentalstaat zu entwickeln.

Die fremden Kaufleute beförderten ihre Waren entweder selbst, oder durch Spediteure. Der Transport geschah durch Karawanen oder „Turmae", und zwar in folgender Weise: Das beste Pferd, mit einer Glocke um den Hals, ging voran, und zog alle folgenden Pferde nach sich, deren Halfter an dem Schwanz oder dem Saumsattel des vorderen Tieres befestigt waren. Auf dem Leitpferde ritt der Führer (in Ragusa „Capitaneus turmae" genannt), welcher die mit dem serbischen Königssiegel versehene Diplombulle für die Bewegungsfreiheit besaß; hinter dem letzten Pferde lief ein großer zottiger Hund. Die langen Karawanen, manchmal 300 Pferde stark, hatten ihre bewaffneten Begleiter. Wegen der Länge und der Beschwerlichkeit dieser Reisen hatte man unterwegs „krčme" oder „tabernariae" errichtet, die zur Erholung dienten, während die „Karavanenserais" zum Nachtlager bestimmt waren; in diesen letzteren wurde man drei Tage unentgeltlich verpflegt und verköstigt. Solche Unterkunftsstellen befanden sich in Semlin, Belgrad, Jagodina, Nisch, Sofia, Adrianopel, Sarajevo, Prisren, Skopje.[3]

Selbstverständlich hat der Handel zuerst mit kostbaren Waren angefangen, „die wegen ihres kleinen Volumens bei hohem Werte die Schwierigkeiten und Gefahren des Transportes am besten lohnen".[4] Man kann den größten Teil der mittelalterlichen Einfuhr Serbiens als Luxuswaren bezeichnen. Die Haupteinfuhrware, fast die einzige, die nicht luxuriös war, bildete das Salz, das besonders zu Zwecken der Viehzucht nach Serbien eingeführt, und von Ragusa und Venedig als Bergwerk- oder als Seesalz gebracht wurde. An zweiter Stelle kommen Gewebe in Betracht. Als die wichtigsten sind zu nennen: Fustan (fustagno, in Ragusaner Urkunden fustanum), das einfache Gewebe für Frauenkleider; Sandao (cendale), ein leichtes Gewebe von feiner Seide für Männer- und Frauenkleider[5], die in China, Persien und Konstantinopel hergestellt wurden[6]; Skerlet (skarlatini), das teuerste Tuch für die

[1] Kostić, Stara srp. trg. i Industria. S. 13.

[2] Mijatović, Studien zur serb. H.-Geschichte des 14. Jahrhunderts. Glasnik, XXXVIII. S. 81.

[3] Kostić, Stara srp. trg. i Industria. S. 205.

[4] W. Roscher, Nationalökonomie des Handels und Gewerbefleißes. Bearb. von W. Stieda. 7. Aufl. S. 78.

[5] Glasnik, Bd. XXXVIII, a. a. O. S. 98—99.

[6] Heyd, Geschichte des Levante-Handels im Mittelalter. 1879. Bd. II. S. 690.

Kleider der Adeligen aus venezianischen Fabriken; Kadifa (veluto), ein schweres und dickes Sammetgewebe aus Griechenland; Brokat (brochati d'oro e d'ariento), das teuerste mit Gold und Silber gestickte Gewebe aus den Levante- und Florentiner Fabriken; Damskin (damaschino), seidenes Gewebe für Vorhänge, benannt nach der Stadt Damaskus.[1] Es wurden auch syrische Gewebe aus Flachs eingeführt. Von den fertigen Kleidern, die aus Italien und Byzanz kamen, sind zu erwähnen: Dolame und Plaštevi. Weiter wurden verschiedenartige Waffen, wie Schwerter, Lanzen mit venezianischem Beschlage, die Säbel-Dimiskije (die Säbel von Damaskus), vergoldete Messer, auch verschiedene Geschirre: Bokali (Buchalia) und Kupe (Kuppe), ferner Kolonialwaren: Zucker, Tee, Kaffee, zu jener Zeit „ostindische Ware" genannt; und schließlich Mrčaria (merceria), wie Fische, Öle usw. eingeführt.[2]

Umgekehrt führte das an Vieh- und landwirtschaftlichen Erzeugnissen reiche Serbien diese Produkte nach Ragusa aus. Unzählige Herden von Rindern, Schweinen, Schafen und Ziegen wurden nach den küstenländischen Märkten getrieben. Rindfleisch (carnes de vacha), Schweinefleisch (carnes porkorum) und Hammelfleisch (carnes de montono), getrocknetes und geräuchertes Fleisch wie: kastratina (carnes castratinae) und prschute (persciutto), weiter Fett, Butter und Käse wurden in nicht unbeträchtlichen Mengen ausgeführt. Sehr bedeutend war die Ausfuhr von serbischem Getreide, da das dalmatinische Küstenland an Getreide arm war. Aus serbischem Wein produzierte man in Ragusa und in Venedig den berühmten „Malvassia" (vinum monavasiae), den man als solchen wieder nach Serbien und dem Osten überhaupt zurückschaffte. Felle und Wolle waren ebenfalls Artikel der serbischen Ausfuhr.[3] Phantastische Berichte geben die fremden Kaufleute von den serbischen Bergwerken; so heißt es z. B., daß man in der „Noro-Brdo"-Gegend mit dem Pflug nach reinem Gold und Silber ackern konnte.[4] Gold, Silber, Blei und Kupfer waren die hauptsächlichsten Metalle der Ausfuhr. Auch Sklavenhandel wurde betrieben, bis der Zar Stephan Duschan diesen Ausfuhrhandel verbot; im Artikel 21 seines berühmten Gesetzes war bestimmt, daß demjenigen, der einen Christen verkauft, Hand und Zunge abgeschnitten werden sollte.[5] Der wichtigste Handelsort für Sklaven war im Mittelalter Konstantinopel, von wo sie dann nach Westen und Osten gebracht wurden. Venediger und Genueser Kaufleute kauften besonders junge Čerkesen- und russische Mädchen. Der Tatare wurde am höchsten bezahlt: mit 130—140 Dukaten, ein Grieche erzielte 90, und ein Serbe (sklave de reguo sklavoniae)

---

[1] Heyd, a. a. O., Bd. II. S. 699, 687, 695.

[2] Kostić, Stara srp. trg. i Industria. S. 37, 69, 80.

[3] A. a. O. S. 37.

[4] Jiriček, Die Handelsstraßen und Bergwerke von Serbien und Bosnien während des Mittelalters. 1879. S. 56.

[5] St. Novaković, Das Gesetzbuch des Zaren Duschan. 1898. S. 24.

70—80 Dukaten. In Ragusa lagen auf einem Sklaven 4 Groschen Zoll.

Die Balkanhalbinsel im allgemeinen und Serbien insbesondere spielten eine bedeutende Rolle im Tausch von wirtschaftlichen Gütern zwischen Osten und Westen; infolgedessen war die Durchfuhr durch Serbien im Mittelalter sehr rege; besonders aber seit den Kreuzzügen, die den Westen mit den Erzeugnissen des Orients besser bekannt machten. Was aber die Menge und den Wert aller Ein-, Aus- und Durchfuhrware in dieser Zeit anbelangt, so läßt sich darüber nichts Genaues sagen, da uns die Quellen hier gänzlich in Stich lassen; ebensowenig berichten sie über Herkunfts- und Bestimmungsland der Ware.

Die Handelseinrichtungen der beiden ersten Perioden, d. h. der vom 7.—12. Jahrhundert und der unter dem Nemanjitschen-Staate waren nicht gleich. Das ganze Land war in der ersten Periode in eine Reihe selbständiger, unter der Herrschaft von Grundherren befindlicher Territorien geteilt; jeder Grundherr ließ sich von den durch sein Gebiet ziehenden Kaufleuten jedesmal eine neue Erlaubnis zum Handel abkaufen und legte noch außerdem ganz nach seinem Gutdünken einen Zoll auf jede Ware. So viele selbständige Territorien, soviel Zollgrenzen und Zollstationen gab es: das größte Hindernis für das Gedeihen jedes Handels. Eine nicht geringe Rolle spielte „Gussarstvo" (Räuberei), ähnlich dem deutschen Raubrittertum, das zu Lande wie auf dem Meere die Kaufleute in Schrecken setzte. Namentlich die Narentaner waren bekannte Seepiraten. Eine unerfreuliche Einrichtung jener Zeit war das Strandrecht, wie überhaupt die ganze Rechtssicherheit damals auf sehr schwachen Füßen stand.

Dies ändert sich jedoch mit der Gründung des Einheitsstaates, unter dessen Herrschaft die fremden Kaufleute eine große Bewegungsfreiheit erhielten. Um den Handel frei betreiben zu können, zahlten die Ragusaner jährlich den Nemanjitschen eine gewisse Summe, die „srpski dochodak" (serbisches Einkommen) hieß. König Vladislav I. bekam jährlich von den Ragusanern als „srpski dochodak" 1000 Perper und 50 Ellen reinen, roten Skerlet, außerdem noch manches andere Geschenk; so z. B. erhielt der Zar Urosch (1362) eine Dolame, die mit Fell von Edelmardern gefüttert war. Der Zoll betrug 3% ad valorem und im 15. Jahrhundert zahlten die Ragusaner den Türken auf 100 Asper 2 Asper, also 2%.[1] Nach Mijatović gab es drei Arten des Zolles: putna, brodna und trsjisna Zarina (Straßen-, Brücken- und Marktzoll). Der Transitverkehr dagegen unterlag keinem Zoll. Die serbischen Könige und Zaren schützten durch Gesetze die fremden Kaufleute, die auf die serbischen Märkte kamen: es durfte niemand den fremden Kaufleuten hindernd im Wege stehen, nicht einmal der Zar, und wenn jemand von den Landesherren es tat, so

[1] Kostić, Stara srp. trg. i Industria. S. 123—130.

unterlag er einer Strafe von 300 Perper.[1] Der Kaufmann war nur für seine eigenen Schulden verantwortlich und nicht für die seiner Diener. In bürgerlichen Prozessen waren die Ragusaner den Serben gleichgestellt.[2] Selbst die aus Schiffsbrüchen herrührenden Überbleibsel wurden geschützt. Den Ragusanern waren viele serbische Bergwerke, Märkte und Zölle verpachtet. König Stephan Dečanski verpachtete z. B. den Ragusanern sämtliche Märkte in seinem Reiche.[3] Ferner durften die Ragusaner in den serbischen Landen wie in Novo-Brdo, Belgrad, Skopje, Nisch usw. Faktoreien gründen. In den bedeutendsten Zentren Serbiens besaßen sie ihre Konsulate. Die Wege waren durch Wachposten geschützt. Zur Regelung der Handelsbeziehungen mit Ragusa wurden zahlreiche Handelsverträge abgeschlossen.

Anfänglich war es häufig Sitte, die gekaufte Ware wieder mit Waren zu bezahlen, so z. B. kaufte im Jahre 1280 ein Ragusaner ein Pferd für 16 Ellen feinen Gewebes,[4] und erst später tauchte als Tauschmittel im allgemeinen das Geld auf, d. h. die alte Naturalwirtschaft mußte der Geldwirtschaft weichen. Die serbischen Könige ließen nicht goldene, sondern nur silberne Münzen, und zwar nicht in der Staatsmünzstätte, sondern durch private Juweliere prägen. Die Prägung beginnt im 13. Jahrhundert. Bis dahin, aber auch später noch, waren fremde Münzen im Umlauf: Ragusaner, Venediger, Byzantiner, ungarische, bulgarische und maurische; von den Byzantiner Münzen: Dukaten, Soliden, Obolen usw.; von den venezianischen: goldene Dukaten, Perpere und Groschen; von den Ragusaner Münzen: Dinare, Groschen, Perperen (grossi de Dinario de Ragusa). Serbische Münzen waren: Groschevi (grossi de sklavonia) oder Dinari (in Venedig „grossi" genannt), Polugroschevi (mezzanini = Halbgroschen), četwztaci (Venediger quartorolo) und Perper.[5] Als Maßeinheiten galten für die Länge: arschin (Elle), lakat (Ellenbogen), pedalj (Spanne), čuperak (Büchsel), stopa (Fuß), korak (Schritt); für die Fläche: Dan oranja (ein Morgen Land), motika (die Oberfläche eines Weinberges, den ein Mensch für 1 Tag beackerte), kossir; für das Gewicht: oka (ca. 1300 g), poloka ($^1/_2$ oka), litra ($^1/_4$ oka), pedesset dramova ($^1/_8$ oka) usw.[6]

Wie schon gelegentlich hervorgehoben wurde, lag im Mittelalter die Welthandelsherrschaft in den Händen der oberitalienischen Städte, allein die Situation änderte sich, als Konstantinopel in die Hände der Türken geriet. Die Handelssuprematie der erwähnten Städte war in Gefahr, denn der bisher wichtigste Weg

---

[1] St. Novaković, Das Gesetzbuch des Zaren Duschan. 1898. S. 94.
[2] Derselbe, Artikel 153. S. 120.
[3] Kostić, trg. centri i drumovi. S. 139.
[4] Kostić, Stara srp. trg. i Industria. S. 159.
[5] Ljubić, Opis iugo slavenskih novaza. (Beschreibung der südslavischen Münzen.) 1875.
[6] Kostić, Stara srp. trg. i Industria. S. 171.

nach Indien war in den Händen eines Volkes, von dem eine Förderung des Handelsverkehrs nicht zu erwarten war. Dieser Umstand, sowie die Entdeckung des neuen Seeweges nach Indien hatte zur Folge, daß sich die Wege des Welthandels in bedeutender Weise verschoben. Die neue Seestraße von Indien führte nicht mehr nach Oberitalien, sondern nach Westeuropa. Auch die Seewege von dem neuentdeckten Amerika führten nicht nach Venedig und Genua, sondern ebenfalls nach westeuropäischen Hafenstädten.

So änderte sich mit der allgemeinen Handelslage und durch die Abhängigkeit von der Türkei, in die Serbien seit 1459 geriet, auch das ganze Bild des serbischen Handels. Das Land wurde geteilt in „Paschaluke", und diese in „Sandjake"; der wichtigste Paschaluk war der Belgrader, der den Belgrader- und Semendriasandjak umfaßte.[1] Der Serbe wurde zum „Rajah", d. h. Sklaven, der dem türkischen Herrn rechtlos gegenüber stand. Das Volk zog sich aus den Städten auf das Land zurück, während jene fast ausschließlich von den Türken bewohnt wurden. Das Dorf bildete den Mittelpunkt des ganzen Lebens, gewissermaßen eine Welt für sich. Die Zadruga befriedigte ihre Bedürfnisse selbst, daher war der Verkehr zwischen Stadt und Land auf ein Minimum reduziert. Unter solchen Verhältnissen konnte von einem eigentlichen Handel keine Rede sein. An dem unbedeutenden Außenhandel, der überhaupt noch betrieben wurde, nahmen die Ragusaner nur geringen Anteil, da sie durch den Wettbewerb der griechischen, armenischen und hebräischen Kaufleute verdrängt wurden.

Die Zustände ändern sich etwas mit der österreichischen Okkupation des größeren Teiles Serbiens (1718—1739). Der Außenhandel beginnt zu steigen. Belgrad stand mit Wien in Verbindung und die „Wiener Oriental-Handelskompagnie" hatte ihre Agentur in Belgrad. Hauptgegenstände der Einfuhr waren damals Tuch, Eisen, Stahl, Glas und Kolonialwaren, die der Ausfuhr: Zerealien und Vieh, besonders Schweine, Rinder und Schafe; auch Holz, Wein, Wachs und Felle wurden ausgeführt.

Im Jahre 1739 geriet Serbien zum letzten Male unter das türkische Joch, bis es seit seiner Befreiung im Jahre 1815 endlich besseren Tagen entgegenging. Mit dem Beginn dieser nationalen Ära erwachten die Keime eines neuen christlichen Städtelebens. Die Zadruga befriedigte nicht nur ihre eigenen Bedürfnisse, sondern beginnt jetzt auch für fremden Bedarf zu arbeiten. Der Verkehr zwischen Stadt und Land ward immer reger. Knez Milosch begriff mit außergewöhnlichem Scharfsinn die Bedeutung der Städte für die wirtschaftliche Entwicklung. Er befahl, daß die Bewohner der in der Nachbarschaft einer Stadt liegenden Dörfer nach der betreffenden Stadt übersiedelten. So wurden mit der Zunahme der Stadtbevölkerung diejenigen Bedingungen gegeben, die der Entwicklung des Handels- und Gewerbewesens in

[1] M. Petrović, Finansije i ustanove. 1901. Bd. I. S. 20.

allererster Linie vorausgehen. Der Außenhandel jedoch war noch ganz unbeträchtlich, so daß sich die Zahl der Personen, welche sich mit der Ausfuhr von Waren berufsmäßig beschäftigten, im Jahre 1829 nur auf 56 bezifferte,[1] was verständlich ist, wenn man die Schranken des Sanitätskordons und den Mangel an guten Verkehrsstraßen berücksichtigt. Bis in die 50er Jahre besaß Serbien noch keine Landstraßen, sondern nur für Lasttiere geeignete Pfade führten von Ort zu Ort.[2] Erst seit Mitte der 60er Jahre ist eine Zunahme des Handelsverkehrs Serbiens mit dem Auslande zu verzeichnen, als es dem Fürsten Michael gelang, die dem Verkehr hinderlichen Türken aus sämtlichen Städten zu entfernen.

Neben der ungünstigen geographischen Lage Serbiens aber gibt es noch einen Umstand, an dem sein Außenhandel bis in die neueste Zeit krankte, d. i. die Passivität, die sich in der Führung der Handelspolitik zeigt. Für Serbien, als Vasallstaat des türkischen Reiches, galten nach seiner Befreiung im Jahre 1815 nach dem internationalen Recht[3] die Abmachungen in den früheren Kapitulationen, welche die europäischen Staaten mit der Türkei abgeschlossen hatten. Hier kommt besonders der zwischen Österreich und der Türkei am 27. Juli 1718 abgeschlossene Handels- und Schiffahrtsvertrag von Pazarevatz in Betracht.[4] Nach dem Artikel XIV dieses Vertrages wurde der Einfuhr-, Durchfuhr- und Ausfuhrzoll für die Türkei auf einem 3proz. Zollfuß ad valorem und eine 2proz. Additionalgebühr festgesetzt, was auch für die Donaufürstentümer (Walachei und Moldau) und Serbien als integrierenden Teil des türkischen Reiches Geltung hatte. Nach dem Adrianopler Vertrag erkannte wohl Sultan Machmud Chan durch einen Hati-Scherif vom 14. August 1830 Serbien das autonome Recht der Selbstverwaltung zu[5], allein in der Hauptsache änderte der erwähnte Vertrag in den zollpolitischen Verhältnissen Serbiens gegen das Ausland nichts; Serbien verblieb weiter ein Glied des türkischen Zollverbandes und durfte nur die nach der Türkei bestimmten Waren verzollen, welche durch sein Gebiet gingen. Dafür ließ sich die Türkei von Serbien 45000 Piaster[6] bezahlen. Der berühmte Possonby-Vertrag von 1838 zwischen der Türkei und England, dem auch Österreich, wenngleich nur provisorisch (bis 1862) beitrat, hatte keine Verschiebung des „status quo“ in bezug auf Serbiens Zollverhältnisse zur Folge.[7]

---

[1] B. Petrović und Dr. Nik. Petrović, Gradja sa ist. kralj. Srbie. (Material für die Geschichte d. königl. Serbiens.) Bd. I. S. 309.

[2] Karić, Serbien. 1888. S. 52.

[3] Ullmann, Völkerrecht. München 1908. S. 103.

[4] Leopold Neumann et Adolph de Plason, Recueil des Traités et des conventions conclus par l'Autriche avec les puissances étrangères depuis 1763 jusque'à nos jours. Vienne 1885—1891. Bd. I. S. 1.

[5] Kunibert, Der Aufstand und die erste Regierung des Fürsten Milosch. Übersetzt von Dr. M. Wesnić. S. 258.

[6] Der Wert eines Piasters (= 40 Para) war damals = 0,35 M.

[7] Neumann-Plason, Recueil. Bd. IV. S. 403.

Der erste veröffentlichte serbische Tarif vom 1. März 1819 wurde auf Grund des österreichisch-türkischen Handelsvertrages von Passarovitz, d. h. auf 3% und 2% Additionalgebühr beruhend, ausgearbeitet. Dieselbe Gebühr behielten auch die Ergänzungen dieses Tarifes von 1822 und 1836. Im Jahre 1843 wurde ein neuer Tarif veröffentlicht, der unbedeutende Erhöhungen vorsah, wogegen Österreich Einspruch erhob. Serbien aber erklärte, es habe beabsichtigt, durch die neue Tarifizierung die Zölle den geänderten Warenpreisen und Münzverhältnissen anzupassen; allein durch Metternichs Einwirkung in Konstantinopel wurde mittels Wesiralschreiben die Erhöhung der Zölle wie die Aufstellung eines neuen Tarifes überhaupt für unstatthaft erklärt. Serbien mußte daher seine Erhöhung der Zölle wieder aufheben[1], doch konnte es wenigstens den Zoll von 5%, d. h. den durch Sultan Ferman 1845 für Serbien festgesetzten Zoll von 3% und 2% Additionalgebühr, in seinem neuen Tarif von 1852 normieren, was Rumänien schon im Jahre 1850 getan hatte. Indessen blieb Serbien passiv und behielt den 3proz. Zoll weiter. Der zwischen der Türkei und Österreich abgeschlossene Handelsvertrag von 1862, nach welchem der türkische Einfuhrzoll von 5% auf 8% ad valorem stieg, während für Serbien und die Donaufürstentümer der status quo, also für Rumänien 5% und für Serbien 3% blieb, verschaffte Österreich-Ungarn eine differenzielle Vergünstigung vor den übrigen zu der Integrität des türkischen Reiches gehörenden Staaten.[2] Das war rechtlich vollkommen einwandfrei, denn nach der Pariser Konvention von 1856 wurden die Donaufürstentümer und Serbien unabhängig in ihrer inneren Gesetzgebung, ebenso erhielten sie die volle Freiheit in den Fragen des Glaubens, des Handels und der Schiffahrt, allein völkerrechtlich verblieben jene wie Serbien weiter unter der Oberherrschaft des türkischen Reiches.

Rumänien ging weiter und erhöhte in seinem neuen autonomen Zolltarif von 1866 den Zoll von 5% auf $7\frac{1}{2}$%, wozu noch ein $\frac{1}{2}$proz. Gemeindezuschlag kam. Auf diese Weise glich es den Unterschied zwischen seinem und dem den anderen europäischen Staaten gegenüber geltenden türkischen Zolltarif (8% ad valorem) aus.[3] Ja es schloß sogar im Jahre 1875, und zwar widerrechtlich[4] — als Vasallenstaat — einen Handelsvertrag mit Österreich auf Grund des $5\frac{1}{2}$proz. ad valorem-Zolles und der Meistbegünsti-

---

[1] Neumann-Plason, Récueil. Bd. I. S. 414.

[2] Neumann-Plason, Récueil. Bd. II. S. 201. So lautet Punkt 2 des Acte additionnel: Il est également arrêté que, par les stipulations du traité signé ce jour d'hui le dix vingt deux mai mil huit cent soixante-deux, on n'entend rien changer au status quo actuellement existant dans les Principautés de Moldavie, de Valachie et de Serbie, relativement aux droits d'importation et d'exportation. — Vgl. Dr. Matleković, Die Zollpolitik der österreichischen Monarchie vom Jahre 1850 bis zur Gegenwart. 1877. S. 157—158.

[3] Neumann-Plason, Récueil. Bd. IV. S. 598.

[4] Vgl. die scharfsinnige Darstellung von Dr. Weljković, Les traités de commerce. Paris 1892. S. 231—260.

gungsklausel.[1] Serbien verblieb indessen weiter bei seinem neuen autonomen Zolltarif von 1864, von 3% und 2% Additionalgebühr. Allein es wurde doch mit diesem letzten Zolltarif etwas aktiver als früher, und zwar in der Weise, daß es die nur prinzipiell 3proz. Wertzölle größtenteils in spezifische, also Gewichts-, Stück- und Volumenzölle umwandelte, ebenso die meisten Additionalgebühren erhöhte, wozu noch eine seit 1868 neue Verzehrungssteuer (Troscharina) kam. Danach beziffert sich der Gesamtbetrag der Zölle auf die Waren manchmal auf 6 bis 8%.

Diesem Akte Serbiens stand Österreich nicht feindlich gegenüber, ja Ungarn ergriff im Jahre 1869 sogar die Initiative, um eine unmittelbar vertragsmäßige Regelung der beiderseitigen Handelsbeziehungen herbeizuführen.[2] In den Jahren 1873 und 1875 versuchte dagegen Serbien Verhandlungen mit Österreich auf Grund 8proz. und $7^1/_2$proz. Einfuhrzölle anzuknüpfen, allein es kam nicht zu einem Handelsvertrag, einerseits wegen der von Serbien durchgeführten Erhöhung der Verzehrungssteuer (Troscharina) auf Kaffee, Tee, Zucker, Spiritus, Rum, Spielkarten und Zigarettenpapier, andererseits wegen des Beginns der serbisch-türkischen Kriege. So lagen die Verhältnisse bis zum Abschluß des Berliner Vertrages.

§ 3. Die zoll- und handelspolitischen Verhältnisse Serbiens seit seiner Selbständigkeit.

Nach den serbisch-türkischen Kriegen von 1876—78 wurde bekanntlich auf dem Berliner Kongreß die politische Lage Ost-Europas geregelt. Serbien erhielt seine volle Selbständigkeit mit etwaigen territorialen Erweiterungen, und damit stieg es von der Halb- zur Vollsouveränität empor. Allerdings war die letztere doch noch in gewisser Weise begrenzt durch den Artikel XXXVII des Berliner Vertrages: es sollte der status quo bezüglich der Handelsbeziehungen des Fürstentums mit fremden Staaten so lange aufrecht erhalten werden, bis neue Vereinbarungen abgeschlossen sein würden.[3]

Daraus ergibt sich, daß jetzt Serbien mit denjenigen Staaten, die früher mit der Türkei Handelsverträge abgeschlossen hatten, neue Handelsvereinbarungen treffen sollte, und erst dadurch sollte es die volle Anerkennung seiner Souveränität erhalten. Aber diese Bestimmung des Berliner Vertrages war insoweit unvollkommen, als gerade in den Handelsbeziehungen Serbiens zum Auslande der „status quo de facto“ und der „status quo de iure“ nicht über-

[1] Neumann-Plason, Recueil. Bd. VIII. S. 102.

[2] Matleković, Zollpolitik der österr. ungar. Monarchie. S. 155.

[3] Artikel XXXVII, Punkt 1: „Jusqu'à la conclusion des nouveaux arrangements rien ne sera changé en Serbie aux conditions actuelles de relations commerciales de la Principauté avec les pays étrangers“. Neumann-Plason, Recueil. Bd. X. S. 783.

einstimmten, d. h. dem Recht nach galten für Serbien als integrierenden Teil des türkischen Reiches die Bestimmungen der türkischen Handelsverträge mit den fremden Staaten; dagegen war mit dem serbischen autonomen Zolltarif von 1864, wie hervorgehoben, ein ganz anderer Zustand geschaffen worden; nach diesem war auf den serbischen Zollämtern 14 Jahre lang ausschließlich der erwähnte Tarif faktisch angewandt worden und zwar ohne daß irgend ein Protest der fremden Staaten erfolgt wäre.

Welcher status quo war nun gemeint? Wenn man daran denkt, daß rechtliche Abmachungen deswegen geschaffen werden, um auf das tatsächliche soziale Leben und auf tatsächliche Zustände angewendet zu werden, und daß sich Europa vor dem Berliner Vertrag in die Angelegenheit des Vasallenstaates Serbiens rechtswidrig eingemischt hatte und stillschweigend den neu geschaffenen Zustand als rechtsgültig hinnahm, so kann man wohl nur den status quo aus dem Artikel XXXVII des Berliner Vertrages als status quo de facto verstehen. Die Frage nach der Bedeutung und Tragweite des Artikels tauchte erst auf, als Serbien mit Großbritannien am 7. Februar 1880 einen Handelsvertrag schloß.[1] Zwei Beschränkungen der souveränen Macht Serbiens resultieren gleichwohl noch aus erwähntem Artikel: In Zukunft dürfen keine Transitzölle mehr erhoben werden[2], und die fremden Untertanen und Konsuln genießen auch weiterhin Immunität und Privilegien in Serbien, d. h. in wirtschaftlicher und rechtlicher Beziehung gehören sie nicht unter serbisches Gesetz so lange, bis zwischen dem Fürstentum und den betreffenden Staaten diesbezügliche Verträge geschlossen werden.[3]

Da Serbien viel daran gelegen war, auf dem Berliner Kongreß territoriale Vergrößerung sowie Anerkennung seiner Unabhängigkeit zu erlangen, bat es Österreich-Ungarn, auf dem Kongreß für diese seine Wünsche einzutreten. Österreich-Ungarn war damit einverstanden, verlangte aber als Ersatz dafür die Abschließung einer Präliminär-Konvention, die Serbien in seiner mißlichen Lage am 8. Juli annehmen mußte. Serbien verpflichtete sich durch sie, innerhalb dreier Jahre eine Eisenbahnlinie zu bauen, die als ein Teil der großen internationalen Eisenbahnlinie Wien-Budapest-Belgrad-Saloniki, und Belgrad-Konstantinopel gelten sollte, ferner bestimmte die Konvention, daß die beiderseitigen Handelsbeziehungen mit besonderer Berücksichtigung des Grenzverkehrs geregelt

---

[1] Milovanović, Naschi trg. Ugovori 1895. „Delo“, Heft für August. S. 13. (Unsere Handelsverträge 1895.)

[2] Artikel XXXVII, Punkt 2: „Aucun droit de transit ne sera prélevé sur les marchandises traversant la Serbie.“ — Neumann-Plason, Récueil. Bd. X. S. 783.

[3] Artikel XXXVII, Punkt 3: „Les immunités et privilèges des sujets étrangers ainsi que les droits de juridiction et de protection consulaires, tels qu'ils existent aujourd'hui resteront en pleine vigueur, tant qu'ils n'auront pas été modifiés d'un commun accord entre la Principauté et les Puissances interéssées“. — Neumann-Plason, Récueil. Bd. X. S. 783.

werden sollten. Ebenso sollten die beiden Staaten der Frage einer Zollvereinigung nähertreten, und auf alle Fälle mußte ein Handelsvertrag innerhalb 4 Monaten zwischen beiden Staaten zustande kommen. Dagegen verpflichtet sich Österreich-Ungarn die Donau am „Eisernen Tor“ zu regulieren ohne finanzielle Beihilfe Serbiens.

Österreich-Ungarn hat tatsächlich sein Versprechen gehalten. Allein ein anderer Faktor war für die Erfüllung des serbischen Verlangens von entscheidendem Einfluß: das Interesse Englands an der Integrität des türkischen Reiches.[1] England glaubte nämlich, daß die Integrität der Türkei so lange in Gefahr sei, bis diejenigen Teile derselben, die nicht in Ruhe bleiben konnten, ihre Unabhängigkeit erhielten. Infolgedessen wurde Bosnien und Herzegovina Österreich-Ungarn zur Okkupation übergeben und Serbien wurde selbständig.[2]

Serbien war es wohl klar, wozu ein Zollverein mit dem nicht national verwandten und wirtschaftlich stärkeren Österreich-Ungarn führen würde, da es ja das Beispiel des deutschen Zollvereins vor Augen hatte. Das geht hervor aus folgenden Worten des damaligen serbischen Ministerpräsidenten Ristić: „Es würde uns in solchen Eventualitäten nichts anderes erwarten als eine „Union“ des Zolles — eine „Union militaire“;[3] denn „wenn die Überlegenheit des einen Vereinsstaates die schwächeren zu bleiben zwingt, verlieren diese letzteren ihre nationale Selbständigkeit und . . . übrigens führt ein langdauernder Zollverein schließlich wohl auch zur Staatseinheit.“[4] Infolgedessen lehnte die Skupschtina (Nationalversammlung) den Gedanken eines Zollvereins entschieden ab und alle Bemühungen, einen Handelsvertrag zustande zu bringen, waren infolge der Weigerung Serbiens, Österreich-Ungarn differenzielle Begünstigungen zu gewähren, erfolglos.

Da Serbien mit Österreich-Ungarn den in der Präliminarkonvention gewünschten Handelsvertrag nicht schließen konnte, so wandte es sich an die anderen Staaten, und nach kurzer Zeit kam eine Reihe von provisorischen Abmachungen zustande: mit England am 17. März, mit Italien am 8. Mai, mit Rußland am 19. Mai, mit der Schweiz am 26. Juli, mit Belgien am 23. Oktober 1879. Alle enthielten die Meistbegünstigungsklausel. Bald darauf, am 7. Februar 1880, wurde ein definitiver Handelsvertrag mit Großbritannien abgeschlossen, der den beiden Staaten das Meistbegünstigungsrecht einräumte mit Ausnahme jener speziellen Zugeständnisse, die Serbien den Nachbarstaaten bezüglich des

[1] Vortrefflich ist dieses geschildert in einem Vortrag des „Sozial. wissensch. Vereins“ in München: Dr. Bajkić, Geschichte der serbischen Handelspolitik bis 1880. S. 46—47.

[2] Diese Tatsache ist auch aus dem in dem Protokolle des Berliner Kongresses enthaltenen englischen Vorschlag des Marquis Solsberi zu entnehmen: Les Protocoles du Congrès de Berlin, avec le traité de San-Stefano du 19 fèvrier 1878 et le traité de Berlin du 13 juillet 1878. St. Petersburg 1878.

[3] K. Stojanović, Die ökonomischen Zustände Serbiens. S. 27.

[4] W. Roscher, System der Finanzwissenschaft. 5. Aufl. S. 94—95.

Grenzverkehrs gewährte oder später gewähren würde.[1] In diesem Handelsvertrage sind die Maximalzölle niedrig und schlecht kombiniert: es sind nur Wertzölle vorgesehen und die Maximalgrenze des Zollfußes ist 8% und 10%. Demgemäß ist in dem Vertrag für eine große Zahl von Artikeln, die besonders die englische Einfuhr nach Serbien betreffen, ein Zollfuß von 8% ad valorem festgesetzt; so für Metalle und Metallprodukte, Werkzeuge und Schneidewerkzeuge aller Art, Maschinen, Mechanismen und ihre Derivate, Material für landwirtschaftliche Maschinen und Maschinen selbst, Garne aller Art, Töpfer- und Porzellanwaren und gereinigte Mineralöle. Für alle übrigen Waren des englischen Ursprungs setzt dieser Vertrag den Zoll von 10% ad valorem fest, dabei wird dem Importeur die Wahl zwischen diesem Vertragstarif und dem spezifischen Zolle des serbischen autonomen Tarifs von 1864 überlassen. Später, am 4. Juli 1881, wurde durch eine Deklaration zwischen England und Serbien für wollene und baumwollene Garne der Zollfuß auf 5% ad valorem heruntergesetzt.

Mit der Abschließung dieses Handelsvertrages hat die serbische Zollpolitik einen großen Fehler begangen. Wenn man bedenkt, in welcher geographischen und ökonomischen Lage sich Serbien Österreich-Ungarn gegenüber befindet, und wenn man in Betracht zieht, daß Serbien auf dem österreichisch-ungarischen Markte drei Viertel seiner Gesamtausfuhr verkauft hat und noch bis in die neueste Zeit verkaufte, wie wir noch sehen werden, so sollte man auf jeden Fall zuerst mit der Nachbarmonarchie einen Handelsvertrag abschließen. Wenn man dagegen mit Österreich-Ungarn in diesem Punkte eine Einigung nicht erzielen konnte, wäre es am besten gewesen, keine Handelsverträge abzuschließen, sondern bei seinem autonomen Tarif zu bleiben und ihn weiter auszubauen.

Statt dessen aber drängte die serbische Regierung zur Abschließung des Handelsvertrages mit Großbritannien, von dem man keine großen Vorteile erwarten konnte; denn Serbien war aus Mangel an Verkehrswegen nicht in der Lage, seine Produkte nach England auszuführen. Es wäre daher gleichgültig gewesen, ob zwischen Serbien und England der status quo geblieben oder ein Handelsvertrag errichtet worden wäre.

Nach Abschluß des Handelsvertrages mit Großbritannien war Serbien der Weg gesperrt, seinen autonomen Zolltarif allmählich zu entwickeln und seine Handelsbeziehungen mit dem Auslande selbständig zu regeln, weil Österreich-Ungarn vier Monate nach der Ratifikation des serbisch-englischen Handelsvertrages seine Exporteure auf die Vorteile, die Serbien England gewährte, aufmerksam machte und sie aufforderte, ebenfalls Gebrauch davon zu machen.[2]

[1] „Les facilités qui pourront être concédées plus tard . . . aux États voisins par rapport au trafic local entre leurs districts frontières limitrophes." — Samver, Hopf, Störk: Nouveau Récueil général. Bd. VI. S. 459.

[2] J. Grunzel, Die Handelsbeziehungen Österreich-Ungarns zu den Balkanländern. Wien 1892. S. 32.

Diese Ansprüche waren begründet, da österreichisch-ungarische Produkte nach dem von 1862 mit der Türkei abgeschlossenen Handelsvertrage die Meistbegünstigung in der Türkei, folglich auch in Serbien als integrierendem Teil des türkischen Reiches genossen und dieses Recht nach dem Artikel XXXVII des Berliner Vertrages bis zum Abschluß eines Handelsvertrages in Kraft blieb. Diesen Forderungen gemäß blieb Serbien nichts anderes übrig als mit Österreich-Ungarn alle Handelsbeziehungen abzubrechen oder ihm die differenzielle Begünstigung einzuräumen, wodurch die Nachbarmonarchie imstande war, jede Konkurrenz anderer Staaten niederzudrücken. Wenn man England so glänzende Vorteile gewährte, ohne daß Serbien dafür das gleiche Entgegenkommen, dieselben Vergünstigungen erhielt und die gewährten nicht ausnutzen konnte, so waren die Prätensionen Österreich-Ungarns auf mindestens dieselben Vorteile ganz berechtigt, da Serbien von Österreich-Ungarn sicher in viel höherem Maße etwaige Vergünstigungen in Anspruch nehmen würde.

Nach zahlreichen hartnäckigen Diskussionen sah sich Serbien endlich gezwungen nachzugeben, und so kam der erste Handelsvertrag zwischen Österreich-Ungarn und Serbien am 7. Mai 1881 zustande. Damit wandte sich Serbien dem Lande zu, dem es zu einer vertragsmäßigen Regelung seiner Handelsbeziehungen zuerst die Hand hätte bieten sollen. Jetzt war für Serbien die Lage insofern ungünstiger, als statt seines autonomen Tarifs der Konventionaltarif aus dem Handelsvertrage mit England als Grundlage für die Verhandlungen dienen mußte. Zu diesem Handelsvertrage kam noch eine Schiffahrts-Konsular- und Rechtshilfekonvention als Ergänzung. Eine Konvention für den Bau der Eisenbahnlinie kam erst 1883 zustande; im Jahre 1888 wurde die Linie Belgrad—Saloniki und 1889 die Linie Belgrad—Konstantinopel dem Verkehr übergeben.

Die Dauer dieses Handelsvertrages wurde auf 10 Jahre festgesetzt. Beide Staaten räumten sich das Recht der Meistbegünstigung und Handelsfreiheit ein, sowie die Gleichbehandlung ihrer Staatsangehörigen. Nach diesem Vertrage sollte die Tarifierung vorgenommen werden nach Wertzöllen und spezifischen Zöllen. Die Wertzölle waren 6%, 8% und 15%. Folgende Waren trugen 6proz. Zoll: Spielwaren, Schmuckstücke von einfachem Metall, Porzellan-, Glas- und Holzkurzwaren, Leinengarne und Schuhwaren aller Art. Dem 15proz. Zoll unterlagen: Tabak, Tabakfabrikate, Südfrüchte, Gewürze, roher Kaffee, Reis, Schwämme, Walfischbarten, Gummi und Harze, Weihrauch, Arzneien, Parfümeriewaren, Mineralöle, Schweine-, Gänse- und andere tierische Fette. Alle anderen, nicht besonders aufgeführten Waren unterlagen dem 8prozentigen Zoll. Die spezifischen Zölle waren für je 100 kg: Papier und Papierwaren aller Art 1—35 Dinar, Mehl und Mehlprodukte 1 Dinar, Wollwaren 16—90 Dinar, Holzwaren 2—8 Dinar, Lokomotiven und Eisenbahnmaterial blieben zollfrei, ebenso Braun- und Steinkohle. Getränke (Wein, Bier, Sprit) zahlten 2,50—30

Dinar, Glas 3—20 Dinar, Eisen 0,80—6 Dinar, Kaffeesurrogate 4 Dinar, Zucker 5 Dinar, Baumwollware 25—45 Dinar, Maschinen für Gewerbe und Landwirtschaft waren zollfrei; Flachs-, Hanf- und Jutewaren zahlten 6—50 Dinar.

Wie nach dem englischen Handelsvertrage wurde auch hier dem Importeur die Wahl zwischen spezifischen oder Wertzöllen überlassen. Aber neben diesen Begünstigungen erhielt Österreich-Ungarn andere Zollkonzessionen, die nicht nur der Grenzverkehr mit sich brachte, sondern auch andere Sonderbegünstigungen, die darin bestanden, daß die österreichisch-ungarischen Waren, die unmittelbar aus dem freien Verkehr des österreichisch-ungarischen Zollgebietes die serbische Grenze passieren, nur mit der Hälfte des spezifischen oder ad valorem Zolles, den nach dem Konventionaltarife die anderen Staaten zu zahlen hatten, belegt wurden. Es waren folgende Waren: Papier für Einpackung und Kartons (Pappdeckel) aller Art, Schleif-, Wetz- und Lithographiesteine, gewöhnliche Tonwaren, gewöhnliches Glas, rohe Glas- und Emaillemasse, weißes Hohlglas, Roh- und Stabeisen, Halbfabrikate aus Eisen und Stahl, landwirtschaftliche Werkzeuge aller Art. Weine in Gefäßen aus der Umgebung von Pančova, Weißkirchen und Werschitz (Grenzgebiete) unterlagen dem Zoll 2,50 Dinar für 100 kg, während andere Weine den Zoll von 6 Dinar für 100 kg zu tragen hatten.

Österreich-Ungarn dagegen gewährte Serbien nur die Meistbegünstigungsklausel im allgemeinen Verkehr; allein für Serbien sind von weit größerer Bedeutung die Begünstigungen, die ihm beim Grenzverkehr eingeräumt werden. Hierbei wird das ganze Staatsgebiet als Grenzzone („großer Grenzverkehr“) betrachtet und die serbischen Waren, die nach dem sonderbegünstigten Zolltarif behandelt werden, sind außer Getreide, alle Rohprodukte, die Serbien nach dem Auslande überhaupt exportierte, nämlich frisches Obst, ausgenommen Weintrauben, Gartengewächse und frisches Gemüse, rohe Felle mit oder ohne Haare, Honig, Knoppern sowie Rinde zum Färben und Gerben sind zollfrei. Ochsen und Büffel unterliegen einem Zoll von 4 fl. pro Stück, Kühe zahlen 5 fl., Pferde und Stuten ebenfalls 5 fl., Schweine 1 fl. 50 kr. pro Stück. Nüsse und Haselnüsse, gedörrte Pflaumen und eingemachtes Obst unterliegen einem Zoll von 1 fl. 50 kr. für 100 kg; Pflaumenbranntwein — Rakija Schljivoviza — außer der Verzehrungssteuer (bis 38 Grad Alkoholgehalt), über die serbisch-bosnische Grenze ausgeführt, zahlt 3 fl. 20 kr. für 100 kg, Wein in Gefäßen aus der Umgebung von Nisch, Negotin, Pozarevatz und Semendria 3 fl. 20 kr. für 100 kg.

Wie oben gesagt, waren Weizen, Roggen, Gerste, Mais und andere Getreidearten zollfrei, aber nicht in den Vertragstarif aufgenommen. Dies wurde von seiten Österreich-Ungarns dadurch gerechtfertigt, daß auch die Getreideeinfuhr aus anderen durch Verträge mit Österreich-Ungarn verbundenen Staaten zu dieser

Zeit zollfrei war. Allein schon am 25. Mai 1882 folgte auch Österreich-Ungarn der allgemeinen europäischen Bewegung zum Schutze der Agrarprodukte gegen die amerikanische, indische und teilweise auch russische Konkurrenz und erhob Zölle auf Getreide: Weizen, Spelt und Halbfrucht zahlten 0,50 fl. pro 100 kg, Gerste, Hafer, Roggen und Mais 0,25 fl. für 100 kg. Diese Zölle galten für alle Länder, folglich auch für Serbien, da die Zölle für Getreide an den Tarif für den Grenzverkehr nicht gebunden waren.

Doch damit nicht genug. Schon im Jahre 1885 wurde der Zoll für Weizen, Roggen und Halbfrucht auf 1 fl. 50 kr. für Gerste und Hafer auf 0,75 fl., für Mais und Buchweizen auf 0,50 fl. für 100 kg erhöht. Da diese Zölle beinahe prohibitiven Charakter trugen, bewirkte Serbien in Wien, daß man diese für den Export des serbischen Getreides überaus mißlichen Bestimmungen beseitigte. Österreich-Ungarn war bereit, dem Wunsche der serbischen Regierung nachzukommen, aber nur gegen neue Konzessionen: das Meistbegünstigungsrecht sollte sich ohne Rücksicht auf den Ursprung auch auf diejenigen Waren, die direkt aus den Freihäfen Triest und Fiume nach Österreich-Ungarn importiert wurden, erstrecken.[1] Man einigte sich schließlich, und zum Ersatz für die Österreich-Ungarn von Serbien gewährten Zugeständnisse wurden Serbien für sein nach Österreich-Ungarn einzuführendes Getreide in dem neuen österreichisch-ungarischen Zollgesetz vom 21. Juni 1887 niedrigere Zölle gewährt. Es blieben für die Einfuhr serbischen Getreides über die ungarische und bosnisch-serbische Grenze die alten Zölle in Kraft, die in dem Generaltarif vom 25. Mai 1882 aufgestellt waren.

Am selben Tage, an dem der Handelsvertrag mit Österreich-Ungarn abgeschlossen wurde, kam auch eine Veterinärkonvention zustande. Der Schwerpunkt dieser Konvention liegt in dem Artikel 5: „Die sanitären Organe der konventionsschließenden Teile behalten das Recht, die Einfuhr oder Durchfuhr nicht nur des epidemischen, sondern auch *jeden anderen Viehs zu verbieten, sobald die erwähnten Organe vermuten, daß das betreffende Vieh angesteckt ist.*“[2]

Aber auch Vereinbarungen finanzieller Natur waren Gegenstand des Handelsvertrages. Nach Artikel V ist Serbien die Einführung von Staatsmonopolen außer bei Tabak, Salz und Schießpulver nicht gestattet. Die innere Verzehrungssteuer kann nur von solchen Artikeln erhoben werden, die in dem in Betracht kommenden Steuergebiete erzeugt werden. Im Artikel X des Schlußprotokolls, Punkt 1, wird die maximale Regaltaxe auf Tabak, Zigarren und Salz so lange festgesetzt, bis in Serbien für diese Gegenstände das Staatsmonopol eingeführt würde. Punkt 3 be-

[1] Milovanović, „Delo“, Septemberheft. S. 353. 1895. Unsere Handelsverträge.
[2] Veterinärkonvention vom 7. Mai 1881.

stimmt, daß nach Serbien eingeführte Weine und alkoholische Getränke außer dem Zoll keiner Troscharina unterliegen sollen, und zwar so lange, bis auf die erwähnten Getränke eine allgemeine innere Produktionssteuer gelegt würde. Punkt 4 setzt die maximale serbische Regaltaxe für Zigarettenpapier, Spielkarten und parfümierte Seife fest. Diese Taxe kann nur 2 Jahre lang, von der Ratifikation des Handelsvertrages ab gerechnet, erhoben werden. Endlich wird die maximale Troscharinataxe für raffinierten Zucker auf 14 Dinar, und auf nach Serbien eingeführten Kaffee auf 33,68 Dinar für 100 kg festgesetzt. Ebenso wurden Bestimmungen über ein Zollkartell zwischen diesen beiden Staaten, d. h. die Überwachung des Grenzgebietes und Unterdrückung des Schleichhandels in den Handelsvertrag einbezogen.

Außer dem Handelsvertrag mit England im Jahre 1880 und mit Österreich-Ungarn im Jahre 1881 kam noch am 6. Januar 1883 ein Handelsvertrag mit Deutschland zustande. Der allgemeine Teil des Vertrages wurde im Sinne der beiden früheren Handelsverträge ausgearbeitet. Der Tarif enthielt alle diejenigen Artikel, deren Einfuhr die deutsche Industrie interessierte. Der Importeur hatte die Wahl zwischen spezifischen und Wertzöllen; der Zollfuß war 8% und 10% ad valorem. Allein Deutschland wurden noch andere Konzessionen gewährt, die natürlich gemäß der Klausel der meistbegünstigten Nation auch anderen Staaten zugute kamen: der Zoll auf Leder, ausgenommen Sohlen, wurde auf 7% ad valorem und der Zoll auf Arzneien und Parfümerien, für welche der Handelsvertrag mit Österreich-Ungarn den Zoll von 15% bestimmte, auf 10% heruntergesetzt.

Bei der Ausarbeitung aller dieser Konventionaltarife, welche die Handelsverträge mit England, Österreich-Ungarn und Deutschland festgesetzt haben, ist man nicht gerade mit großer Sorgfalt vorgegangen. Manchmal findet man sogar Widersprüche und unrichtige Folgerungen. So sehen wir, daß der Handelsvertrag zwischen Österreich-Ungarn und Serbien den Zoll für Parfümerie, Mineralöle und Arzneien auf 15% ad valorem festsetzt, während in dem früheren Handelsvertrage mit England der Zoll für dieselben Waren 10% und für Mineralöle 8% betrug. Das ist eine Anomalie; denn die später vereinbarten höheren Zölle in dem Handelsvertrag mit Österreich-Ungarn sind unanwendbar, da Österreich-Ungarn nach dem Meistbegünstigungsrechte selbstverständlich die niedrigeren Zölle des vorher mit England abgeschlossenen Handelsvertrages genoß.

Diese drei für Serbien so bedeutenden Handelsverträge sind erst am 8. August 1883 in Kraft getreten. Bis zu dieser Zeit hatte der serbische autonome Zolltarif von 1864 nach der Stipulierung des Artikels 37 des Berliner Vertrages Geltung.

Auch mit anderen Staaten wurden Handelsverträge abgeschlossen. Serbien errang durch Handelsverträge mit diesen Staaten zwar nur kleine ökonomische Vorteile, jedoch mußte man mit allen

Staaten Handelsverträge abschließen zwecks Befreiung von dem Artikel 37 des Berliner Vertrages, d. h. um Serbien endlich voll und ganz unabhängig zu machen. Die Handelsverträge dieser Art sind: Das provisorische Handelsabkommen mit Italien am 10. Mai 1880, mit der Schweiz am 10. Juni 1880, mit Rußland am 14. Juni 1880, mit Belgien am 3. November 1880, mit Holland am 17. Oktober 1881, mit den Vereinigten Staaten von Amerika am 14. Oktober 1881, der Handels- und Schiffahrtsvertrag mit Frankreich am 30. Januar 1883, die provisorische Handelskonvention mit der Türkei am 25. Juni 1888, der Handelsvertrag mit Rumänien am 3. März 1890 und die Präliminarkonvention mit Montenegro am 1. Mai 1891. Natürlich mußte nach dem erwähnten Artikel des Berliner Vertrages im Verkehr mit denjenigen Staaten, mit welchen später noch irgendein Handelsabkommen erzielt wurde, um so länger der serbische autonome Zolltarif angewandt werden. Am längsten war dies der Fall mit Bulgarien, mit dem zunächst überhaupt kein Handelsvertrag zustande kam, sodann mit Montenegro, Rumänien und der Türkei.

Wenn wir einen Blick auf die Bedeutung der Handelsverträge dieser Periode werfen, so tritt es klar zutage, daß Serbien von keinem Staat, ausgenommen Österreich-Ungarn und Deutschland, in wirtschaftlicher Beziehung bedeutende Vorteile erzielte. Serbien konnte von den Konzessionen, die ihm die erwähnten Staaten einräumten, keinen großen Gebrauch machen, da die Hauptmasse der serbischen Produkte, wie wir bei der Untersuchung des Außenhandels noch sehen werden, in den erwähnten Ländern infolge des mangelhaften Verkehrswesens nicht in bedeutenden Mengen, sondern nur auf den österreichisch-ungarischen und den inländischen Märkten verkauft werden konnten.

Von größter Bedeutung dagegen ist für Serbien, wie schon erwähnt, der Handelsvertrag mit Österreich-Ungarn. Die früher genannten Produkte, auf welche Österreich-Ungarn Sonderbegünstigungen (Hälfte des Zolles) gewährt worden waren, sind ausschließlich solche Artikel, die mit damals tatsächlich in Serbien hergestellten Produkten, oder solchen, die leicht hätten hergestellt werden können, bedeutend konkurrierten. Die niedrigen Zölle des Grenzverkehrs auf die erwähnten Waren hatten die Wirkung, daß die „Einkeimung“ einer solchen heimischen Produktion vereitelt wurde. Deswegen sind die Sonderbegünstigungen nur auf diese Artikel beschränkt, weil ihre Einfuhr aus der Nachbarmonarchie mit derjenigen aus England und Deutschland nicht wesentlich konkurrierte, da der Handel mit solchen Artikeln wegen ihres kleinen Wertes und größeren Volumens nicht lohnend war. Andernfalls würden die erwähnten Staaten in dieser Beziehung wohl Einspruch erhoben haben.

Wenn man dagegen die Konzessionen überblickt, welche Österreich-Ungarn Serbien gewährt hat, wird man sofort erkennen, daß Serbien durch Österreich-Ungarn viel mehr gewinnt als es umgekehrt der Fall ist. Serbien ist bekanntlich ein reiner Agrarstaat, der von drei Seiten von ebensolchen Agrarstaaten: von Bosnien, der Türkei, von Bulgarien und Rumänien begrenzt wird. Diese bringen dieselben Erzeugnisse hervor wie Serbien, dessen Export fast ausschließlich aus Rohprodukten besteht, wovon $^3/_4$ der Gesamtausfuhr auf den Markt der Nachbarmonarchie gingen, während $^1/_4$ sich auf alle übrigen Staaten verteilt, davon kommt allein die Hälfte auf Deutschland. Dieses, wie die Nähe des österreichisch-ungarischen Marktes, sowie die niedrigen Zölle, die sämtliche serbischen Rohprodukte genossen, waren zweifellos für den serbischen Exporteur ein Segen.

Allein die nur tarifarische Betrachtung ist nicht die einzige, die für die Beurteilung des Handelsvertrages mit Österreich-Ungarn maßgebend ist. Serbien erhielt für seine Rohprodukte, deren Export aus allen Balkanstaaten nach Österreich-Ungarn am günstigsten war, diejenigen Industrieartikel, die es zur Befriedigung seiner Bedürfnisse nötig hatte und die es am billigsten nur von Österreich-Ungarn kaufen konnte. Wenn man die damaligen geringen Ansprüche in Betracht zieht, die Serbien an die Lebenshaltung stellte und diese mit der Leichtigkeit ihrer Befriedigung vergleicht, ergibt sich eine für das Volk unerfreuliche Wirkung: Trägheit im wirtschaftlichen Schaffen, die wiederum einen Stillstand der Volkswirtschaft nach sich zieht, was im Vergleiche mit fortschreitenden Staaten lediglich als ein volkswirtschaftlicher Verfall bezeichnet werden muß. Aus all dem läßt sich die Folgerung ziehen, daß Serbien unter diesen obwaltenden Verhältnissen in der internationalen Arbeitsteilung die Rolle eines reinen Rohstaates einnahm. Mit Österreich-Ungarn stand es in engster wirtschaftlicher Beziehung und wurde von der Nachbarmonarchie ganz und gar abhängig.

Wohl fehlt es nicht an Versuchen Serbiens, seinen Außenhandel günstiger zu gestalten und sich von der Nachbarmonarchie unabhängig zu machen, allein es gelang Österreich-Ungarn immer wieder, dieses durch die verschiedensten Repressalien zu vereiteln. So wurde in Saloniki im Jahre 1890 eine Handelsagentur zur Förderung des Außenhandels begründet. Saloniki hatte als Handelshafen seinerzeit nur lokale Bedeutung und war nicht in ständiger Verbindung mit den westeuropäischen Handelsplätzen; infolgedessen zögerte der serbische Exporteur seine Waren zu exportieren. Daher griff der Staat selbst ein: man errichtete eine Handelsagentur in Saloniki; die für den serbischen Exporteur lästigen Ausfuhrzölle wurden aufgehoben; außerdem gewährte man Refaktien auf den serbischen Staatsbahnen in der Richtung nach Saloniki. Trotzdem wurden, infolge des österreichisch-ungarischen Druckes, keine großen Erfolge erzielt; der Export hielt sich auf dem bezeichneten Wege nur in engen Grenzen. Auch Serbiens Versuch, seinen Handel auf der Donau abwärts nach dem Schwarzen Meere und weiter um die Balkanhalbinsel nach den westeuropäischen Handelsplätzen auszudehnen, war von keinem besseren Erfolg gekrönt.

Es soll nun noch kurz die Veterinärkonvention gewürdigt werden. Durch den Artikel 5 derselben war Serbien der österreichisch-ungarischen Willkür preisgegeben. Die serbische Viehausfuhr und -Durchfuhr konnte dadurch gesperrt werden, womit Österreich-Ungarn eine mächtige Waffe geboten war, auf Serbien einen Druck auszuüben, sobald dieses den österreichisch-ungarischen Markt umgehen wollte, oder wenn die Interessen der ungarischen Viehzüchter dem serbischen Viehexport entgegenstanden. So sehen wir, daß Österreich-Ungarn schon am 15. Dezember 1882 den serbischen Viehexport wegen der im Kreis Podrinje herrschenden Rinderseuche untersagte, und dieses Verbot dauerte etwa 2 Monate. Ferner wurde am 10. Oktober 1884 die Ein- und Durchfuhr von serbischen Schweinen ungefähr 1 Monat wegen der Maul- und Klauenseuche verboten. Im Jahre 1890 schickte Österreich-Ungarn vom 29. Mai an bis zum Oktober die exportierten Schweine angeblich wegen Seuchenverdacht zurück. Der eigentliche Grund für dieses Vorgehen war der, daß man glaubte, die ausgeführten Schweine seien rumänischen Ursprungs, und Viehexport aus Rumänien, Bulgarien und der Türkei war verboten. Sehr oft wurden Viehtransporte ohne irgend einen Grund zurückgeschickt.[1]

Der mit Österreich-Ungarn abgeschlossene Handelsvertrag band Serbien nicht nur in wirtschaftlicher, sondern auch in finanzieller Hinsicht. Das zeigt sich besonders in den niedrigen Zöllen auf solche Gegenstände, die erhebliche Zollerträge abwerfen, und in den Vereinbarungen über die Belastung der österreichisch-ungarischen Provenienzen mit inneren Abgaben und Einführung von Monopolen.

Durch Kriege finanziell erschüttert, war Serbien nicht in der Lage, die ihm im Berliner Vertrage gestellten Aufgaben zu verwirklichen, und damit den Gestaltungen der modernen Staaten sich anpassen zu können. Es brauchte in dieser Beziehung möglichst schnelle Verbesserung, doch war dies nicht leicht zu erreichen, da nach eben Gesagtem die besten fiskalischen Quellen gesperrt waren. Allein, als sich die Unentbehrlichkeit neuer finanzieller Mittel — namentlich für die Führung der serbisch-türkischen Kriege und für den Eisenbahnbau — immer mehr zeigte, und diesem mißlichen Zustande durch Umgestaltung und Erhöhung der direkten Steuern nicht abgeholfen werden konnte, zögerte die serbische Regierung nicht, die durch den Handelsvertrag verursachten Beschränkungen zu umgehen, um das Staatsleben zu erhalten und in gesundere Bahnen zu lenken.

So wurde im Jahre 1886 die „Ergänzungssteuer von dem in den Handelsgeschäften placierten Kapital" oder die sogenannte „Obrtsteuer" eingeführt, oder einfach „Obrt"[2], und zwar mit der Begründung, daß sich das Einkommen von dem in den Handelsunternehmungen angelegten Kapital leicht der Steuer entzieht,

---

[1] K. Stojanović, Ökonomische Zustände Serbiens. Belgrad 1909. S. 40—41.
[2] Obrt = Betrieb.

werden alle Handelsgeschäfte (einschließlich der Spekulations- und Lieferungsgeschäfte), die mit Kapital für Gewinn arbeiten, einer Steuer unterliegen, welche die Kapitalrentensteuer ergänzt.[1] Anfänglich dienten die kaufmännischen Bücher als Grundlage für die Erhebung der Steuer, allein diese Art der Erhebung erwies sich als unpraktisch, weil die Kaufleute unter Umständen das Durchsehen ihrer Bücher zu umgehen versuchten. Aus diesem Grunde erhob die serbische Regierung auf den Zollämtern die erwähnte Steuer von allen Waren, welche die serbische Grenze passierten. Die Obrtsteuer für Handelsunternehmungen mit Fabrikaten — also für den Import — betrug 5% des Handelswertes des betreffenden Artikels und für die Unternehmungen, die sich mit der Veräußerung von Rohstoffen befaßten — also für den Export — 1% des Handelswertes. Diese Steuer erfuhr später insoweit eine Änderung, als sie im Jahre 1888 für Industrieunternehmungen auf 7% des Wertes erhöht wurde.

Alle diese Maßnahmen trafen den österreichisch-ungarischen Export in nicht unbeträchtlichem Maße, und die Wirkung davon war, daß Österreich-Ungarn eine solche Umgehung der Vertragsbedingungen nicht dulden wollte. Allein es war sich wohl bewußt, daß die serbische Regierung nur aus großer finanzieller Not zu diesem Mittel griff und dank der vielen Bemühungen der serbischen Regierung gab Österreich-Ungarn nach. So wurde der Obrt ein ergänzender Teil des serbischen Zollsystems. Im Jahre 1891 kam ein neues Gesetz über die Troscharina zustande, durch welches die Troscharina auf neue Artikel eingeführt und die alte Troscharina erhöht wurde. Österreich-Ungarn drohte für den Fall, daß dieses Gesetz eingeführt würde, mit verschiedenen Repressalien und mit der Kündigung des Handelsvertrages.[2] Durch die Erhebung der Obrt und Troscharina wurden bedeutende Einnahmen erzielt; so betrug am Ende dieser Vertragsperiode im Jahre 1892 der Wert der Verzollung 3488379 Dinar, dagegen das Ergebnis der Troscharina 1439596 Dinar und der Obrt 2642345 Dinar. Man sieht also, daß Troscharina und Obrt zusammen um 593562 Dinar mehr ergaben als der Hauptzoll.[3]

Wie schon hervorgehoben, übte der Handelsvertrag mit Österreich-Ungarn einen mächtigen Einfluß auf die wirtschaftliche Entwicklung Serbiens aus. Durch die günstigen Zollverhältnisse in dieser Vertragsperiode war Serbien vollständig auf Österreich-Ungarn angewiesen, exportierte seine mit Sonderbegünstigungen ausgestatteten Rohprodukte und führte dafür billige österreichisch-ungarische Fabrikate ein. Auf diese Weise wurde aber sowohl die Hebung der heimischen Industrie, insbesondere des kleinen Gewerbes, als auch die private Initiative, soweit sie überhaupt vor-

[1] Milovanović, Unsere Handelsverträge. „Delo“, Novemberheft. S. 185 u. 186.

[2] Milovanović, Unsere Handelsverträge. „Delo“, Novemberheft. S. 186.

[3] Statistique du commerce exterieur du Royome de Serbie. Années 1891 —1895.

handen war, unterdrückt. Serbien seinerseits hat während dieser 10jährigen Vertragsperiode nichts für die Hebung der heimischen Industrie getan, und so befand sich das Land im Jahre 1892 im gleichen wirtschaftlichen Zustande wie im Anfang der Vertragsperiode.

Infolge dieser durch den Handelsvertrag mit Österreich-Ungarn geschaffenen wirtschaftlichen Zustände erwachten in Serbien nicht nur bei den Staatsmännern, sondern auch im Volke Wünsche und Forderungen nach neuen Schutzmaßregeln. Insbesondere verlangte man die Beseitigung des unglückseligen Artikels 5 der Veterinärkonvention. All dies gab Veranlassung zu einer Revision der bestehenden handelspolitischen Verhältnisse zwischen Serbien und der Nachbarmonarchie, und nach längeren Verhandlungen kam am 9. August 1892 der neue Handelsvertrag zwischen diesen beiden Staaten zustande, der am 1. Juli 1893 ratifiziert wurde und bis zum 31. Dezember 1903 Geltung haben sollte. Für den Fall, daß Österreich-Ungarn oder Serbien 12 Monate vor diesem Endtermine den Handelsvertrag nicht kündigten, sollte dieser auch nach dem 31. Dezember 1903 Geltung haben: „jusqu'a l'expiration d'un an à partir du jour où l'une ou l'autre des parties contractantes l'aura dénoncé". Der Handelsvertrag, als Bestandteil „des Systems der mitteleuropäischen Handelsverträge"[1], auch „Dezemberhandelsverträge" genannt, war ein Tarifvertrag wie der von 1881 mit Einräumung der Klausala der meistbegünstigten Nation.

Mit diesem Handelsvertrage sind zwar keine großen, aber immerhin einige Fortschritte zu verzeichnen. Zunächst wurden ausschließlich die spezifischen Zölle eingeführt und der Tarif wurde auf Grund des serbischen autonomen Tarifs ausgearbeitet. Dieser zeichnete sich durch seine Ausführlichkeit aus und enthielt 322 Positionen. Der Zollfuß des Konventionaltarifs von 1881 wurde im Durchschnitt von etwa 10% auf 11,25% erhöht; dazu sollen noch 7% der Obrtsteuer kommen, was im ganzen etwas über 18% ausmachte. Diese Höhe des Zolles war jedoch noch nicht genügend, um der heimischen Produktion nötigen Schutz gegen das Ausland gewähren zu können. Der Zoll wurde bei 270 Artikeln erhöht; so erfuhren bedeutende Steigerungen diejenigen Artikel, bei denen die österreichisch-ungarische Industrie keine Konkurrenz der serbischen Industrie zu fürchten hatte: die Kunst- und Luxusarbeiten. Bei 26 Artikeln blieb der Zoll derselbe, z. B. bei fertigen Kleidern und Schuhen aller Art; in 16 Fällen wurde er ermäßigt; in 51 Fällen, z. B. bei Kaffee, Reis und dgl., war die Verzollung dem serbischen autonomen Tarif überlassen, also nicht gebunden. Fast jede differenzielle Begünstigung der österreichisch-ungarischen Provenienzen im Grenzverkehr (Hälfte des Zolles) fiel diesmal gänzlich weg.[2] Nur

[1] Vgl. A. Oncken, Art. „Handelsverträge im Handw. d. Staatswiss. 3. Aufl. Bd. V. S. 360.

[2] „Wohl aber wird Österreich-Ungarn, den veränderten Verhältnissen Rechnung tragend, sich entschließen müssen, auf einen Teil jener Sonderbegünstigungen

der Wein in Gefäßen, der in der Umgebung von Werschitz, Weißkirchen, Panzčova und Syrmium gewonnen und nach Serbien eingeführt wurde, blieb davon ausgenommen (2,50 Dinar für 100 kg). Alle anderen nach Serbien importierten Weine unterlagen einem Zoll von 10 Dinar für 100 kg.

Serbien erfuhr in diesem Handelsvertrage für die meisten Waren, die es nach Österreich-Ungarn ausführte, dieselbe privilegierte, differenzielle Zollbehandlung wie in dem Vertrag von 1881. Dieser differenzielle Zoll erstreckte sich auf Rinder und Zerealien aller Art; auf gedörrte Pflaumen, Pflaumenmus ohne Zucker, Mehl, Pflaumenbranntwein — Schljivoviza — (bis 38 % Alkoholgehalt) und Wein aus der Umgebung Timok, Kruschevaz, Morava und Topliza. Der Zollfuß auf alle diese Produkte, außer den Zerealien, blieb der alte. Es ist zu bemerken, daß die Zerealien in diesem Vertragstarife enthalten waren, was in dem von 1881 nicht der Fall war. Der Zoll für diese war jetzt höher als früher, jedoch niedriger als für die anderen Balkan-Länder, wodurch sich eben die differenzielle Behandlung Serbiens auszeichnet: für Hafer und Roggen stieg der Zoll von 0,25 auf 0,60 bzw. 0,75 fl., für Weizen und Halbfrucht von 0,50 auf 0,75 fl., für Mais blieb der alte Zoll von 0,25 fl. für 100 kg bestehen.

In der Veterinärkonvention, als Ergänzung dieses Handelsvertrages, ist diesmal der Artikel 5 der früheren Veterinärkonvention weggefallen und ihre Bestimmungen wurden so genau angegeben, daß sie in Zukunft nicht zweideutig erklärt werden konnten. Doch ist das Verbot der Viehausfuhr noch mehrmals vorgekommen. So das Verbot für Schweineeinfuhr aus Serbien vom 24. Mai bis zum 10. Juli 1895, wegen der in Steinbruch herrschenden Klauenseuche; dann vom 28. Juli bis zum 14. Oktober desselben Jahres, weil an den aus Serbien eingeführten Schweinen Klauenseuche festgestellt wurde; sodann vom 14. Dezember 1895 bis 16. Februar 1896 wiederum wegen Klauenseuche der serbischen Schweine, die nach Steinbruch ausgeführt worden waren. Vom 26. November 1897 bis 29. Januar 1898 erging ein Verbot für Rindereinfuhr wegen Maul- und Klauenseuche der serbischen Rinder und im Jahre 1901 wurde zweimal die Rindereinfuhr nach der Nachbarmonarchie gesperrt.

Der Fiskus hat mit dem Handelsvertrage gute Ergebnisse erzielt. Durch Einführung der spezifischen Zölle wurden die Gesamtzolleinnahmen um mehr als 50 % erhöht. Das Recht auf die Erhebung der Obrtsteuer von 7 % wurde ebenfalls mit dem Handelsvertrage erworben und bildet einen ergänzenden Teil der Zollerhebung. Früher war die erwähnte Steuer nur stillschweigend geduldet, aber nicht vertragsmäßig anerkannt. Weiter wurde die Troscharinataxe auf alle Verzehrungsgegenstände ausgedehnt, auch

zu verzichten, die ihm Serbien notwendigerweise zu jener Zeit, als es sich wirtschaftlich auf Österreich-Ungarn angewiesen sah, eingeräumt hatte." — Dr. Ströll in Schriften des Ver. f. Sozialpolitik: „Handelspolitik der Balkanstaaten". S. 44.

wenn sie nicht in Serbien hergestellt waren. Nur für gewisse Gegenstände, die den österreichisch-ungarischen Export besonders angehen, wurde die Maximaltaxe festgesetzt, die durchschnittlich viel höher ist als die durch den Handelsvertrag von 1881 festgesetzte Taxe. Wenn Serbien auch nicht die freie Regelung seiner Monopole überlassen blieb, so gewann es doch das Recht für die Einführung von vier neuen Artikeln: Streichhölzern, Zigarettenpapier, Sprit aus mehlhaltigen Stoffen oder Melasse und Petroleum neben den drei schon bestehenden Monopolen.

Dieser Handelsvertrag hatte lange nicht die Bedeutung in der Geschichte des serbischen Wirtschaftslebens, wie der Handelsvertrag von 1881, der die Richtung des serbischen Wirtschaftslebens auf lange Zeit hinaus bestimmt hatte. Der neue Vertrag war nicht imstande, den Charakter der damaligen Wirtschaftsbeziehungen umzuändern. Wenn auch ein Fortschritt am Ende dieser Vertragsperiode, zum Beginn der 90er Jahre, in der Volkswirtschaft Serbiens zu verzeichnen ist, so hatten doch die Abmachungen dieses Handelsvertrages die Wirkung, daß Serbien, besonders durch die differenzielle Zollbehandlung seiner Rohprodukte begünstigt, auch weiterhin für die Dauer dieser 10jährigen Vertragsperiode von der Nachbarmonarchie wirtschaftlich abhängig blieb. Es produzierte Rohprodukte, um dafür auf dem österreichisch-ungarischen Markte fertige und billige Fabrikate zu bekommen, also es spielte die alte untergeordnete Rolle des Rohstofflieferanten dem Industriestaate Österreich-Ungarn gegenüber.

Die mangelhafte Entwicklung der serbischen Volkswirtschaft liegt nicht so sehr an dem ungenügenden Schutz gegen das Ausland, als vielmehr an dem Fehlen jedes privaten Eingreifens; denn man war gewöhnt lieber von Zinsen zu leben, wenn auch mit bedeutend kleineren Einnahmen, als sein Kapital in industriellen Unternehmungen anzulegen. Vor allem aber trifft die Schuld den Mangel am rationellen Betrieb der Landwirtschaft. Was nützen die besten Zölle, wenn sie nur auf dem Papier stehen, aber von niemandem ausgenutzt werden. Wie schon von vornherein hervorgehoben, ist Serbien an natürlichen Stoffen und Kräften reich, dagegen an Kapital und industrieller Arbeitskraft arm; daraus ergibt sich, daß es, als ein reiner Agrarstaat nicht plötzlich zum Großindustriestaat emporsteigen kann, sondern vielmehr sollte es auf die Ausnützung seiner natürlichen Schätze sein Augenmerk richten, was es bis in die neueste Zeit leider nicht getan hat. Ein intensiver landwirtschaftlicher Betrieb und eine Verarbeitung von landwirtschaftlichen Erzeugnissen sollte Platz greifen, um diesen einen höheren Wert zu verleihen.

Auf diese Weise würde Serbien viele Roh- und Halbfabrikate nicht aus dem Auslande beziehen müssen (so importierte es z. B. trotz seines Reichtums an Wäldern Bretter, Balken, Dauben für Fässer usw. für über eine Million Dinar jährlich), sondern es würde selbst mit geringem Aufwand von Arbeit und Kapital das Rohmaterial verarbeiten und die verarbeiteten Produkte sogar ausführen können. Solche Erzeugnisse würden neben höherem Wert bei kleinem Volumen den Vorteil haben, daß sie längere Transportwege ertragen können; damit würde Serbien mit seinen Produkten nicht nur auf den nahen Markt der Nachbarmonarchie angewiesen sein, sondern könnte bei etwaigen Repressalien seitens Österreich-Ungarns seinen Erzeugnissen auch in den weiter entfernten Staaten Absatz zu verschaffen suchen. Dadurch wäre Serbien in der Lage, das Monopol des österreichisch-ungarischen Handels durch Zulassung der Konkurrenz anderer Staaten zu brechen und schließlich auch den richtigen Preis für seine Waren zu erzielen. Durch die Verarbeitung der Rohstoffe würde ferner erreicht werden, daß Serbien nicht nur mit seinen drei wichtigsten Ausfuhrartikeln, Getreide, lebendem Vieh und Pflaumen, sondern mit vielen anderen Artikeln die fremden Märkte beschicken könnte. Der vielseitigen Nachfrage auf dem Weltmarkte und dem Geschmack der Konsumenten würde dadurch das ebenso vielseitige Angebot derselben Ware gegenüberstehen können.

Während dieser Vertragsperiode schloß Serbien auch mit anderen Staaten Handelsverträge, mit Deutschland, England, Rußland, Bulgarien, und Handelskonventionen mit Frankreich, Italien, Belgien und anderen. Auf alle diese Handelsverträge wurden die Abmachungen und Grundsätze des mit Österreich-Ungarn 1892 abgeschlossenen Handelsvertrages angewendet. Den erwähnten Staaten wurde das Recht der Meistbegünstigung, allein keine weiteren Konzessionen zugestanden. Alle diese Handelsverträge und Konventionen sollten im Jahre 1903 ablaufen.

Wenden wir uns nun kurz zu einer Betrachtung der Entwicklung des serbischen autonomen Tarifs. Wie wir gesehen haben, wurde der Zollfuß des serbischen autonomen Tarifs von 1864 gegenüber dem des alten türkischen Tarifs von 3% ad valorem, der seinerzeit für Serbien galt, teils durch die spezifischen Zölle, teils durch die Additionalgebühren auf 5, 6 und sogar 8% ad valorem erhöht. Das Gesetz vom 1. Dezember 1873 brachte das Metermaß und das Gesetz vom 10. Dezember 1878 ein neues Münz-, das Dinarsystem, zur Einführung. Dieses wie auch die veränderten Waren und Warenpreise hatten die Wirkung, daß der alte autonome Tarif nicht mehr aufrecht erhalten werden konnte. Schon im Jahre 1879 arbeitete das finanzielle Komitee ein Projekt über einen allgemeinen Zolltarif aus, der aber erst am 11. Juli 1883 in Kraft trat. Er wurde denjenigen Staaten gegenüber angewendet, mit denen erst später — wie mit der Türkei und Rumänien — oder überhaupt nicht — wie mit Bulgarien — ein Handelsvertrag zustande kam. Dieser Zolltarif, der in Ein- und Ausfuhrzolltarif zerfiel, diente mit seinen Änderungen vom Jahre 1892 als Grundlage für die Verhandlungen über den Handelsvertrag mit Österreich-Ungarn und Deutschland im Jahre 1892.

Die Einfuhrzölle dieses autonomen Tarifs waren ziemlich hoch und bezweckten nicht den Schutz der heimischen Industrie den drei erwähnten Staaten gegenüber, da dieselben Artikel aus anderen Vertragsstaaten bei niedrigeren Zöllen bezogen werden konnten, sondern man gab ihnen vielmehr nur deshalb prohibitiven Charakter, um auf diese Staaten gewissermaßen einen Druck auszuüben und dadurch mit ihnen eher in ein Handelsvertragsverhältnis treten zu können. So war der Zoll für 100 kg einfache Gewebe von Wolle und Haare 40 Dinar, für seidene Gewebe, je nach der Qualität, 400, 600 und 1600 Dinar, für Schnüre von Baumwolle 65, von Wolle 160 und von Seide 400 Dinar, für rohe Rinderfelle 15 Dinar, für Sohlen 50 Dinar, für Tabak in Blättern 100 Dinar, für Öl 20 Dinar, für Fische 25 und für Salz 1,50 Dinare. Dagegen waren eine Reihe von Rohstoffen zollfrei wie: Stroh, Rohr, Wolle, Haare, Kokons, Silber, Gold, Platin, Erde, Steine, Schaf-, Ziegen- und Lammfelle, verschiedene Maschinen zum Betrieb der Eisenbahnen und Schiffe; ferner Bücher, Noten, Zeitungen, Globusse, Bilder usw.

Die Zölle des Ausfuhrtarifs dagegen sind nicht hoch und verfolgen zweierlei Zwecke: einen finanziellen und einen handelspolitischen. Die Zölle mit finanziellem Zweck sind für je 100 kg Getreide, Roggen, Hafer und Mais 0,50 Dinar, für Tabak in Blättern oder geschnitten 5 D., für Dauben, Bretter 1,20 D., für Baumstämme, Balken und Stangen 0,40 D., für Caviar 25 D., für Bienen in Bienenkörben mit Honigscheiben oder ohne diese auf einen Bienenkorb 2 D., für gedörrtes, gekochtes und eingemachtes Obst 0,75 D., für Maultiere und Esel pro Stück 1,20 D., für Rinder und Kühe 2,50 D., für Schweine und Ferkel 1,20 D., für Fette, Butter, Sahne und Käse 3 D., für Wein, Rakia (Branntwein) und Sprit 0,50 D., für Schießpulver 10 D. pro 100 kg.

Diesen Finanzzöllen stehen Schutzzölle gegenüber, durch welche die Ausfuhr gewisser einheimischer Rohstoffe und Abfälle verhindert werden soll, um deren Verarbeitung im Inlande zu fördern. Als solche sind zu nennen: Zölle auf rohe Erze pro 100 kg 0,10 D., auf Lauge 10 D., auf Hanf und Flachs 3 D., auf rohe Felle von Rindern, Schafen, Pferden, Schweinen, Kälbern, Hunden usw. 12 D., auf Felle von Mardern 200 D., von Füchsen 60 D., auf Wolle von Schafen 8 D., auf Haare und Schwänze 4 D.; Abfälle: Knochen, Hörner, Lappen, zerrissene Kleider, unbrauchbare Schuhe 10 D., auf Abfälle von Papier irgendwelcher Art 1,50 D.

Im Jahre 1893 wurde ein neuer allgemeiner Tarif ausgearbeitet mit Erhöhungen für verschiedene Artikel, wie für wollene und seidene Gewebe, Stickerei, Spitzen, Sammet und andere. Er trat am 10. Juli desselben Jahres in Kraft und der durchschnittliche Zollfuß betrug 21,75 %, während der höchste Satz des Tarifs von 1883 20 % gewesen war.

Als im Jahre 1904 das System der mitteleuropäischen Handelsverträge ablief, wurde es durch den Reichskanzler Fürst Bülow nach agrar-schutzzöllnerischen Gesichtspunkten (Minimal- und Maximalzölle auf Getreide) erneuert. Diesen neuen Zuständen mußte auch Österreich-Ungarn Rechnung tragen, was die Ausfuhr und Einfuhr von Agrarprodukten aus den Balkanstaaten nach Österreich-Ungarn und in erster Linie aus Serbien schwer traf. Als der Handelsvertrag mit Österreich-Ungarn ablief, wurde er bis Ende des Jahres 1905 verlängert. Die Verhandlungen über die Abschließung eines neuen Handelsvertrages scheiterten. Dies ist begreiflich, wenn man in Betracht zieht, daß jede diplomatische Verhandlung auf dem Grundsatz „do ut des" beruht. Die ungarischen Agrarier waren, um ihren Agrarprodukten genügenden Schutz zu gewähren, schutzzöllnerisch gesinnt, Serbien dagegen suchte Ersatz für seine am meisten betroffenen Ausfuhrartikel, indem es die Zölle für österreichisch-ungarische Fabrikate erhöhte.

Serbien hatte schon damals, als im Jahre 1902 im Reichstag über die Zollerhöhungen der Agrarprodukte verhandelt wurde, die Entwicklung der Dinge vorausgesehen. Daher empfahlen die serbischen Nationalökonomen die Ausarbeitung eines neuen allgemeinen Tarifs, der womöglich schon im Anfang des Jahres 1903 die Zustimmung der Nationalversammlung erhalten sollte. Serbien sollte unter Umständen einen den neugeschaffenen Zuständen angepaßten autonomen Tarif erhalten, um auf dessen Grundlage mit Österreich-Ungarn verhandeln zu können, denn der bisherige Tarif entsprach weder den wirtschaftlichen noch fiskalischen Bedürfnissen. Falls ein Handelsvertrag nicht zustande kam, blieb ein solcher Tarif eine mächtige Waffe in den Händen Serbiens, um den feindseligen handelspolitischen Maßnahmen der Nachbarmonarchie ein Paroli bieten zu können, was auch tatsächlich geschah. Aus diesen Erwägungen wurde ein allgemeiner Zolltarif im Jahre 1904 ausgearbeitet, der im Jahre 1906 in Kraft trat.

Unter den vielen Bestimmungen dieses Zollgesetzes sollen nur einige Erwähnung finden. Die Waren aus denjenigen Staaten, die serbische Waren ungünstiger als die der anderen Staaten behandeln, sollen neben den zollpflichtigen Abgaben noch mit einem Zuschlag von 20% des Handelswertes belegt werden. Wenn die in Betracht kommende Ware zollfrei ist, soll der Zuschlag sogar 100% des Handelswertes betragen. Weiter wurde die Regierung durch dieses Gesetz befugt, auf die fremden Provenienzen, die irgendeine Ausfuhrprämie genießen, einen Zoll in der Höhe dieser Prämien zu erheben. Im Falle einer Mißernte kann die Regierung Ermäßigung oder gänzliche Abschaffung der Zölle auf eingeführte Nahrungsmittel und Viehfourage beschließen. Ebenso kann sie die Einfuhr, Ausfuhr und Durchfuhr von Waren verbieten, wenn es das Staatsinteresse erheischt.

Durch den Artikel 18 war die Regierung berechtigt, bei einer Gesetzesvorlage über die Erhöhung der alten oder Einführung neuer Zölle, den betreffenden Vorschlag sofort in Kraft treten zu lassen; falls der Gesetzentwurf von der Skupschtina verworfen wird, haben die Importeure das Recht, den Mehrertrag oder den bereits gezahlten Zoll zurückzufordern. Durch diesen Artikel wurde den Importeuren Gelegenheit zur Spekulation geboten, denn, wenn ein Importeur eine Ware einführt und sie sofort verkauft, entrichtet er den neuen Zoll; versagt nun die Skupschtina ihre Zustimmung zu der vorgeschlagenen Zollerhöhung oder Einführung von neuen Zöllen, so wird ihm der zuviel gezahlte Zoll zurückerstattet und auf diese Weise fließt diese Summe in seine Tasche.

Der Tarif des Gesetzes zerfällt in einen Ein- und Ausfuhrzolltarif. In dem Einfuhrtarif wurde eine Klassifikation der Waren wie in anderen modernen Staaten eingeführt. Er besteht aus 18 Abteilungen oder Hauptgruppen mit insgesamt 670 Tarifpositionen, während der frühere Generaltarif nur 409 enthielt. Die Zölle sind Gewichtszölle (gewöhnlich für 100 kg; nur bei Goldsalzen, feiner Seide, Edelmetallen u. dgl. für 1 kg) und Stück- bzw. Volumenzölle (wie bei Brennholz, Holzspalte und Holzwurzeln). Außerdem sind auch Wertzölle vorgesehen, und zwar für Eisenbahnwagen (Wagen für Lasten und Passagiere) 10 % und 15 %, für kleine Eisenbahnwagen 10 %, für Automobile und dessen Teile und Motorwagen, für Kraftwagen 10 %, die übrigen 15 %; für Wasserfahrzeuge, Motorfahrzeuge 10 %, übrige 12 %, Luxusfahrzeuge 20 %, Schlepper und Pontons aller Art 10 %. Durch hohe Zölle auf eingeführte landwirtschaftliche Produkte ist dem Staate eine reiche fiskalische Quelle erschlossen. Die Zölle auf Waren der Textilindustrie, ebenso die auf Fabrikate der Eisenindustrie wurden bedeutend erhöht. In beifolgendem Tarif sind nur die Maximal-, nicht auch die Minimalzölle genannt.

Ware	Einheitsmaß	Alter Generaltarif in Dinar	Neuer Generaltarif in Dinar
Getreide aller Art	Dztr.	2	5
Roggen und Hafer	„	2 und 1	3
Mais	„	0,75	2,50
Rinder	Stück	27	30 und 40
Schweine, magere und fette	„	5	5 „ 30
Pferde	„	10	15 „ 30
Wollene Gewebe	Dztr.	100—150	300—350
Seidene Gewebe	„	500—1000	1500—2500
Spitzen mit und ohne Seide	„	600—800	1000—3000
Sammet	„	400—500	3000
Stickerei auf seidenen Geweben	„	450—1200	5000
Blech aller Art	„	8	20—100
Eisenketten	„	18	20—60
Schlösser und Schlüssel usw.	„	14	60—80

Die Maximalzölle sind unverändert geblieben und bei Abschließung der Handelsverträge mit den verschiedenen Staaten festgesetzt worden. Die meisten der erwähnten Zölle wurden bei Abschließung des Handelsvertrages mit der Nachbarmonarchie festgesetzt und sind erst seitdem Bestandteil des allgemeinen Tarifs. Wie groß dieselben sind, kann man aus den verschiedenen Handelsverträgen sehen.

Der Ausfuhrzolltarif zerfällt im Gegensatz zum vorigen nur in 2 Abteilungen oder Hauptgruppen und 5 Zollpositionen, und zwar 1. Tierische Produkte: Lamm- und Ziegenfelle für 100kg 10 D., Hörner, Klauen und Hufe 3 D. für 100 kg; 2. Abfälle: Lappen und Lumpen, Abfälle von Leder und alte unbrauchbare Schuhe 3 D., Abfälle von Metall 3 D. und von Kupfer 10 D.[1]

Wie schon erwähnt, wurde der alte Vertragszustand mit Österreich-Ungarn bis zum Ende des Jahres 1905 verlängert; neue Verhandlungen zwecks eines Handelsvertrages blieben erfolglos. Ende des Jahres wurden sie wieder aufgenommen, allein sie scheiterten infolge des inzwischen abgeschlossenen Zollvereins zwischen Serbien und Bulgarien, dem begreiflicherweise Österreich-Ungarn nicht gerade günstig gesinnt war. Obgleich die Vereinbarung in Sofia schon Gesetzeskraft erhalten hatte, gelang es Österreich, in Belgrad seine Aufhebung durchzusetzen. Bei den Verhandlungen im Februar wurde an Stelle eines neuen Handelsvertrages oder mindestens einer Verlängerung des alten ein modus vivendi bis auf weiteres abgeschlossen, der vom 4. März an bis Ende Juni 1906 dauerte. Nach diesem wurde die Einfuhr von serbischem Vieh nur limitativ, und zwar nach der im voraus von den serbischen Exporteuren verlangten Zustimmung in Budapest und Wien erlaubt. Das Vieh unterlag den Minimalzöllen des österreichisch-ungarischen neuen allgemeinen Zolltarifs, die bedeutend höher waren als die alten. Der Handelsvertrag mit Österreich-Ungarn konnte aus den schon erwähnten und anderen Gründen nicht zustande kommen. Österreich-Ungarn gefiel die allseitige Spezialisierung und Klassifikation des serbischen allgemeinen Zolltarifs von 1904 nicht, und daher verlangte es eine Revision desselben, womit jedoch Serbien nicht einverstanden war. Weiter verlangte die Nachbarmonarchie, daß Serbien bei seinen Staatsbestellungen — hier kommen besonders die Bestellungen von Kanonen und ihren Derivaten und das zum Eisenbahnbau nötige Material in Betracht — die österreichisch-ungarischen Fabrikate, bei gleichen Preisen und gleicher Qualität wie die anderer Staaten, nicht ausschließe. Darauf gab die serbische Regierung bekannt, sie habe sich entschlossen, bei allen zukünftigen Staatsbestellungen die österreichisch-ungarische Industrie zu berücksichtigen, jedoch was die Bestellungen von Kanonen und deren Derivaten anbelangt, könne die serbische Regierung beim besten Willen die Ansprüche Österreich-Ungarns nicht befriedigen. Da erklärte Österreich-Ungarn den modus vivendi für erloschen und es begann der vertraglose Zustand zwischen Serbien und der Nachbarmonarchie (7. Juli 1906); jeder Staat belegte die Waren des anderen mit den hohen Maximalzöllen seines allgemeinen Zolltarifs. Dieser Zustand währte bis 1. September 1908, wo der provisorische Handelsvertrag zwischen beiden Staaten zustande kam. Während der vertraglosen Zeit war die österreichisch-

[1] Gesetz über den allgemeinen Zolltarif. Belgrad 1904. S. 11, 12, 21—180, 183.

ungarische Grenze für Einfuhr und Durchfuhr von serbischem Vieh, Geflügel und tierischen Produkten gesperrt.

Der neue provisorische Handelsvertrag mit Österreich-Ungarn ist dadurch gekennzeichnet, daß nach ihm die Einfuhr von nur geschlachtetem aber nicht mehr von lebendem Vieh erlaubt war, und zwar wurde die Zahl der importierten Schweine und Rinder festgesetzt. Es durften nur 70000 Stück geschlachtete Schweine und 35000 Stück geschlachtete Rinder nach der Nachbarmonarchie eingeführt werden. Neben dieser Bestimmung war der provisorische Handelsvertrag durch hohe Zölle auf österreichisch-ungarische Fabrikate ausgezeichnet. Er trat am 1. September 1908 in Kraft und dauerte bis Ende desselben Jahres.

Wegen des plötzlich gespannten politischen Verhältnisses zwischen beiden Staaten infolge der Annexion von Bosnien und Herzegowina wurde der provisorische Handelsvertrag nur bis 1. April 1909 verlängert. Österreich-Ungarn forderte dann die Revision des erwähnten provisorischen Handelsvertrages, wofür besonders die ungarischen Agrarier stimmten. Als jedoch Serbien erwiderte, daß es an dem schon fertigen Handelsvertrage (1908) nichts zu ändern habe, trat wieder der vertraglose Zustand ein, der bis zum 17. August 1910 dauerte, wo der neue definitive Handelsvertrag zustande kam.

So währte also der vertraglose Zustand mit kleineren Unterbrechungen vom 7. Juli 1906 bis zum 17. August 1910. Während dieser Zeit hatten für die Waren beider Staaten die hohen Zölle der allgemeinen Tarife Geltung, so daß die wichtigsten serbischen Ausfuhrartikel von den österreichisch-ungarischen Märkten so gut wie ausgeschlossen waren. Für beide Teile ergaben sich daraus große wirtschaftliche Störungen; allein das kleine Serbien war diesmal stärker als das wirtschaftlich überlegene große Österreich-Ungarn und ging als Sieger hervor. Das bis dahin mit seinen Ausfuhrartikeln, besonders mit seinem Vieh, so eng an die Nachbarmonarchie gebundene Serbien fand sich in einer äußerst mißlichen Lage. Die serbischen Exporteure kannten sozusagen bis zu dieser Zeit, d. h. bis zum Jahre 1906, das als ein Wendepunkt in dem Wirtschaftsleben Serbiens anzusehen ist, außer den Wiener und Budapester Märkten keine anderen; ebenso waren die serbischen Produkte fast nur den österreichisch-ungarischen Käufern bekannt. Um aus diesem Zustand herauszukommen, begann die serbische Regierung, in der Absicht, die Exporteure mit möglichst viel fremden Märkten und die serbischen Produkte mit fremden Käufern bekannt zu machen, den Außenhandel zu konzentrieren und den Exporteuren möglichst viele neue Wege für den Export zu sichern.

Wichtige Entscheidungen sind gefallen und damit ist eine neue Entwicklung angebahnt worden. So finden sich schon Anfang des vertragslosen Zustandes in dem Wirtschaftsprogramm der serbischen Regierung eine Anzahl von Projekten wie Erlaß eines zeitgemäßen Markt- und Gewerbegesetzes, Errichtung öffentlicher Lagerhäuser, von Elevatoren, Handelsagenturen, Gründung einer Handels- und Gewerbekammer, Reorganisation der Produktenbörse und des Handelsschulwesens, Erweiterung des Eisenbahnnetzes, Erteilung nützlicher Industriekonzessionen und die Gründung einer Gewerbebank.[1] Zwecks Anlage neuer sicherer Wege und Orientierung über die neuen Märkte bewilligte die Skuptschina schon im Jahre 1906 einen Kredit von 500000 Dinaren als Beihilfe zu den erwähnten Zwecken. Mit diesem, wenn auch unbedeutendem Kredit wurden bedeutende Erfolge erzielt, namentlich im Jahre 1907.

Einen Hauptfaktor zur Förderung der serbischen Viehausfuhr bildeten die Schlachthäuser; hier kommt besonders das schon im Jahre 1895 errichtete Belgrader Aktienschlachthaus in Betracht, das die heimischen Schweine zu möglichst hohem Preis aufkaufte, abschlachtete und dann nach den neuen Märkten exportierte. Es wurde der Bau von Schlachthäusern an der Grenze geplant und von den im Lande schon bestehenden sind besonders erwähnenswert die in Velika Plana und Mladenovatz. Auch die Belgrader Exportbank ist während des vertraglosen Zustandes ein nicht unbedeutender Faktor zur Begünstigung des Außenhandels gewesen. Sie unternahm auf Anregung der Regierung den ersten Viehexport nach Italien, und dieser Versuch fiel sehr befriedigend aus.

Weitere Maßregeln zur Förderung des Außenhandels waren: die progressive Ausfuhrprämie für das nach Italien und Ägypten exportierte Vieh, die den serbischen Exporteuren ausgezahlt wurde; bei Verlusten wurden sogar Entschädigungen vom Wirtschaftsministerium gewährt. Die Prämie für ein nach Italien ausgeführtes Rind betrug je nach der Stückzahl 4 und 5 Dinar und für ein Stück nach Ägypten 2 und 4 Dinar. Weiter wurden auf den Eisenbahnen Frachtermäßigungen von 50% zur Begünstigung der Viehausfuhr eingeführt. Die Handelsagenturen, die in Alexandrien, Braila, Genf, Neapel, Konstantinopel, London, Marseille, Berlin, Brüssel, Saloniki, Antwerpen und Malta gegründet wurden, leisteten ebenfalls Bedeutendes zur Förderung des Außenhandels. Für ihre Erhaltung war ein Kredit von 30000 Dinar vorgesehen. Auch die Errichtung von Viehställen in Saloniki war eine mächtige Unterstützung der serbischen Viehexporteure. Außerdem wurden mehrere Verträge mit Eisenbahn- und Armateurgesellschaften abgeschlossen zwecks Gewinnung einer regelmäßigen Verbindung mit westeuropäischen Staaten. So schloß man einen Vertrag mit der Armateurgesellschaft in Athen, durch welchen die regelmäßige Wochenfahrt von Salonik nach Alexandrien geregelt wurde. Der Vertrag mit der Firma Ramponi-Volpati aus Mailand regelte den Verkehr zwischen Serbien bzw. Saloniki und Italien. Ein anderer Vertrag mit der rumänischen Schiffahrtsgesellschaft ordnete den Verkehr zwischen Serbien und Braila und weiter durch das Schwarze Meer nach Westeuropa. Durch den Vertrag mit der Armateurgesellschaft

---

[1] Berichte, vorgelegt dem Wirtschaftsministerium. 1906. S. 74.

Fressine & Co. aus Marseille wurde ein regelmäßiger Schiffsverkehr zwischen Saloniki und Frankreich vereinbart. Außerdem hat man noch mehrere Verträge ähnlicher Art abgeschlossen.[1]

Bedeutende Verschiebungen, die als Wirkungen des vertraglosen Zustandes zwischen Serbien und Österreich-Ungarn bezeichnet werden können, traten im serbischen Außenhandel während dieser kurzen Periode 1906—1910 auf. Wenn man den serbischen Außenhandel im ganzen betrachtet, wird man sofort zu dem Ergebnis gelangen, daß er nicht die geringsten Spuren des vertraglosen Zustandes mit einem Staate an sich trägt, der mehr als $^4/_5$ des Gesamtexports Serbiens aufnahm. Wohl gab es anfangs Störungen in der serbischen Handelswelt, allein die Krisis dauerte nur so lange, bis die serbische Ausfuhr neue Wege teils nach Saloniki, teils die Donau abwärts nach dem Schwarzen Meere einschlug, also Wege, die nach den westeuropäischen Staaten führen. Eine Tabelle des Außenhandels Serbiens, während des vertraglosen Zustandes und der Zeit kurz vor dessen Eintreten soll die Lage besser veranschaulichen.

	in 1000 Dinaren							
	Vertragszustand			vertragloser Zustand				
Jahr . . .	1903	1904	1905	1906	1907	1908	1909	1910
Ausfuhr . .	59967	62156	71996	71604	81491	77750	92982	98383
Einfuhr . .	58235	60626	55600	44329	70583	75635	73535	84695

Aus diesen Zahlen ergibt sich, daß sowohl die Einfuhr wie die Ausfuhr Serbiens mit Ausnahme des Jahres 1906, in welchem der vertraglose Zustand anfing, in Zunahme begriffen war. Also war die kurz vor Beginn des vertraglosen Zustandes überall in Serbien verbreitete Befürchtung unbegründet, man werde auf die Nachbarmonarchie angewiesen sein und wegen Unterbrechung des Vertragszustandes fühlbare Verluste erleiden.

Österreich-Ungarn war dadurch um so mehr enttäuscht, als es darauf rechnete, daß Serbien nach Abbruch der Handelsbeziehungen ihm nachgeben müsse. Das Gegenteil trat ein, denn es gelang, eine völlige Unabhängigkeit von der Nachbarmonarchie herzustellen, was aus der Verschiebung der serbischen Ausfuhr nach den beteiligten Staaten leicht zu ersehen ist. Man vergleiche hierzu folgende Tabelle.

Die Beteiligung der einzelnen Länder an der serbischen Ausfuhr.

Ausfuhr-Land	Vertraglose Zeit in %	Jahr 1907 %
Deutschland	4,63	40,05
Belgien	0,49	15,84
Österreich-Ungarn. .	87,90	15,78

[1] Berichte, vorgelegt dem Wirtschaftsministerium. 1909. S. 71.

Ausfuhr-Land	Vertraglose Zeit in %	Jahr 1907 %
Italien	0,07	6,64
Türkei	2,97	5,38
Rußland	0,16	3,82
Frankreich	0,64	3,29
England	0,29	2,85
Ägypten	0,00	1,26

Danach hat die österreichisch-ungarische Beteiligung am Export Serbiens im Jahre 1907, das als ein ganzes Jahr des vertragslosen Zustandes zu rechnen ist, um nicht weniger als 69,72% abgenommen; dagegen ist der Anteil Deutschlands um 35,42%, Belgiens um 15,35%, Italiens um 6,17%, der Türkei um 2,41%, Rußlands um 3,66%, Frankreichs um 2,65%, Englands um 2,56% gestiegen. Als ganz neue Märkte für die serbische Ausfuhr erscheinen Ägypten, Schweden und Norwegen.

Dieselbe Tendenz zeigt auch die serbische Einfuhr wie aus folgender Aufstellung hervorgeht.

Die Beteiligung der einzelnen Länder am serbischen Einfuhr-Handel.

Einfuhr-Land	Im Jahre 1905 %	Im Jahre 1907 %
Deutschland	11,57	28,79
Belgien	0,64	1,8
Österreich-Ungarn	60,04	36,27
Italien	1,41	3,26
Türkei	4,67	4,71
Rußland	1,45	0,50
Frankreich	1,47	3,44
England	9,55	14,48

Auch die österreichisch-ungarische öffentliche Meinung äußert sich nicht ungünstig hinsichtlich unserer Behauptung, wenn es heißt: ... „und so half dieses der Selbständigkeit Serbiens, welches, nach der Überzeugung der österreichisch-ungarischen Konsulate, mit unerhörter Intensität an dem Welthandel zu partizipieren angefangen hat und in diesem nach seinen Mitteln ein Faktor geworden ist, der nicht vernachlässigt werden kann und dessen Geltung immer größer werden wird, wenn Serbien den Weg weiter geht, auf den zu wandeln es angefangen hat ... Serbien wird nicht mehr den schon weggeworfenen Kinderschuh anziehen."[1]

Es soll nun unsere besondere Aufgabe sein, an gehöriger Stelle dieser Arbeit alle die Verschiebungen zu erörtern, die sich im serbischen Außenhandel nach jeder Richtung ergaben und die nicht nur für Serbien selbst, sondern auch für andere am serbischen Außenhandel beteiligte Staaten von allergrößter Bedeutung sind.

[1] Neue freie Presse vom 26. Juli 1910.

Die großartigen Ereignisse vollzogen sich während des kurzen Zeitabschnittes nicht nur im Außenhandel Serbiens, sondern auch auf dem Gebiete der beiden anderen Hauptzweige der serbischen Volkswirtschaft in der Industrie und in der Landwirtschaft. Mehrere erschöpfende Enqueten wurden veranstaltet. Das Verkehrswesen wurde vervollkommnet und die Finanzlage verbessert, so daß man in jeder Beziehung von einer wirtschaftlichen Kräftigung sprechen kann. Durch eine Staatsanleihe von 95 Mill. Dinar wurden die Mittel zur Neuorganisation des Heeres und zum Bau der notwendigsten Eisenbahnlinien beschafft. Im großen und ganzen sind die Zeichen zunehmender Wohlhabenheit nicht nur in der Steigerung des Verbrauches, sondern auch in dem Wachsen der aus Landesmitteln zur Hebung der öffentlichen Wohlfahrt und der Verkehrseinrichtungen verwendeten Kapitalien und in den Steuererträgen deutlich zu erkennen.

Noch während des alten Vertragszustandes mit Österreich-Ungarn schloß Serbien am 21. August 1902 mit Deutschland einen Handels- und Zollvertrag und am 29. November 1904 einen Zusatzvertrag zu dem von 1902. Beide Staaten räumten sich die Klausel der meistbegünstigten Nation ein. Der Vertrag sollte jedoch nicht vor dem 1. Januar 1906 und nicht nach dem 1. Juli 1906 in Kraft treten, seine Dauer wurde bis zum 31. Dezember 1917 festgesetzt. Für den Fall, daß keiner der vertragschließenden Teile 12 Monate vor dem Eintritt des letzten Termins den Vertrag kündigt, soll er bis zum Ablauf eines Jahres von dem Tage ab gelten, wo ihn der eine oder der andere der vertragschließenden Teile kündigt. Nach dem Vertrage sollen die Angehörigen eines jeden der vertragschließenden Teile im Gebiete der anderen gleiche Rechte und Begünstigungen im Handel und Verkehr, in der Schiffahrt und im Gewerbebetriebe genießen. Im Artikel 12 des Schlußprotokolls wurde noch bestimmt, daß mit Rücksicht darauf, daß die Sätze des neuen serbischen Zolltarifs die bisher neben den Zöllen erhobene Obrtsteuer mitumfassen, diese Steuer in Zukunft nicht mehr von den aus Deutschland nach Serbien importierten Waren erhoben werden soll. Die Vorteile dieser Bestimmung fielen nach dem Meistbegünstigungsrecht auch den anderen Staaten, die Handelsverträge mit Serbien abschlossen, zu. Weiter wurde vereinbart, daß die in Deutschland erzeugten Waren der vom Staat oder von den Gemeinden erhobenen Troscharina (Verzehrungssteuer) nur insoweit unterworfen werden können, als sie beim Abschluß des gegenwärtigen Zusatzvertrages dieser Abgabe bereits unterliegen. Der erwähnte Vertrag ist ein Tarifvertrag mit einer beschränkten Zahl von Artikeln. Es sind 55 Artikel, die zumal die deutsche Eisen- und Textilindustrie angehen. Die Zölle sind Gewichts-, Stück- und Volumenzölle; im Durchschnitt erreichen sie einen Zollfuß von etwas über 23% (einschließlich der Obrtsteuer). So wurden erhoben für 100 kg glatte Gewebe 80—130 D., für Sammet auf baumwollenem oder wollenem Grund 170—250 D., für Stickereien auf baumwollenem Gewebe 600 und 700 D., für Sägen und Sägeblätter und Teile 10 D., für Schlösser und Schlüssel 25—50 D. Die Erzeugnisse aus Schmiedeeisen, roh oder gewöhnlich gearbeitet, waren entweder zollfrei oder wurden mit 1—10 D. verzollt; für feingearbeitete Waren betrug der Zoll 16—40 D., für Draht und Blech (Platten) aus Kupfer 20—40 D., für Nähmaschinen 5 D., für elektrische Lampen 120 D. (100 kg); für 1 Klavier oder ein ähnliches Instrument 100 D., für Harmonikas für 100 kg 135 D., für Kinderspielwaren von Holz 60—120 D., für solche aus weichem Kautschuk 60—120 D.

Während des vertraglosen Zustandes mit Österreich-Ungarn hatte Serbien fast mit allen mit ihm in Handelsbeziehungen stehenden Staaten Handelsverträge abgeschlossen, die meisten aber im Jahre 1907. So kam ein Handels- und Schiffahrtsvertrag mit Frankreich, Italien, Großbritannien und eine Handelsdeklaration mit Schweden zustande; außerdem Handelsverträge mit der Schweiz, mit Belgien, Rußland, Bulgarien, der Türkei, Dänemark und den Vereinigten Staaten von Amerika. Die genannten Handelsverträge sind außer denen mit Rußland, Rumänien, Dänemark und Schweden, in welcher man sich nur die Meistbegünstigungsklausel sichert, größtenteils Tarifverträge mit einer beschränkten Zahl von Artikeln und beruhen in der Hauptsache auf den Stipulationen des Handelsvertrages mit dem Deutschen Reiche. Durch diese Handelsverträge fiel die Erhebung des Obrts auf die Waren aus den betreffenden Staaten weg, so daß diese Steuer vom Jahre 1908 ab nicht mehr erhoben wurde.

Der Handelsvertrag zwischen Serbien und Österreich-Ungarn, ein Kompromiß der beiderseitigen Unterhändler, kam, wie erwähnt, am 17. August zustande und sollte bis zum 31. Dezember 1917 Geltung haben. Beide Staaten räumten sich das Meistbegünstigungsrecht ein und im großen und ganzen wurde der allgemeine Teil im Sinne des mit dem Deutschen Reiche abgeschlossenen Handelsvertrages ausgearbeitet. In dem tarifarischen Teile wurden die Interessen der beiden Staaten mit genügend hohen Schutzzöllen gewahrt. Was zunächst die Zollbehandlung der über die österreichisch-ungarische Grenze gehenden serbischen Waren (Agrarprodukte) anbelangt, so haben die deutschen agrarisch-schutzzöllnerischen Gesichtspunkte in den österreichisch-ungarischen Zöllen Ausdruck gefunden (siehe Tabelle S. 42).

Nach dem Artikel 4, Punkt e) des Schlußprotokolls des Handelsvertrages ist die Einfuhr und Durchfuhr von Ochsen, Kühen und Schweinen in lebendem Zustande nach und durch Österreich-Ungarn verboten, aber die Fleischeinfuhr und -Durchfuhr vom Vieh, das in den an der Grenze gelegenen Schlächtereien geschlachtet und ärztlich untersucht ist, gestattet. Die Gesamtzahl der Tiere, die Serbien auf diese Weise nach Österreich-Ungarn einführen kann, beziffert sich für Rinder auf 15000 und für Schweine auf 50000 Stück. Der Zoll beträgt von Rindern 60 Kronen für das geschlachtete Stück oder 9,40 K. für 100 kg im lebenden Zustande, von Schweinen dagegen 10 Kronen für 100 kg Lebendgewicht. Wenn die Anzahl dieses Kontingents im Laufe des Jahres ganz ausgeführt wird, so unterliegen Rinder und Schweine, natürlich nur in geschlachtetem Zustande, wie aus der nachstehenden Tabelle für frisches Fleisch zu entnehmen ist, dem Zoll von 30 Kronen für 100 kg lebendes Gewicht. Für die Erhebung der Obrtsteuer und die Troscharinataxe gelten dieselben Bestimmungen wie im Handelsvertrage mit dem Deutschen Reiche.

Nach Österreich-Ungarn importierte serbische Ware	Einheitsmaß	Der alte Vertragstarif in fl	Der neue Vertragstarif in Kronen
Ochsen und Büffel	Stück	4	Stück . . od. 100 kg lebend } 60 oder 9,40
Kühe	,,	5	
Pferde	,,	5	50—100
Schweine	,,	1,50	100 kg lebend 10
Schafe und Ziegen	,,	frei	2,50
Frisches oder gesalzenes Fleisch .	100 kg	3	30
Geräuchertes od. konserv. Fleisch	,,	3	45
Weizen	,,	0,75	6,30
Roggen	,,	0,75	5,80
Gerste	,,	2,25	2,80
Hafer	,,	0,60	4,80
Mais	,,	0,25	2,80
Frisches Obst	,,	frei	frei 10
Nüsse und Haselnüsse.	,,	1,50	3,60 und 2,50
Gedörrte Pflaumen	,,	1,50	8
Pflaumenmus	,,	1,50	5,50

Von Serbien dagegen wurden die österreichisch-ungarischen Erzeugnisse, zumal solche, an denen die österreichisch-ungarische Industrie interessiert ist, namentlich Schuhe, Bürsten, Holzfabrikate, wollene und seidene Gewebe, Spitzen, fertige Kleider, Blech, Ketten, Schlösser und andere eiserne Werkzeuge mit hohen Zöllen belastet. Aus dieser Tabelle ist zu ersehen, wie bedeutend höher die neuen Zölle im Vergleich zu den alten sind; natürlich ist hier auch die Obststeuer eingerechnet, was bei den alten Zollsätzen nicht der Fall war.

Nach Serbien einzuführende Waren	Zollbetrag in Dinaren für je 100 kg	
	nach dem alten Vertragstarif	nach dem neuen Vertragstarif
Malz	frei	4
Kaffee und dessen Surrogate	5	35
Mehl	1,50	6,50
Öl	10	18—20
Zucker	5	20—30
Essigsäure	45	120
Seilerwaren	10—20	25—40
Blankleder	30	80
Schuhe	50—100	270—400

Nach Serbien einzuführende Waren	Zollbetrag in Dinaren für je 100 kg	
	nach dem alten Vertragstarif	nach dem neuen Vertragstarif
Bürsten	50—100	200—300
Holzfabrikate	4—30	20—120
Glas und Glaswaren	2—30	7—250
Wollene Gewebe	30—70	200—250
Seidene Gewebe	200—850	1500
Spitzen mit und ohne Seide	200—850	2000
Fertige Kleider	50—100	300—350
Sammet mit seidenem Grund	120	1700
Stickerei auf wollenem Gewebe	300—800	600—2500
Roheisen	0,50	frei
Blech aller Art	4	5
Ketten von Eisen	6,50	10
Schlösser und Schlüssel	15	25—50
Maschinen usw.	frei	frei, 5—30

Beide Staaten werden der Wohltaten des kleinen Grenzverkehrs teilhaftig, da Gras, Heu, Viehgetränke, Viehblut, Eier, Süß- und Sauermilch, Steine, Sand und Kleie usw. zollfrei sind. Die erwähnten Begünstigungen genießen nur diejenigen Einwohner beider Staaten, die nicht weiter als 15 km von der Grenze entfernt wohnen.

Zweiter Teil.

Untersuchung über die Entwicklung des serbischen Außenhandels.

§ 1. Die serbische Handelsstatistik.[1]

Die Pflege der Handelstatistik eines Landes ist von größter Bedeutung für seine Handelspolitik, denn die statistischen Ergebnisse der Einfuhr- und Ausfuhr bieten nicht nur ein Bild der Geschäftslage, sie lassen auch erkennen, welcher Veränderung die Produktionsverhältnisse unterliegen und in welchem Maße die einzelnen Produktionszweige des Schutzes bedürfen. Die handelsstatistischen Ergebnisse geben nicht nur die Richtlinien für künftig zu treffende Maßnahmen einer zweckmäßigeren Handelspolitik, aus ihnen ersieht man auch die Wirkung schon früher erlassener handelspolitischer Bestimmungen.

Ehe wir zur Untersuchung der Entwicklung des auswärtigen serbischen Handels übergehen, erscheint es notwendig, die im Laufe der Zeit von der Entstehung der serbischen Handelsstatistik an bis zur Gegenwart vorgenommenen handelsstatistischen Maßnahmen zu erörtern, und zwar nicht nur, um den tatsächlich obwaltenden Landeszuständen möglichst sich anpassende statistische Ergebnisse zu gewinnen, sondern auch um zu zeigen, mit welcher Zuverlässigkeit man sich auf sie stützen kann. Hierbei handelt es sich um die Art der Erhebung des statistischen Materials, dessen Verarbeitung und Publikation.

Die Erhebung und die Verarbeitung des handelsstatistischen Materials datiert erst vom Jahre 1842 ab und wurde in den Zollämtern vorgenommen; die Verarbeitung fand vierteljährlich statt. Die Benennung (Klassifikation) der Waren wurde alphabetisch geordnet und bei Ausfuhr und Einfuhr wurde nur die Menge und das Herkunfts- oder Bestimmungsland der betreffenden Ware angegeben. Die Ermittelung des Warenwertes dagegen erfolgte seitens des Finanzministeriums durch einen feststehenden Werttarif, in welchem die Wertsätze für die einzelnen Warengattungen amtlich festgestellt wurden. Es handelte sich also um eine Schätzungsmethode, jedoch

[1] Nach der Statistik des auswärtigen Handels des Königtums Serbiens.

nicht um eine solche durch Expertise. Das verarbeitete Material wurde dem Ministerium überwiesen, aber nicht veröffentlicht, sondern in dem Staatsarchiv handschriftlich nur für den amtlichen Gebrauch aufbewahrt. Die Bewertung der Ware auf diese Art, d. h. durch die Schätzungsmethode, blieb bis zum Jahre 1860 bestehen, von jetzt ab wurde die Deklaration des Wertes der Ware durch die Importeure oder Exporteure eingeführt.

Wie wir in den handelsgeschichtlichen Ausführungen oben sahen, erfolgte die Verzollung der Ware während dieser Zeit ad valorem, daher war die Schätzungsmethode für die Handelsstatistik günstig. Diese Deklaration für die Ermittelung des Warenwertes bestand vom Jahre 1860 bis zum Jahre 1879, von wo ab die Schätzungsmethode wieder eingeführt wurde. Erstere wirkte aber, da noch die Verzollung ad valorem geschah, nicht günstig auf die Bewertung der Ware, weil die Importeure oder Exporteure gewöhnlich bestrebt waren, die Werte möglichst niedrig zu deklarieren. Infolge eines so unvollkommenen Systems und wegen des bedeutenden Schleichhandels kann man sich auf die handelsstatistischen Ergebnisse für diese Periode von 1843 bis 1879 nicht mit viel Zuverlässigkeit stützen.

Schon im Jahre 1880 wurde die Schätzungsmethode wiederum verlassen und die Deklaration aufs neue eingeführt. Wie gelegentlich hervorgehoben ist, galten während der ersten Vertragsperiode von 1881—1892 ad valorem-Zölle; es ist daher unbegreiflich, warum die Deklaration, welche bis zum Jahre 1895 bestand, eingeführt wurde. Während der kurzen Zeit von 1893—1895 hatten wohl nur die spezifischen Zölle Geltung, aber wie wir sehen, bestand noch die Obrtsteuer, die nach der Höhe des Handelswertes der betreffenden Ware an den Zollämtern erhoben wurde, was die Importeure und Exporteure zur falschen Deklaration des Wertes anreizte. Daher kann man auch in dieser Zeit den statistischen Ergebnissen keine große Zuverlässigkeit beimessen.

Vom Jahre 1895 an, als das kombinierte System, d. h. teils Deklaration, teils Schätzung, eingeführt wurde, bis zum Jahre 1906 hätte man sich mit größerer Sicherheit auf die statistischen Erzeugnisse stützen können, wenn nicht die bereits erwähnte und damals noch bestehende Obrtsteuer im Wege gewesen wäre. Anfänglich wurden, wie gesagt, die statistischen Ergebnisse nur zum Staatsgebrauch aufbewahrt, aber nicht veröffentlicht. Im Jahre 1862 erschien die erste Publikation, aber nicht in gesonderten Heften, sondern in dem „Državopissu“ (Staatsbeschreibung), und erst seit 1879 wurde die Handelsstatistik in besonderen Heften „Statistik des auswärtigen Handels des Königtums Serbien“ veröffentlicht. Während der ganzen Zeit von 1842—1896 fand die Verarbeitung des statistischen Materials abwechselnd bald monatlich, bald dreimonatlich statt.

Das Jahr 1906 stellt für die serbische Handelsstatistik einen sehr wichtigen Zeitpunkt dar, da in diesem Jahre eine bedeutende Reform derselben angebahnt wurde; durch sie hat man eine gewisse Vervollkommnung bezüglich der Erhebung, Verarbeitung und Veröffentlichung erzielt. Das Inkrafttreten des serbischen neuen Generaltarifes von 1904 im Jahre 1906 wirkte auf das bisherige System der Gewinnung handelsstatistischer Ergebnisse insofern ein, als dadurch die Klassifikation der Waren völlig geändert wurde. Während der frühere Generaltarif 409 Tarifpositionen und 652 statistische Sätze enthielt, besteht der neue Tarif aus 670 Tarifpositionen, die in 1393 statistische Sätze gegliedert sind. Die frühere Art der Erhebung und Verarbeitung bestand darin, daß man vierteljährlich das statistische Material aus den durch die Zollbehörde selbst notierten Warenangaben (Zolldeklarationen) in den Zollämtern in besondere Verzeichnisse übertrug. Von jetzt ab wurde eine statistische Deklaration eingeführt, die alle nötigen Angaben über Quantität, Gattung, Wert, Herkunft oder Bestimmung der Ware, sowie die Art des Transportes enthalten und von den Importeuren oder Exporteuren gleichzeitig mit der Zolldeklaration den Zollämtern ausgefüllt übergeben werden muß. Die Verarbeitung wird nicht mehr in den Zollämtern vollzogen, sondern diese überweisen monatlich die ausgefüllten statistischen Deklarationen dem Statistischen Bureau der Zollverwaltung des Finanzministeriums, wo die Zahlen durchgesehen, zusammengezählt und in die Tabelle eingetragen werden. Diese Art der Erhebung und der Verarbeitung ist gewissermaßen eine Kompilation der Art der Erhebung und Verarbeitung in Deutschland, natürlich angepaßt den serbischen Verhältnissen. Die Waren sind in Lebensmittel, Rohstoffe, Halbfabrikate und fertige Fabrikate gruppiert. Nach dieser Reform wird als Herkunftsland dasjenige betrachtet, in welchem die Ware gekauft wurde; es wird also nicht sie Angabe des natürlichen Ursprungs, sondern des Handelsursprungs der Ware verlangt, dagegen gilt als Bestimmungsland dasjenige, in dessen Verbrauch die Ware übergeht, und wenn es nicht bekannt ist, dasjenige, das als Ziel der Sendung angegeben ist. Der in der statistischen Deklaration angegebene Wert ist nicht nur der fakturierte Warenwert, sondern es müssen noch Verpackung, Fracht- und Versicherungsspesen usw. bis zur Grenze einbezogen werden, also loco Grenze. Bei den Ausfuhrartikeln wird nicht immer der genaue Wert angegeben, weil der Export zollfrei ist; daher werden die Werte der Exportwaren geprüft und nach den monatlichen Preislisten der Belgrader Exportbank berichtigt. Das verarbeitete Material übermittelt die Zollverwaltung des Finanzministeriums monatlich dem Wirtschaftsministerium, von dem es in der serbischen offiziellen Zeitung „Srpske Novine“ veröffentlicht wird. Außerdem findet jährlich die Veröffentlichung des Gesamtmaterials der „Statistik des auswärtigen Handels des Königtums Serbiens“ statt.

Durch diese Reform wurden bedeutende Resultate erzielt, auf deren Ergebnisse man sich mit großer Sicherheit stützen kann. Die Angaben über Warenmengen kann man mit größter Zuverlässigkeit anwenden, aber auch die Wertangaben der Ware entsprechen mit wenigen Ausnahmen dem tatsächlichen Wert, was auch in der Statistik des auswärtigen Handels des Deutschen Reiches vom Jahre 1908 hervorgehoben wird[1]. Doch auch die serbische Handelsstatistik leidet an denselben Übelständen wie die vieler anderer Staaten; von einer absoluten Genauigkeit der statistischen Angaben über Herkunft, Bestimmung und Bewertung der Ware kann nicht die Rede sein. So wird z. B. ein serbischer Exporteur, der eine gewisse Zahl von Rindern nach Italien verkaufen will, als Destination, d. h. das Land des Verbrauches oder Verkaufes, zweifellos Italien angeben. Wird ihm jedoch unterwegs, etwa in Saloniki ein besserer Preis angeboten, als er ihn in Italien erzielen kann, worüber er sich dank der Vervollkommnung des Telegraphenwesens jederzeit unterrichten kann, so wird er selbstverständlich das Vieh in Saloniki verkaufen; in diesem Falle ist also die Angabe in der Deklaration nicht richtig. Ebenso können die mit Serbien Zwischenhandel treibenden Länder die Schuld an solchen Ungenauigkeiten der Handelsstatistik haben. Wird z. B. eine serbische Ware in Wien verkauft, so erscheint bei ihrem Übergang über die österreichisch-ungarische Grenze Oesterreich-Ungarn als Bestimmungsland; der serbische Exporteur kann aber nie wissen, ob der Wiener Käufer die Ware zum Verbrauch behalten oder wieder ausführen will, was im letzten Falle wiederum eine unrichtige Angabe in der serbischen Handelsstatistik zur Folge haben würde usw. Eine Vergleichung der serbischen handelsstatistischen Ziffern mit den Statistiken der übrigen Staaten ist unmöglich, weil überall verschiedenen Klassifikationen der Waren und verschiedenartige Formen über die Herkunft, Bestimmung und Bewertung zur Anwendung kommen. Außerdem kommt in Betracht absichtlich falsche Deklaration der Werte, Umladung der Ware unterwegs, der Wechsel in der Absicht des Verkäufers usw.; alle diese Momente erschweren ebenfalls die Vergleichbarkeit internationaler handelsstatistischer Feststellungen.

Die gegenwärtige serbische Handelsstatistik erstreckt sich auf den Nachweis der Einfuhr, Ausfuhr und Durchfuhr von Waren. In der Ein- und Ausfuhr unterscheidet die serbische Handelsstatistik General- und Spezialhandel. Der Generalhandel umfaßt alle diejenigen nach Serbien eingeführten Waren, die im Land verbraucht oder wieder ausgeführt werden, dagegen gehören zum Spezialeinfuhrhandel sämtliche Waren, die im Lande verbleiben, also nicht wieder zur Ausfuhr gelangen. Die statistischen Angaben über die Einfuhr lassen jedoch unberücksichtigt: Waren, die zeitweilig aus irgend einem Grund eingeführt werden, serbische Produkte, die behufs Verarbeitung im Auslande ausgeführt und dann wieder eingeführt werden und gesetzliche Gelder.

Der Generalhandel der Ausfuhr umfaßt alle aus Serbien ausgeführten Waren, gleichgültig ob sie in Serbien selbst hergestellt oder

---

[1] Statistik des Deutschen Reiches. Bd. CLXXXVII. Heft 4. 1908. S. 21. — Auswärtiger Handel im Jahre 1908: „Es ist also an die Stelle der früheren großen Unterschiede eine teilweise Übereinstimmung der beiderseitigen statistischen Angaben getreten, eine Folge der Änderung der serbischen Handelsstatistik, die gegen die Zeit vor 1906 eine wesentliche Verbesserung der Nachweisungen, namentlich auch infolge der Wertanmeldung brachte.“

vom Auslande eingeführt und wieder in nicht verarbeitetem Zustande nach dem Auslande ausgeführt werden. Der Spezialausfuhrhandel umfaßt alle Waren serbischen Ursprungs, die aus Serbien ausgeführt werden und auch Waren fremden Ursprungs, die in Serbien nationalisiert sind. Die Ausfuhrstatistik verzeichnet nicht: diejenigen Waren, die nur zum Zwecke der Verarbeitung eingeführt und dann wieder ausgeführt werden, die Waren, die nach dem Ausland zum Zwecke der Verarbeitung ausgeführt werden und die gesetzlichen Gelder. Die Durchfuhr umfaßt die Angaben für solche Waren, die nicht in den freien Verkehr Serbiens übergehen, sondern nur durchgeführt werden. In der serbischen Handelsstatistik fehlen hingegen die Angaben über die Einfuhr und Ausfuhr in und aus Entrepôts, denn diese sind noch nicht vorhanden. Unbedeutende Mengen von Waren, die in den Privatlagerhäusern untergebracht sind, werden als Import oder Export notiert, da sie aus den erwähnten Privatlagerhäusern meist sofort in den freien Verkehr übergehen. Es sei schließlich hervorgehoben, daß wir uns lediglich mit Einfuhr und Ausfuhr des Spezialhandels befassen wollen, da nur diese für die Warenverkehrsbilanz maßgebend ist.

§ 2. Die Entwicklung des serbischen Außenhandels von 1843—1883.

Um ein Bild von der Entwicklung des Außenhandels Serbiens während der Jahre 1843—1883 zu gewinnen, verfolgen wir den Außenhandel in jedem einzelnen Jahre. Es sei von vornherein betont, daß die Angaben in den Jahren 1843—1875 keinen Vergleich zulassen mit denen der Jahre 1879—1883, da Serbien durch den Berliner Vertrag einen Gebietszuwachs von 10307,19 qkm und eine Bevölkerungszunahme von 303 097 Einwohner erfahren hat. Für die Jahre 1876 bis 1878 sind statistische Ausweise nicht vorhanden, da in diese Jahre die serbisch-türkischen Kriege fallen.

Die Entwicklung des serbischen Außenhandels in der Zeit von 1843—1875 zeigt fast alljährlich eine außerordentlich wechselnde, bald plötzlich steigende, bald ebenso rasch fallende Tendenz. So betrug der Wert des Gesamthandels im Jahre 1844 nur 12,6 Mill. Dinar und stieg im Jahre 1846 auf 17,7 Mill. Dinar; im Jahre 1868 betrug er 67,7 Millionen Dinar, um im Jahre 1870 auf 58,5 Mill. Dinar und in dem nächsten Jahre sogar auf 55,3 Mill. Dinar zu fallen. Für diesen Zustand ist der Grund in erster Linie in den damaligen ungeordneten Verhältnissen Serbiens zu suchen. Im großen und ganzen jedoch zeigt der Gesamthandelsverkehr Serbiens zu Ende dieser Periode eine immerhin bedeutende Zunahme. Er bezifferte sich 1843 auf 14,5 Millionen Dinar, während er zu Ende der Periode, im Jahre 1875, 66,2 Mill. Dinar betrug; er hat sich demnach um 51,7 Mill. Dinar oder 356 % vergrößert. Der Gesamtaußenhandel nimmt erst seit der Mitte der 60er Jahre zu; denn noch im Jahre 1860 betrug sein Wert

23,8 Mill. Dinar, hat sich also gegenüber 1843 nur um 9,3 Mill. Dinar oder um 64 % vermehrt. Am kleinsten war der Handelsverkehr im Jahre 1844; sein Wert bezifferte sich auf 12,6 Mill. Dinar, hat also um 1,9 Mill. Dinar oder 15 % gegenüber 1843 abgenommen. Dagegen herrschte der größte Handelsverkehr im Jahre 1868, in dem er auf 67,7 Mill. Dinar gestiegen war, sich also um 52,8 Mill. Dinar oder 363 Prozent gegenüber 1843 und um 54,6 Mill. Dinar oder 432 % im Verhältnis zum kleinsten Wert des Jahres 1844 vergrößert hatte. Der durchschnittliche Wert des Gesamthandelsverkehrs Serbiens während der 33 Jahre beträgt 34,8 Mill. Dinar. Der Handelsumsatz pro Kopf der Bevölkerung hat ebenso eine Zunahme zu verzeichnen; so betrug er 1846: 19,42 Dinar; 1854: 20,80 Dinar; 1863: 31,97 Dinar und 1874: 49,59 Dinar pro Kopf. Der durchschnittliche Handelsumsatz für die ganze Periode pro Kopf war 30,42 Dinar.

Dieselbe Schwankung zeigt der serbische Import. Im Jahre 1849 bezifferte er sich auf 7,6 Mill. Dinar und stieg im nächsten Jahre auf 12,5 Mill. Dinar; er hat sich also gegenüber 1849 um 4,9 Mill. Dinar oder um 64,5 % vergrößert. Im Jahre 1851 stieg er auf 12,1 Mill. D., sank jedoch im nächsten Jahre auf 7,7 Mill. Dinar, verminderte sich demnach um 5,4 Mill. Dinar oder um 70,1 %. Dies erklärt sich aus den damaligen unruhigen Zuständen Serbiens, die durch Aufstände gegen die herrschende türkische Willkür geschaffen wurden. In der Hauptsache weist der Import dennoch eine Zunahme auf. Im Jahre 1843 betrug der Wert des Imports 5,5 Mill. Dinar, im Jahre 1875 aber 31,2 Mill. Dinar, und hat sich somit um 25,7 Mill. Dinar oder 467 % vergrößert, d. h. mehr als vervierfacht. Eine bedeutende Zunahme der Einfuhr beginnt mit den 60er Jahren, einer Zeit, die für Serbiens Entwicklung von Bedeutung ist. Vor allem kommt in Betracht die starke Auswanderung der Türken in jener Zeit, und andererseits ein großer Zuzug der christlichen Landbevölkerung in die Städte. Das Eindringen westeuropäischer Kultur machte sich mehr und mehr geltend und steigerte in erhöhtem Maße die Bedürfniszunahme. Der durchschnittliche Wert des Imports während der 33 Jahre von 1843 bis 1875 betrug 16,3 Mill. Dinar oder die Hälfte des Einfuhrwertes von 1874, der allerdings als der größte zu verzeichnen ist. Der Wert des Imports pro Kopf der Bevölkerung betrug im Jahre 1846: 7,48 D.; 1854: 7,85 Dinar; 1863: 14,05 Dinar und 1874: 23,47 Dinar, woraus ersichtlich ist, daß der Wert des Imports pro Kopf im großen und ganzen eine Steigerung erfahren hat. Der durchschnittliche Wert des Imports pro Kopf der Bevölkerung für diese Periode beziffert sich auf 13,21. Ebenso plötzliche Veränderungen zeigen sich auch im Export. Er betrug im Jahre 1849: 10,2 Mill. Dinar, dagegen im nächsten Jahre 19,0 Mill. Dinar, hat sich also um 8,8 Mill. Dinar oder um 86,2 % vermehrt. Im Jahre 1856 ist er mit 20,4 Mill. Dinar bewertet, sank aber im folgenden Jahre auf 11,2 Mill. Dinar, d. h. er hat sich um 9,2 Mill. Dinar oder 82,1 % verkleinert. Die Ursachen für die Wertschwankungen des Imports sind in der Hauptsache die gleichen wie beim Export. Wie der Import, so zeichnet sich auch der Export am Ende dieser Periode durch eine bedeutende Zunahme im Vergleich zum Anfang derselben aus. Der Ausfuhrwert von 8,9 Mill. D. im Jahre 1843 ist im Jahre 1875 auf 35,0 Mill. Dinar gestiegen, hat sich also um 26,1 Mill. Dinar oder 293,3 % vergrößert. Der serbische Export war am größten im Jahre 1868, wo er sich auf 37,8 Mill. D. bezifferte. Diese hohe Ziffer ist der bedeutenden Getreideausfuhr Serbiens bei der im Jahre 1867 und 1868 in Mitteleuropa eingetretenen Mißernten zu verdanken.[1] Der Wert des Exportes in diesem Jahre ist gegenüber dem kleinsten Ausfuhrwert von 5,6 Mill. Dinar im Jahre 1844 um 32,2 Mill. Dinar oder um 575 % gestiegen. Der durchschnittliche Wert der Ausfuhr in den 33 Jahren beziffert sich auf 18,5 Mill. Dinar. Er betrug pro Kopf der Bevölkerung im Jahre 1846: 11,94 Dinar; 1859: 12,95 Dinar; 1863: 17,92 Dinar; 1874: 26,12 Dinar, im Durchschnitt für die ganze Periode 17,21 Dinar pro Kopf der Bevölkerung.

Vergleichen wir nun Serbiens Import mit dem Export, so ergibt sich, daß in 22 Jahren dieser 3jährigen Periode der Export größer war als der Import, in den übrigen 8 Jahren dagegen dieser den Export übertraf, und daß der durchschnittliche Ausfuhrwert während der ganzen Periode um 2,2 Mill. Dinar oder 13,5 % größer war als der Einfuhrwert. Diese durchschnittlich günstige Handelsbilanz ist der blühenden serbischen Hauswirtschaft zu verdanken, welche die wenigen Bedürfnisse des Volkes leicht befriedigen konnte; infolgedessen wurden nur solche Artikel von auswärts bezogen, die im Lande selbst nicht erzeugt werden konnten und zum größten Teil nur von der städtischen Bevölkerung begehrt wurden. Die ungünstige Handelsbilanz während der 4 Jahre 1864—1867 ist aus den schon erwähnten Gründen: infolge des gesteigerten Volksverbrauches, wegen der Türkenauswanderung aus den Städten und der Einwanderung der christlichen Bevölkerung in dieselben, zu erklären. Aus der nachstehenden Tabelle ist eine beharrliche Tendenz der Einfuhr und Ausfuhr zu ersehen; die Werte sind im Durchschnitt für je fünf Jahre berechnet.

In den Jahren	Wert in 1000 Dinar				
	Einfuhr	%[2]	Ausfuhr	%[2]	zusammen
1843—1845	7109	50·7	6925	49·3	14034
1846—1850	8709	40·7	12700	59·3	21409
1851—1855	10572	42·9	14058	57·1	24630
1856—1860	12994	47·6	14299	52·4	27293
1861—1865	15675	49·4	16200	50·6	31875
1866—1870	26537	47·6	29170	52·4	55707
1871—1875	29380	40·7	32518	59·3	54898
1876—1878			Kriege		

[1] Berichte, II. Teil. S. 48, 1906. Vorgelegt dem Wirtschaftsministerium.
[2] Prozent vom Gesamthandelsverkehr (Import und Export zusammen).

Was die Beteiligung der einzelnen Staaten an dem serbischen Import anbetrifft, so sieht man aus folgender Tabelle, daß als Bezugsländer nur die drei Nachbarstaaten: Österreich-Ungarn, Rumänien und die Türkei in Betracht kommen, von denen Österreich-Ungarn den größten Anteil am serbischen Import hat; dann folgt die Türkei und Rumänien. Die Beteiligung Österreich-Ungarns nahm mit wenigen Ausnahmen von Jahr zu Jahr zu, bis es im Jahre 1875 mit 80,3 % am serbischen Import beteiligt ist. Dagegen unterlag der Anteil Rumäniens mancherlei Schwankungen, während die Einfuhr aus der Türkei in ständiger Abnahme begriffen ist; sie bezifferte sich im Jahre 1855 auf 37,6 % und sank zu Ende der Periode auf 14,2 %. Was den durchschnittlichen Prozentsatz der Beteiligung der drei Staaten am serbischen Import betrifft, so entfallen auf Österreich-Ungarn 69 %, also fast ²/₃ des Gesamtimports, auf die Türkei 25,6 und auf Rumänien nur 5,4 %. Der Charakter des damaligen serbischen Handels und die geographische Lage Serbiens erklären diese Erscheinung. In Europa ist außer der Schweiz und Luxemburg Serbien der einzige Staat, dessen Grenzen kein Meer umspült und das den Segen eines solchen entbehren muß. Nach Norden führte damals nur ein guter Handelsweg durch das Moravatal, auf den der Handel mit Österreich-Ungarn angewiesen war. Serbien war von allen Seiten, abgesehen von Norden, von Staaten begrenzt, die dieselben Erzeugnisse hervorbrachten, und war infolgedessen in dem Bezug von Halb- und fertigen Fabrikaten und solchen Rohprodukten, die es zur Deckung seiner Bedürfnisse selbst zu produzieren nicht imstande war und die die Nachbarstaaten nicht liefern konnten, auf Österreich-Ungarn angewiesen.

Import in den Jahren	aus Österr.-Ungarn		aus Rumänien		aus der Türkei	
	in 1000 Dinar	%[1]	in 1000 Dinar	%[1]	in 1000 Dinar	%[1]
1843	3887	69·7	557	9·9	1143	20·4
1845	5252	60·6	38	0·4	3383	39·0
1850	6872	54·7	1446	11·5	4258	33·8
1855	8660	62·1	49	0·3	5233	37·6
1860	7495	67·5	385	3·4	3217	29·1
1865	14897	77·6	1452	7·5	2835	14·9
1870	22225	79·5	1250	4·4	4460	16·1
1875	25076	80·3	1728	5·5	4414	14·2
Im Durchschnitt	11808	69·0	863	5·4	3618	25·6

Unter den serbischen Einfuhrwaren ist das Mehl, wenn es auch keinen bedeutenden Wert darstellt, besonders auffällig, weil Serbien doch selbst ein Agrarstaat ist. Von Jahr zu Jahr nahm die Mehleinfuhr, besonders von Weizenmehl, zu. In den 50er Jahren erreichte sie einen Wert von 310 000 Dinar, stieg in der zweiten Hälfte der 60er Jahre auf 490 000 D. und bezifferte sich in der ersten Hälfte der 70er

[1] Prozent des Gesamtimports.

Jahre auf 642 000 D. Diese Erscheinung kommt daher, weil Serbien damals noch arm war an besseren Mühlen. Für die Produktion des einfachen Weizen- und Maismehls besaß Serbien zwar in jener Zeit Wasser- und Windmühlen in genügender Menge, jedoch das feinere Weizenmehl, das dem Verbrauch der Stadtbevölkerung dienen sollte, wurde fast gar nicht hergestellt. Als Bezugsländer der feineren Mehlsorten kommt besonders Österreich-Ungarn mit 78 % in Betracht, daneben auch die Türkei und Rumänien.

In gleichem Maße auffällig sind die statistischen Angaben über den Pferdeimport, und zwar deshalb, weil Serbien damals, wie auch späterhin, an Vieh aller Art nicht den geringsten Mangel fühlte. In den 60er Jahren betrug der Pferdeimport 5,36 % und stieg in der ersten Hälfte der 70er Jahre auf 6,90 % der Gesamteinfuhr Serbiens. Dabei entfallen fast 95 % des Pferdeimports auf die Türkei, der Rest verteilt sich auf Österreich-Ungarn und Rumänien. Der Grund dieser Erscheinung ist darin zu suchen, daß in Ermangelung von Beförderungsmitteln Pferde als solche benutzt wurden, und die damalige serbische Handelsstatistik auch die der Beförderung von Waren dienenden Pferde, die die Grenze überschritten, als Import oder als Export notierte.

Einen nicht unbeträchtlichen Bestandteil des Imports bildeten Fische, Öl, Kaffee, Zucker und Reis. Fische wurden ausschließlich aus Rumänien importiert; doch ist Rumänien wohl nur als Durchgangsland für gesalzene Fische, die aus Rußland kamen, anzusehen, was aber die serbische Handelsstatistik nicht notierte. Der Verbrauch an Fischen wurde immer größer, so daß sich der Fischimport in den 60er Jahren bereits auf 335 000 Dinar bezifferte und in den 70er Jahren auf 620 000 Dinar stieg, sich also gegenüber den 60er Jahren um 85,1 % vermehrte. Demzufolge hat sich der Fischimport binnen einem Jahrzehnt fast verdoppelt. Öl und Kaffee haben ziemlich gleichen Anteil am serbischen Gesamtimport. Sie beginnen mit einem Werte von 43000 Dinar, schwanken dann in den einzelnen Jahren und erreichen in den 70er Jahren einen Wert von etwa 835 000 Dinar. Das Hauptbezugsland bildet Österreich-Ungarn mit 70 %, der Restteil von 30 % entfällt auf die Türkei. Der durchschnittliche Wert der Reiseinfuhr für die Periode 1843—1875 beträgt 278000 Dinar. Er hat im allgemeinen während der ganzen Zeit keine große Änderung erfahren und erst Ende des genannten Zeitabschnittes stieg er auf 403 000 Dinar. Der Reis wurde größtenteils, zu 80 %, aus der Türkei bezogen; 20 % entfallen auf Österreich-Ungarn. Einen bedeutend höheren Wert erlangt der Zuckerimport; von 962 000 Dinar in den 60er Jahren stieg er Mitte der 70er Jahre auf 2 Mill. Dinar, vergrößerte sich somit um 112,3 %. Auch relativ nahm die Zuckereinfuhr zu, indem sie am Gesamtimport in den letzten Jahren mit 7,20 % einen ganz wesentlichen Anteil nahm. Der größte Teil des importierten Zuckers kam aus Österreich-Ungarn. Außer den Fischen wurden alle diese Artikel fast ausschließlich für den Konsum in den Städten importiert, während die Hauptmasse der Landbevölkerung, 90,4 %

der Gesamtbevölkerung, von ihnen nur sehr wenig Gebrauch machte und nur an hohen Festtagen sich den Genuß dieser Waren gönnte.[1]

Einen charakteristischen Beweis für die geringen Bedürfnisse der serbischen Bevölkerung zu jener Zeit bietet der Import von Petroleum und Südfrüchten. Der Petroleumimport ist ganz unbedeutend, er bezifferte sich in den 60er Jahren auf 186000 Liter Petroleum im Werte von 93 000 Dinar. Diese Erscheinung ist äußerst bemerkenswert; denn bei einer Gesamtbevölkerung von 1 216 000 in den 60er Jahren entfielen pro Kopf der Bevölkerung jährlich nur 0,15 Liter, und wenn man annimmt, daß eine Familie durchschnittlich 5 Mitglieder zählt, so kommen auf eine Familie nur etwa $^3/_4$ Liter Petroleum.[2] Auch der Tabakimport war unbeträchtlich, da man im Lande selbst Tabak in bedeutenden Mengen anbaute. Die Türkei war in dieser Periode die ausschließliche Tabaklieferantin. Der Import an Wein und Bier war geringfügig, da die heimische Weinproduktion den Bedarf ziemlich befriedigte und Bier wenig begehrt wurde.

Da Serbien sich in jener Zeit auf der Übergangsstufe von der Viehzucht zum Ackerbau befand, so ist es begreiflich, daß die Einfuhr von Salz noch immer den einen Hauptbestandteil der Einfuhr bildete. In der ersten Hälfte der 60er Jahre wurden durchschnittlich 9,9 Mill. kg Salz im Werte von 1,9 Mill. Dinar oder 12,35 % des Gesamtimports eingeführt. Noch größer war die Salzeinfuhr in der zweiten Hälfte der 60er Jahre; sie betrug 2,6 Mill. Dinar, also 36,7 % mehr als in der ersten Hälfte dieses Jahrzehnts. Dagegen sank Mitte der 70er Jahre der Salzimport auf 1,4 Mill. Dinar und verminderte sich somit um 1,2 Mill. Dinar oder 85,7 %. Das wichtigste Bezugsland für Salz ist Rumänien mit 75 %, sodann folgt Österreich-Ungarn mit 25 %.

Leinen und Kleiderstoffe aller Art verdienen eine besondere Beachtung. Ihr durchschnittlicher Einfuhrwert betrug in der ersten Hälfte der 60er Jahre 1,8 Mill. Dinar und machte 11,8 % der gesamten Einfuhr aus; im Jahre 1866—1870 erhöhte er sich auf etwa 4,4 Mill. Dinar und ergab 16,5 % des Gesamtimports. Dieser Zuwachs betrug etwa 2,5 Mill. Dinar oder 137,5 % gegenüber den Jahren 1861—1865; damit hat sich der Wert mehr als verdoppelt. Insbesondere wurde ein einfaches Tuch eingeführt; die Mehrzahl der Bevölkerung,

---

[1] Ja sogar noch zu Anfang der 90er Jahre bedurfte die Landbevölkerung der betreffenden Artikel nur in besonderen Fällen. So sah ich z. B. einst, wie ein mittelmäßig bemittelter Bauer in einem Laden auf dem Lande für 10 Para guten gemahlenen Kaffee verlangte mit dem Bemerken, er wolle einen Kranken, der bereits im Sterben läge, damit noch erfreuen.

[2] Dies kann nicht wundernehmen, wenn man in Betracht zieht, daß noch in den 80er Jahren nur wenige Bewohner im Hause Licht brannten. Das Feuer von dem „Ognjischte“ (Feuer auf der Erde), das zur Eßbereitung diente, mußte auch das Haus beleuchten. Die Glut wird mit Asche zugedeckt und morgens braucht man keine Streichhölzer, da das Feuer unter der Asche noch glimmt (heiliges Feuer!). Viele Bauern hatten im Hause nur eine Talgkerze oder eine ganz kleine Petroleumlampe (die heute etwa für Korridorbeleuchtung benutzt wird), deren Docht mit der Nadel ausgezogen wurde.

etwa 80 %, trug einfache Tuchkleider; die feineren Stoffe waren lediglich für die Stadtbewohner bestimmt. Als Bezugsländer kommen die Türkei mit über 80%, und Österreich-Ungarn und Rumänien in Betracht. Die Kleider wurden für die Mehrzahl der Bevölkerung im Lande selbst durch die „Abadzije"[1] verfertigt und daher war die Einfuhr fertiger Kleidungsstücke sehr gering und erreichte in dieser Periode durchschnittlich nur einen Wert von 152000 Dinar. Das gleiche gilt für die Einfuhr von Hüten, die in den Jahren 1866—1870 durchschnittlich nur 28000 Stück im Werte von 1000000 Dinar betrug. Ein solches Mißverhältnis: 28000 Hüte für 608000 männliche Einwohner, also 0,04 Hut pro Kopf, erklärt sich nur daraus, daß das Gros der Bevölkerung im Winter die von den heimischen Kürschnern verfertigten Pelzmützen, und im Sommer die von der Bevölkerung selbst oder von den „Abadzje" hergestellten Tuchmützen, „Schajkatsche", trug. Den größeren Teil der gesamten Huteinfuhr bildeten die kleinen türkischen roten Mützen, die von den Frauen in den Städten getragen wurden. Ihr durchschnittlicher Einfuhrwert betrug in den Jahren 1866—1870 216000 Dinar und stieg von 1871—1875 auf 304000 Dinar. Die Mützen wurden fast ausschließlich — 95 % — aus der Türkei, wo sie zur Nationaltracht gehören und von wo sie nach Serbien verpflanzt wurden, bezogen.

Der Garnimport stellte in den 40er und 50er Jahren einen durchschnittlichen Wert von 550000 Dinar dar, nahm seit den 60er Jahren zu und stieg in den 70er Jahren auf 2,1 Mill. Dinar. Die Ursache dieser langsamen Steigerung des Imports ist darin zu suchen, daß bis in die 60er Jahre hinein das Bedürfnis an Garn größtenteils durch die Hausindustrie befriedigt wurde. Das Bezugsland für Garn war Österreich-Ungarn mit 90 %, der Rest entfiel auf die Türkei. Der Import von Schnüren, die sogenannten „Gajtan", die in Betracht kamen, unterlag keinen großen Schwankungen, da sie im Lande selbst nicht hergestellt wurden. Fast ausschließlich wurden diese Schnüre von der Türkei geliefert.

Einen bedeutenden Artikel des serbischen Imports bilden rohe Häute und gegerbte Felle. Anfang der 60er Jahre bezifferte sich ihr Wert auf 500000 Dinar, Mitte der 70er Jahre auf 1,8 Mill. Dinar, er hat sich also um 1,3 Mill. Dinar oder um 260,2 % erhöht. Der größte Teil davon entfällt auf die gegerbten Fälle; in den 70er Jahren betrug der Import von Rohfellen nur 500 000 Dinar. Die Hauptmenge der Bevölkerung, etwa 90 %, trug überhaupt keine Schuhe, und die übrigen 10% gehörten fast ausschließlich der städtischen Bevölkerung an. Die Bauern hingegen gerbten entweder die Viehhäute selbst und verfertigten daraus die Fußbekleidung, „Opanke" genannt, oder kauften sie in den Städten von den mit der Herstellung der Opanken beschäftigten Handwerkern, „Opantschari" genannt. Der Schuhimport betrug während dieser 33jährigen Periode durchschnittlich nur

[1] Das Wort leitet seinen Namen ab von dem arabischen Wort: aba = ein grobes Wollenzeug und daraus gefertigtes ärmelloses Oberkleid der Orientalen.

243 000 Dinar oder 1,4 % des Gesamtimports. Bezugsland war Österreich-Ungarn mit 90 % der Schuheinfuhr.

Von den übrigen wichtigeren Importartikeln sind noch zu erwähnen Holzfabrikate, Eisenhalbfabrikate (Hufbeschlag, Nägel, Draht u. a.), Maschinen und deren Bestandteile, verschiedene andere Werkzeuge von Eisen und Stahl, Seilerwaren, Glas und Glaswaren, Tonwaren, sowie Papier und Papierwaren. Eisenhalbfabrikate wurden durchschnittlich im Werte von 500000 Dinar importiert. Von einer Maschinenanwendung war bisher noch keine Rede; noch zu Mitte der 70er Jahre belief sich der Maschinenimport auf nur 99000 Dinar. Eine besondere Erwähnung verdient die Einfuhr von Eisen- und Stahlwerkzeugen wie: Beilen, Spaten, Hacken, Zangen, Schwungfedern usw., der von 460000 Dinar in den 60er Jahren auf 1,3 Mill. Dinar in den 70er Jahren anstieg. Die Seilerwaren wurden in ziemlich großem Umfange im Lande selbst hergestellt; deren Import betrug bis in die 70er Jahre nur 0,45 % des Gesamteinfuhr.

Export in den Jahren	Der Wert der Ausfuhr nach					
	Österreich-Ungarn		Rumänien		der Türkei	
	in 1000 Din.	%[1]	in 1000 Din.	%[1]	in 1000 Din.	%[1]
1843	7765	86·7	37	0·4	1158	12·9
1845	5120	82·7	35	0·6	1029	16·7
1850	15573	81·9	87	0·4	3346	17·7
1855	13824	74·0	330	1·7	4512	24·3
1865	13761	76·8	577	3·3	3564	19·9
1870	24372	81·3	728	2·3	4995	16·4
1875	30951	88·5	542	1·5	3522	10·0
Durchschnitt	14993	79·9	356	1·5	3250	18·6

Wenn wir uns jetzt dem Export Serbiens zuwenden und die Beteiligung der einzelnen Staaten an demselben berücksichtigen, so zeigt sich fast das gleiche Bild wie beim Import. Die Teilnahme Österreich-Ungarns, der Türkei und Rumäniens unterliegt teilweise recht erheblichen Schwankungen. Die Beteiligung Österreich-Ungarns hat stetig zugenommen; die Ausfuhr in die Türkei und nach Rumänien zeigt anfangs zwar auch eine Zunahme, doch nimmt die Ausfuhr nach der Türkei seit den 60er Jahren und die nach Rumänien seit den 70er Jahren ab. Die Schwankungen finden ihre Ursache in denselben Faktoren beim Import; vor allen Dingen sind sie der sehr unvollkommenen Organisation des damaligen serbischen Außenhandels zuzuschreiben. Die vorstehende Tabelle veranschaulicht die Beteiligung der einzelnen Staaten am serbischen Export. Österreich-Ungarn nahm daran besonderen Anteil, so daß seine Beteiligung von 7,7 Mill. Dinar im Jahre 1843 auf etwa 31 Mill. Dinar im Jahre 1875 angewachsen war, somit eine Zunahme von 23,2 Millionen Dinar oder 290,8 %

[1] Prozent von dem Gesamtexport.

erfuhr. Die durchschnittliche Teilnahme Österreich-Ungarns am serbischen Export für diese 33jährige Periode betrug 80 %, die der Türkei 18,6 %, und diejenige Rumäniens beschränkte sich auf 1,5 %.

Während Serbien in dieser Periode fast ausschließlich fertige Fabrikate und Artikel, die im eigenen Lande überhaupt nicht erzeugt werden konnten, einführte, handelt es sich bei seinem Export lediglich um Agrarprodukte. Die Ausfuhrwaren können in folgende drei Hauptgruppen eingeteilt werden:

a) Vieh und seine Produkte wie: Häute, Wolle, Fette usw.

b) Cerealien,

c) Pflaumen und der daraus gewonnene Branntwein.

Nach Menge und Wert dieser Exportartikel nimmt das Vieh naturgemäß die erste Stelle ein. Wie bereits erwähnt, bildet diese Periode den Übergang von der Viehzucht zum Ackerbau. Obwohl die Hauptmasse der Bevölkerung ansässig war und Ackerbau betrieb, so war doch die Viehzucht ihre Hauptbeschäftigung. In dem damaligen wenig bevölkerten Serbien entfielen auf die 37,976 qkm der Gesamtoberfläche im Jahre 1854 998920, also auf 1 qkm 26,3 Einwohner; von einer intensiven Bewirtschaftung des Bodens war noch nicht die geringste Spur vorhanden, und daher hatte Serbien zu jener Zeit auch keinen größeren Überfluß an Cerealien für die Ausfuhr. Hinsichtlich der Viehzucht jedoch war die Sachlage eine andere; sie erforderte nur geringe Geldmittel und wenig Arbeit und Arbeitslust und wurde der Natur selbst überlassen: weite Wiesen- und Weideflächen, Wälder, besonders Eichenwälder, boten damals dem Vieh die hauptsächlichste Nahrung. Hütten, Zufluchtsstätten und Haine vertraten die heutigen Höfe und Ställe. Man züchtete Schweine, Rinder, Pferde, Schafe und Ziegen nicht nur zur Deckung des eigenen Bedarfs, sondern in viel größerem Maße als dies bei den Cerealien der Fall war, für den Markt, da sich die Viehzucht durch den extensiven, billigen Betrieb äußerst ertragreich gestaltete; die erste Stelle nahm die Schweinezucht ein, ihr folgte die Schaf- und Ziegenzucht, sodann die Rinder- und Pferdezucht.

Die Folge der extensiven Viehzucht war, daß hauptsächlich magere Schweine ausgeführt wurden, während sich der Export gemästeter Schweine erst im Laufe der Zeit entwickelte. So wurden im Jahre 1854[1] 346299 Stück magere und nur 10707 Stück gemästete Schweine exportiert. Von da ab gestaltet sich das Verhältnis umgekehrt, so daß die Zahl der exportierten mageren Schweine im Jahre 1875 271995 und die der gemästeten 101097 Stück betrug[2]). Der Grund dieser Erscheinung ist sowohl in der erwähnten Art des Betriebes als auch in dem damaligen Mangel an Verkehrswegen zu suchen; außer dem

[1] Bis zu diesem Jahre machte die Handelsstatistik zwischen den mageren und gemästeten Schweinen keinen Unterschied, sondern verzeichnete nur die Gesamtzahl.

[2] Diese Sonderung von exportierten mageren und gemästeten Schweinen findet ihre Rechtfertigung in der kaufmännischen Kalkulation, was bei der Besprechung der neuesten Periode 1906—1910 erörtert werden soll.

Hauptweg Nisch-Belgrad, der sowohl von Fußgängern wie von Lastwagen benutzt werden konnte, besaß Serbien nur schmale Fußstege, die von Ort zu Ort führten. Deshalb war es nur für die Bevölkerung derjenigen Orte, die an dem Hauptwege lagen, vorteilhaft, Schweinemast zu betreiben; denn die gemästeten Tiere konnten nur mittels Wagen befördert werden, da man sie die oft meilenweiten Wege nicht treiben konnte, während ein solcher Marsch den mageren Schweinen nichts schadet. Mit zunehmender Vervollkommnung des Straßennetzes und bei Zunahme des intensiven Betriebes mußte selbstredend im Laufe der Zeit auch der Export gemästeter Schweine an Umfang gewinnen. Außerdem kommen noch zwei Ursachen für seine Zunahme in Betracht; einmal werden für die fetten Schweine bessere Preise erzielt und zweitens sind im Laufe der Zeit die Wälder immer mehr gelichtet worden, so daß die Schweine ihre Nahrung in genügendem Maße in den Eicheln fanden.

Der Schweineexport während der ganzen Periode stellt nicht nur den Hauptanteil am Gesamtviehexport, sondern an der Gesamtausfuhr überhaupt dar. Der durchschnittliche Wert des Schweineexports betrug im Jahre 1843—1845 gegen 3,4 Mill. Dinar, wuchs allmählich, bis er sich in den Jahren 1861—1865 auf 7,1 Mill. Dinar bezifferte, sich also bereits verdoppelt hatte, stieg in dem nächsten Zeitabschnitt, 1866—1870, plötzlich auf 12,1 Mill. Dinar und erreichte in der ersten Hälfte der 70er Jahre die Höhe von 13,1 Mill. Dinar. Diese Zunahme gegenüber dem Anfang dieser Periode betrug demnach etwa 9,8 Mill. Dinar oder 226,1 %. Das Bild ändert sich, wenn man den Schweineexport mit dem Gesamtexport Serbiens in dieser Periode vergleicht. Eine allmählich fallende Tendenz des ersteren tritt unverkennbar hervor; der Schweineexport, der im Anfange fast die Hälfte, 47,6 %, des Gesamtexports Serbiens betrug, sank in den Jahren 1871—1875 auf 41,1 % und ging bei steigender Zunahme des Wertes der anderen Exportartikel, vor allem der Cerealien, Rinder und Pflaumen, allmählich mehr und mehr zurück. Von den Bestimmungsländern des serbischen Schweineexports während dieser Periode nimmt Österreich-Ungarn die erste Stelle mit durchschnittlich 97,5 % ein, ihm folgten Rumänien mit 1,3 % und die Türkei mit 1,2 % der Gesamtschweineausfuhr. Der Grund dafür liegt in denselben Ursachen, wie sie bei dem Import besprochen wurden.

Auch der Rinderexport unterlag erheblichen Schwankungen. Zu Anfang der 40er Jahre bezifferte er sich auf 704 500 Dinar, betrug in den Jahren 1851—1855 2,1 Mill. Dinar, sank aber darauf in den Jahren 1861—1865 auf 1,5 Mill. Dinar. Ende dieser Periode stieg er wiederum auf 4,2 Mill. Dinar, hatte sich also um 3,4 Mill. Dinar oder 488,6 % vergrößert, sich also verfünffacht. Wie in der Handelsgeschichte hervorgehoben wurde, lähmten allerdings die Maßnahmen des Sanitätskordons den serbischen Außenhandel, insbesondere den Viehexport überhaupt, in hohem Grade. Der Rinderexport wurde nicht einmal während der in der Türkei herrschenden Pest gesperrt. Hingegen verursachten die große Pest in der Türkei im Jahre 1858/59, sodann die Pestjahre 1863, 1864 und 1865 beträchtliche Schwankungen des serbischen Rinderexports, weil Serbien damals noch intergrierender Teil des türkischen Reiches war. Rinder wurden anfänglich nach der Türkei in nicht viel geringerer Zahl exportiert wie nach Österreich-Ungarn. Der Export dorthin betrug im Jahre 1843 44,1 % und nach Österreich-Ungarn 55,9 % des gesamten Rinderexports Serbiens. Indes, schon während der nächsten Jahre nahm der Export von Rindern nach der Türkei ab, so daß er sich im Jahre 1875 nur noch auf 0,2 % bezifferte; nach Österreich-Ungarn hingegen nahm derselbe zu und belief sich im Jahre 1875 gegenüber dem nach der Türkei auf 99,8 %. Die Ausfuhr von Rindern nach Rumänien ist nicht erwähnenswert; sie betrug nur etwa 0,1 % des Gesamtrinderexports. Durchschnittlich wurden während dieser Periode jährlich 19 242 Stück Rinder ausgeführt.

Bei der serbischen Pferdeausfuhr ist der Anteil der beiden Hauptbezugsländer gerade umgekehrt. Schon zu Beginn dieser Periode ist eine Ausfuhr von 88,4 % nach der Türkei zu verzeichnen, die sodann ständig wächst und sich im Jahre 1875 auf 94,1% des Gesamtexports beziffert. Dagegen beginnt der Export nach Österreich-Ungarn mit 11,6%, nimmt allmählich ab und beträgt im Jahre 1875 nur noch 4,6% des gesamten Pferdeexports. Nach Rumänien ist die Pferdeausfuhr anfänglich sehr gering, zeigt dann eine wachsende Tendenz und beziffert sich Ende dieser Periode auf 1,3 % des Gesamtpferdeexports.

In gleichem Maße wie der Rinderexport war auch der Pferdeexport vielen Schwankungen unterworfen, die sich durch dieselben Ursachen erklären lassen; immerhin ist bei beiden eine starke Zunahme zu verzeichnen. Berücksichtigt man den Umstand, daß der Pferdeexport mit einem jährlichen Werte von 156000 Dinar einsetzte und in der ersten Hälfte der 70er Jahre auf 2,1 Mill. Dinar stieg, so ergibt sich eine Steigerung von 1,9 Mill. Dinar oder 1356 %. Was zuletzt den Anteil der Pferdeausfuhr am Gesamtexport Serbiens anbelangt, so ist er in stetiger Zunahme begriffen und steigt von 2,3 % auf 6,4 % der Gesamtausfuhr Serbiens.

Der Schafexport unterlag in den einzelnen Jahren ebenfalls manchen Veränderungen und hat im allgemeinen wenig zugenommen. Der durchschnittliche Wert von 248000 Dinar in den Jahren 1843 bis 1845 ist am Ende der Periode auf 495000 Dinar gestiegen, hat sich also um 147000 Dinar oder um 99,5 % vermehrt; dagegen nimmt die Ziegenausfuhr ab. Für die Jahre 1843—1845 bezifferte sich ihr durchschnittlicher Wert auf 80000 Dinar, sank aber im Jahre 1875 auf 63000 Dinar, also um 17000 Dinar oder 26,9 %.

Der Export der beiden letztgenannten Vieharten nimmt danach keinen bedeutenden Anteil am serbischen Gesamtexport. Der Schafexport wechselt während der gesamten Periode zum Gesamtexport im Verhältnis zwischen 3,6 % und 4,1 %, der Ziegenexport zwischen 0,2 % und 2,1 %. Obwohl beim Schafexport eine kleine Zunahme des absoluten Wertes zu verzeichnen ist, nimmt doch sein Anteil am Gesamtexport ab und weicht allmählich den anderen Exportartikeln.

Der geringere Wert des Schaf- und Ziegenexports ist zweifellos darin begründet, daß die Bevölkerung diese Vieharten zum eigenen Bedarf benötigt. Die Schafe wurden anfangs fast ausschließlich (96,6 %) nach der Türkei exportiert, und Österreich-Ungarn erhielt nur 3,4 %; dagegen entfallen im Jahre 1875 auf die Türkei 63,3 % und auf Österreich-Ungarn 36,7 % der gesamten Schafausfuhr. Rumänien nahm keinen Anteil. Das gleiche ist der Fall beim Ziegenexport. Der Wert des Ziegenexports nach der Türkei bezifferte sich zu Beginn der Periode auf 99,6 %, nach Österreich-Ungarn auf nur 0,4 %; am Ende dieses Zeitabschnittes hingegen tritt ein fast umgekehrtes Verhältnis ein, d. h. auf die Türkei entfielen nunmehr nur 4,6 % und auf Österreich-Ungarn etwa 95,4 %.

Wie bereits erwähnt, verdienen unter den tierischen Produkten rohe Felle und Wolle als Exportware besondere Beachtung. Hier kommen mehr die Schaf-, Lamm-, Ziegen- und Zickleinfelle in Betracht, die den größten Teil des Fellexports ausmachten; die Rinderfelle stehen an zweiter Stelle. Aber auch Felle von Wildtieren, wie Füchsen, Hasen, Mardern, Meerottern, Eichhörnchen, Wölfen usw., deren Wert allerdings nur einige Hunderttausende Dinar betrug, wurden ausgeführt. Schweinehäute wurden nicht exportiert, sondern dienten der Bevölkerung zum Selbstgebrauch. Der Fellexport brachte Serbien in jener Zeit beträchtliche Werte ein, und zwar größer als der Schaf- und Ziegenexport zusammen, ja er übertraf in manchen Jahren sogar den Rinderexport. Dies findet seine Erklärung in der starken Nachfrage des Westens nach diesen Artikeln und in den dafür gebotenen guten Preisen. Der durchschnittliche Wert des Fellexports für die Jahre 1843—1845 betrug 1,1 Mill. Dinar; sodann ist während der ganzen Periode ein stetes Wachstum derselben festzustellen, und im Jahre 1875 stieg der Fellexport auf 2,7 Mill. Dinar, erhöhte sich danach um 1,6 Mill. Dinar oder 172,1 %. Für die Gesamtausfuhr freilich verloren die Felle an Bedeutung, da sie im Laufe der Zeit von anderen Exportartikeln verdrängt wurden. Im Anfang betrug der Wert des Fellexports noch 14,4 %, sank aber bereits im Jahre 1875 auf 8,2 % des Gesamtexports Serbiens.

Auch für die Wolle gilt das eben Gesagte. Ihr absoluter Export hat im Laufe der Zeit zu-, der Anteil jedoch am Gesamtexport dagegen abgenommen: in den Jahren 1843—1845 bezifferte sich der durchschnittliche Wert der exportierten Wolle auf 210000 Dinar und stieg gegen Ende der Periode auf 739000 Dinar, hatte sich also verdreifacht; ihr Anteil am Gesamtexport ist dagegen von 3,0 % auf 2,2 % gesunken. Ein außerordentlich großer Anteil des gesamten Fell- und Wollexports entfällt mit 97,5 % auf Österreich-Ungarn; die Türkei ist mit 2,2 % und Rumänien mit nur 0,3 % des Gesamtfell- und Wollexports beteiligt. Dies findet seine Begründung darin, daß weder die Türkei noch Rumänien als Agrarstaaten an den betreffenden Artikeln Mangel leiden; Österreich-Ungarn aber bezieht diese Gegenstände zum Zwecke eigener Verarbeitung, um sie dann weiter abzusetzen.

Ganz unbeträchtlich war anfangs die Ausfuhr von Cerealien, die sich seit der zweiten Hälfte der 60er Jahre zu einem bedeutenden Faktor des serbischen Exports entwickelte. Die Ursachen liegen, wie bereits erwähnt, in der überaus schwachen Organisation des Getreidehandels, die wiederum eine Folge des Mangels von Verkehrsstraßen ist. Wenn auch bereits in den 50er und besonders zu Anfang der 60er Jahre eine ständige Zunahme des Cerealienexports zu verzeichnen ist, so war sie doch immerhin nur klein, und erst den 60er Jahren blieb es vorbehalten, bedeutende Erhöhungen aufzuweisen. In den Jahren 1843—1845 betrug der durchschnittliche Wert der exportierten Cerealien nur 18000 Dinar, stieg in den 60er Jahren auf 367000 Dinar und erreichte in dem nächsten Zeitabschnitt, 1865 bis 1870, plötzlich die Höhe von 3,5 Mill. Dinar. Der Anteil von 0,2 % am Gesamtexport Serbiens in den Jahren 1843—1845 stieg also auf 12,1 %. Die Ursachen dieser bedeutenden Zunahme finden ihre Erklärung einesteils in den Kriegen Österreich-Ungarns mit Preußen und Italien im Jahre 1866, andererseits in den Mißernten Mitteleuropas im Jahre 1867, infolge deren eine starke Nachfrage an Cerealien entstand. In der ersten Hälfte der 70er Jahre sank der Cerealienexport auf etwa 2,8 Mill. Dinar, immerhin beträgt die Zunahme gegen den Wert der Jahre 1843—1845 etwas über 2,7 Mill. Dinar oder 15185,6 %. Weizen und Mais bildeten die Hauptartikel des Cerealienexports, ihnen folgte Gerste, Hafer und Roggen.

Was die Beteiligung der einzelnen Staaten am serbischen Cerealienexport anbelangt, so betrug der Anteil der Türkei am gesamten Cerealienexport in den Jahren 1843—1845 91,2 %, derjenige Österreich-Ungarns hingegen nur 0,8 %. Am Ende der Periode zeigt sich auch hier wieder das umgekehrte Bild: Österreich-Ungarns Anteil betrug nunmehr 92,1 %, der der Türkei nur 2,5 %. Rumäniens Beteiligung am Cerealienexport Serbiens war anfänglich sehr gering, stieg jedoch nach mancherlei Schwankungen schließlich im Jahre 1875 auf 5,4 %.

Ähnlich verhält es sich beim Export von gedörrten Pflaumen und Branntwein. Beide verzeichneten anfangs einen nur unbeträchtlichen Export, indem nur für 300 Dinar Pflaumen und für 25000 Dinar Branntwein ausgeführt wurde; zu Ende der Periode indessen stieg der Wert der ersteren auf 2,1 Mill. Dinar und der des Branntweins auf 677000 Dinar. Der Pflaumenexport erhöhte sich auf 7,4 % und der des Branntweins nach verschiedenen Schwankungen auf 2,0 % des serbischen Gesamtexports. Wie ersichtlich, bilden Pflaumen wie Cerealien zu Ende dieser Periode einen nicht zu unterschätzenden Faktor des serbischen Exports. Der größte Teil der Pflaumen, 88 %, wurde nach Österreich-Ungarn ausgeführt und nur ein geringerer Teil entfiel auf die Türkei und Rumänien. Für den exportierten Branntwein hingegen war der Hauptkonsument die Türkei mit 95,5 % des Gesamtbranntweinexports. Der Weinexport weist einen nur sehr geringen Wert auf; während der ganzen Periode wechselt er zwischen 900 und 70000 Dinar. Auch sein Anteil am Gesamtexport ist gering, er schwankt zwischen 0,02 % und 0,4 %.

Der Wert der übrigen Exportartikel während dieser Zeit stellt mit 1,3—5,1 Mill. Dinar zwar auch eine bedeutende Summe dar, jedoch ist die Zahl der betreffenden Artikel so groß, daß der Wert jedes einzelnen nur wenige Hundert oder Tausende Dinar beträgt. Hierzu gehören: Fette, Talg, frisches Obst und Gemüse, Tabak, Kokons, Galläpfel, Wachs, Honig, Holzbalken, Sparren, Planken und Dauben, Ziegenhaare und verschiedene Abfallprodukte. Als Bezugsländer für diese Waren kommen Österreich-Ungarn mit 60,8 %, die Türkei mit 33,7 % und Rumänien mit 5 % des Gesamtexports dieser Artikel in Betracht.

Die Einfuhr sowohl wie die Ausfuhr, überhaupt der Gesamthandelsverkehr Serbiens zeigt während der kurzen Periode von der Anerkennung der Selbständigkeit Serbiens im Jahre 1879 bis zum Jahre 1883, wo noch der serbische autonome Zolltarif von 1864 Geltung hatte, eine stetige Zunahme. Der Wert des Imports betrug im Jahre 1879 41,5 Mill. Dinar, stieg aber im Jahre 1883 auf 49,7 Mill. D. und hat sich somit um 8,2 Mill. Dinar oder 21,2 % vermehrt, dagegen wuchs die Ausfuhr von 38,8 Mill. Dinar im Jahre 1879 nur auf 40,2 Millionen Dinar im Jahre 1883, hat sich also um 1,4 Mill. Dinar oder 5,8 % erhöht; danach war also die Zunahme des Imports um eine vielfaches größer als die des Exports. Es ist bemerkenswert, daß während dieser kurzen Periode die Handelsbilanz stets passiv war; im Jahre 1880 war der Import sogar um etwa 10,8 Mill. Dinar und im Jahre 1883 um 9,4 Mill. Dinar größer als der Export. Da nach den serbisch-türkischen Kriegen und seit der Anerkennung der Selbständigkeit Serbiens neue Bedürfnisse geschaffen und die alten erweitert wurden, kann es nicht wundernehmen, daß der serbische Import den Export überstieg.

Obwohl ein genauer Vergleich der ersteren und dieser Periode hinsichtlich der Wert- und Mengeangaben der einzelnen Handelsartikel und deren Herkunfts- und Bestimmungsorte infolge der territorialen Erweiterung und des Bevölkerungszuwachse nicht möglich ist, so ist im großen und ganzen doch eine bedeutende Zunahme des Imports wie des Exports, überhaupt des serbischen Gesamthandels in dieser zweiten Periode gegenüber der ersteren festzustellen. Den besten Beweis dafür bietet ein Blick auf die Tabelle I für die Jahre 1879—1883. Während der durchschnittliche Wert des Imports in der ersteren Periode sich auf 16,3 Mill. Dinar, der des Exports auf 18,5 Mill. Dinar und der des Gesamthandelsverkehrs auf 34,8 Mill. D. bezifferte, beträgt für die Periode 1870—1883 der durchschnittliche Import 45,8 Mill., der Export 38,9 Mill. und der Wert des Gesamthandelsverkehrs Serbiens 84,7 Mill. Dinar. Es ist ohne weiteres ersichtlich, daß eine Zunahme des serbischen Außenhandels zu verzeichnen ist, aber auch aus der Berechnung der Handelsumsätze pro Kopf der Bevölkerung folgt das gleiche Ergebnis; während der durchschnittliche Wert des Imports pro Kopf für die erste Periode 13,42 Mill. Dinar, der des Exports 17,21 Dinar und der des Gesamthandelsverkehrs 30,42 Dinar betrug, stieg er in der Zeit von 1879—1883 für den Import auf 24,30 Dinar pro Kopf, für den Export auf 22,40 Dinar und für den Gesamthandelsverkehr auf 46,70 Dinar, wonach der durchschnittliche Wert des Imports pro Kopf um 83,9 %, der des Exports um 28,6 % und der des Gesamthandelsverkehrs um 57 % angewachsen ist.

Neben den drei alten im Handelsverkehr mit Serbien stehenden Staaten erscheinen in dieser Periode zwei neue, Bulgarien und Bosnien. Durch die bereits erwähnten Kriege und den Berliner Vertrag verlor die Türkei diese beiden Staaten, die nun in der serbischen Handelsstatistik gesondert notiert wurden. Serbien war in dieser Periode in erhöhtem Maße auf den Import aus Österreich-Ungarn angewiesen. Während der durchschnittliche Wert des Imports Serbiens aus Österreich-Ungarn 69,0 % des Gesamtimports Serbiens betrug, stieg er in den Jahren 1879—1883 auf 90,1 %, dagegen fiel der Import aus der Türkei von 25,6 % auf 3,6 % und der aus Rumänien von 5,4 % auf 4,2 % der Gesamteinfuhr. Die zwei neuen Staaten beteiligten sich am serbischen Import nur unbedeutend: Bulgarien mit 1,2 % und Bosnien mit 0,9 % des Gesamtimports.

Die Importwaren in dieser Periode blieben in der Hauptsache dieselben wie in der vergangenen, nur weisen sie einige Verschiebungen hinsichtlich ihrer Menge und ihres Wertes auf. Aus den erwähnten Gründen ist ein Vergleich der einzelnen Importartikel in dieser mit jenen der vergangenen Periode nicht gut möglich, im allgemeinen jedoch haben die Mengen und Werte vieler Artikel zugenommen, wie bei Kaffee, Oel, Salz, Petroleum u. a.; der Import von Wolle, wollenen Garnen, wollenen Geweben, Baumwolle und baumwollenen Geweben nimmt auch in dieser Periode die erste Stelle ein. Der Import halbfertiger und fertiger Eisenfabrikate hat zugenommen, da im Laufe der Zeit die landwirtschaftlichen wie die gewerblichen Werkzeuge und Geräte in Serbien immer mehr zur Anwendung gelangen. Ebenso ist eine wesentliche Zunahme von importierten halbfertigen und fertigen Holzfabrikaten zu verzeichnen. Die Einfuhr von Chemikalien, Arzneien und Farben, die früher nur wenige Hunderte Dinar betrug, hob sich jetzt auf über 1,5 Mill. Dinar. Der Import von fertigen Kleidern hat in dieser Zeit ebenfalls bedeutend zugenommen; während er sich früher durchschnittlich nur auf 152 Dinar bezifferte, stieg er nunmehr auf über 3,0 Mill. Dinar. Ein Zuwachs trat auch beim Import von Papier und Papierwaren ein. Die Schaffung neuer, höherer Bedürfnisse und die Verfeinerung der alten erklärt diese Erscheinung.

Was die Ausfuhr Serbiens in den Jahren 1879—1883 anbelangt, so behielt Österreich-Ungarn die herrschende Stellung als Bestimmungsland für die serbischen Exportwaren; dagegen sank der Anteil der Türkei am serbischen Export von 18,6 % auf 5,4 % des Geasmtexports Serbiens, der Rumäniens hielt sich auf der früheren Höhe. Auf die neu in Betracht kommenden Länder entfallen 14,4 % des serbischen Exports, 6,7 % auf Bulgarien und 7,7 % auf Bosnien. Daraus darf man wohl schließen, daß nach beiden Ländern schon früher, als sie noch zu der Türkei gehörten, eine bedeutende Menge serbischer Exportartikel von erheblichem Werte ausgeführt wurde. Die serbische Handelsstatistik hat dies aber, wie oben bereits erwähnt, nicht besonders verzeichnet.

Auch in diesem Zeitabschnitt stellen die Schweine den Hauptanteil am Gesamtexport Serbiens; doch relativ ist der frühere durchschnittliche Anteil des Schweineexports von etwa 45,5 % auf 32,6 % gesunken und immer mehr den anderen Exportartikeln gewichen, vor allem den gedörrten Pflaumen und den Cerealien. Während früher der durchschnittliche Wert des Exports gedörrter Pflaumen nur 370000 Dinar oder 1,4 % des Gesamtexports und die Ausfuhr von Cerealien 998000 Dinar oder 3,8 % des Gesamtexports Serbiens betrug, beläuft sich die Pflaumenausfuhr nun auf 6,1 Mill. Dinar oder 15,5 %, und die Ausfuhr von Cerealien auf 4,5 Mill. Dinar oder 11,7 % des Gesamtexports. Der Pferdeexport ist aus dem bei der Betrachtung des Imports angeführten Grunde unbeträchtlich. Was den Export der Rinder anbetrifft, so war dieser von Jahr zu Jahr vielen Änderungen unterworfen: im Jahre 1882 bezifferte er sich nur auf 2,7 Mill. Dinar, im nächsten Jahre hingegen stieg er plötzlich auf 4,6 Mill. Dinar; der geringe Wert im Jahre 1882 wurde durch das Verbot der Rinderausfuhr veranlaßt. Absolut ist der Rinderexport zwar gewachsen, doch in Hinsicht auf den Gesamtexport ist dies nicht der Fall.

In dem neuen Serbien, d. h. in den durch den Berliner Vertrag erworbenen Bezirken verfertigte man besonders Seile und Seilerwaren; aus diesem Grunde hat sich der Export derselben, der früher nur wenig Hunderte Dinar betrug, jetzt auf 1,1 Mill. Dinar oder 2,6 % des Gesamtexports vermehrt. Die Verhältnisse bezüglich des Exports von Fellen sind die gleichen geblieben, hingegen nahm der Export von Wolle ab, da die Verarbeitung dieses Artikels im Lande selbst immer mehr Verbreitung fand.

§ 3. Der Außenhandel Serbiens während der ersten Handelsvertragsperiode 1884—1893.

Obwohl Serbiens kommerzielle Bedeutung infolge der Eisenbahnverbindung einerseits mit den westeuropäischen Staaten und andererseits mit dem Ägäischen Meere ansehnlich gewachsen war und Serbiens Stellung im internationalen Handelsverkehr eine bedeutende Verschiebung erfahren hatte, so weist doch der Außenhandel Serbiens in dieser Vertragsperiode keinen bedeutenden Fortschritt auf. Während der Handelsumsatz in der vertraglosen Periode von 1879—1883 84,7 Mill. Dinar betrug, sank er in der nachfolgenden Periode auf 83,3 Mill. Dinar; es ist somit eine Abnahme von 1,3 Mill. Dinar oder 1,6 % zu verzeichnen. Auch der Handelsumsatz pro Kopf ist von 46,7 auf 35,0 Dinar gesunken.

Die überaus großen Schwankungen des Imports wie des Exports bieten gleichfalls ein besonderes Merkmal dieser Periode. Vor allem ist der bedeutende Unterschied der Ausfuhr in den Jahren 1886 und 1887 auffällig. Im Jahre 1886 bezifferte sich der Importwert auf 51,6 Mill. Dinar, fiel aber im nächsten Jahre auf 36,4 Mill. Dinar und war während der ganzen folgenden Periode nicht mehr imstande, sich auf die Höhe des anfänglichen Wertes wieder emporzuschwingen. Der Grund hiefür ist in den Wirkungen des Berliner Vertrages zu suchen. Die erste Sorge des selbständigen Serbiens war, sein Heer nicht nur in geistiger, sondern auch in materieller Beziehung nach dem Muster der modernen Staaten umzugestalten. Das ganze für die Heeresausrüstung erforderliche Material mußte natürlich von außen bezogen werden. Daraus erklärt sich die große Steigerung der Einfuhr, von der z. B. im Jahre 1886 etwa 5,9 Mill. Dinar oder 11,5% allein auf die Heeresausrüstung entfielen. Auch die Einfuhr von Lokomotiven und Bahnwaggons verursachte eine ganz wesentliche Zunahme des Imports. Von den 50,4 Mill. Dinar der gesamten Einfuhr im Jahre 1884 entfielen auf die Einfuhr von Eisenbahnmaterialien allein 9,6 Mill. Dinar oder 18,2%. Als der staatliche Bedarf befriedigt war, sank naturgemäß der Import. Die allmähliche Abnahme des Imports verursachte, wenn auch nicht in allzu großem Umfange, doch die Steigerung der eigenen Produktionsfähigkeit, wodurch es dem Lande ermöglicht wurde, seine Bedürfnisse an einigen einfachen Produktionsartikeln selbst zu befriedigen. Der durchschnittliche Einfuhrwert von 40,8 Mill. Dinar sank auf diese Weise um 5 Mill. Dinar oder um 12,2% gegenüber der vergangenen Periode. In gleicher Weise sank der durchschnittliche Wert pro Kopf der Bevölkerung von 24,30 auf 19,70 Dinar. Obwohl sich derartige Schwankungen, wie bereits erwähnt, auch im serbischen Export zeigten, deren Ursachen wir bei der Erörterung jedes einzelnen Exportartikels untersuchen werden, so hat sich doch der Export im ganzen um 3,6 Mill. Dinar oder 9,2% gegenüber der vergangenen Periode vergrößert, da sich sein durchschnittlicher Wert in dieser Periode auf 42,5 Mill. Dinar bezifferte. Die Handelsbilanz in dieser Periode ist als günstig zu bezeichnen; der durchschnittliche Wert des Exports überragt den des Imports um 1,7 Mill. Dinar.

Die Handelsverträge mit den verschiedenen Staaten und der Ausbau der Orientbahn hatten neue Handelsbeziehungen geschaffen und einen großen Umschwung des serbischen Imports herbeigeführt. Die Zahl der in der vergangenen Periode am serbischen Import beteiligten Staaten wurde um 9 vergrößert; Österreich-Ungarn behielt auch jetzt seine hervorragende Bedeutung im serbischen Einfuhrhandel, allerdings mit dem Unterschied, daß sich sein Anteil sowohl absolut wie relativ verkleinerte. Während der durchschnittliche Wert des österreichisch-ungarischen Anteils am serbischen Import in der vergangenen Periode sich auf 41,3 Mill. Dinar oder 90,1% des Gesamtimports Serbiens bezifferte, sank er in der neuen Periode auf 27,7 Mill. Dinar, also auf 65,8%, wodurch er um nicht weniger als 49,2% verringert wurde. Auch der Anteil der übrigen 4 Staaten (Bosnien, Türkei, Rumänien und Bulgarien) nahm in dieser Periode fast um die Hälfte ab. Dieser auffällige Rückgang des Imports der genannten Staaten findet seine Erklärung in der Beteiligung der 9 neu auftretenden Staaten, die nunmehr mit Serbien in Handelsbeziehungen treten. Wie aus der Tabelle IX ersichtlich, beteiligten sich England mit dem durchschnittlichen Werte von 3,9 Mill. Dinar oder 9,8%, Deutschland mit 3,2 Mill. Dinar oder 7,5%, die Vereinigten Staaten von Amerika mit 1,2 Mill. Dinar oder 3,2%, die Türkei mit 1,1 Mill. Dinar oder 2,9%, Rumänien mit 1,0 Mill. Dinar oder 2,5%, Rußland mit 2%, Frankreich und die Schweiz mit je 1% am Gesamtwert Serbiens; sodann folgen die übrigen Staaten mit unbedeutenden Anteilen. Es ist dabei beachtenswert, daß Englands, besonders aber Deutschlands Export nach Serbien in stetem Zunehmen begriffen ist und die österreichisch-ungarischen Organe zur Förderung des Handels ihre Interessenten nicht einmal auf die wachsende Gefahr der Konkurrenz Deutschlands aufmerksam machten.[1] Zu der wichtigen Stellung der Nachbarmonarchie im serbischen Import hat nicht nur die geographische Lage und die Gestaltung der Verkehrswege Serbiens, sondern auch der Charakter des Handelsvertrages mit Österreich-Ungarn, wie im § 3 des ersten Teiles bereits erörtert wurde, zweifellos am meisten beigetragen: Die niedrigen Zölle auf österreichisch-ungarische Waren, der bedeutende Grenzverkehr und die Sonderbegünstigungen (Hälfte des Zolles) auf wichtige Waren verbinden den serbischen Import mit der Doppel-Monarchie aufs engste.

Die Groß-Industrie Serbiens befand sich in dieser Periode auf der ersten Entwicklungsstufe; die sich mehrenden Bedürfnisse des Landes konnten durch die eigenen geringen Industrieerzeugnisse nicht gedeckt werden. Die Zufuhr von besseren, moderneren Gegenständen aus dem Auslande bildete daher den größten Teil der gesamten serbischen Einfuhr. Die höchste Summe, etwa $^1/_4$ des Gesamteinfuhrwertes, wurde dem Auslande für Textilerzeugnisse gezahlt, deren Produktion in Serbien ganz unbedeutend war. Noch zu Ende dieser Periode besaß Serbien nur eine einzige Fabrik für die Herstellung wollener Webstoffe, welche bei einer jährlichen Produktion im Werte von 740000 Dinar 280 Arbeiter beschäftigte; außerdem bestanden noch 2 Fabriken zur Erzeugung wollener Schnüre („Gajtan“) mit 70 Arbeitern und einer jährlichen Produktion im Werte von 357000, und endlich 2 Kunstwebereien für „Pirotske Tschilime“[2] mit je 10 Ar-

[1] „Neben der von Saloniki her drohenden ziemlich beschränkten Konkurrenz seitens Englands und Frankreichs gibt es eine andere, viel aktuellere Gefahr, welche einen immer ernsteren Charakter annimmt: Die Einfuhr aus Deutschland über Österreich-Ungarn nach Serbien ist seit einigen Jahren in steter Zunahme begriffen.“ So mahnte der Belgrader Konsularbericht S. 554 der k. k. österreichisch-ungarischen Konsularämter seine kaufmännische Welt schon im Jahre 1883.

[2] Teppiche aus dem Kreis von Pirot, die nach Art der orientalischen Teppiche gewebt werden, jedoch hinsichtlich der Sauberkeit, Solidität und geschmackvoller Ausarbeitung ihren besonderen Charakter bewahren.

beitern und einer jährlichen Produktion im Werte von 11360 Dinar.[1] Die erste Stelle mit 60% sämtlicher importierter Textilwaren nimmt selbstverständlich die Baumwolle und deren Garne und Gewebe ein, wovon die Baumwolle nur einen kleinen Teil, etwa $^1/_{20}$, im Werte von 253000 Dinar, Baumwollgarn und Baumwollgewebe dagegen den Rest von $^{19}/_{20}$ ausmachen. Der Import von baumwollenen Geweben überwiegt den Garnimport im Verhältnis von 125:100. An Baumwolle bezog Serbien aus Österreich-Ungarn 62%, aus England 20% und 18% aus Deutschland und anderen Staaten. Ein fast umgekehrtes Bild sehen wir bei dem Import von Baumwollgarn, wobei England mit etwa 65% der Gesamt-Einfuhr beteiligt ist; an zweiter Stelle folgt Österreich-Ungarn und an dritter Deutschland. Bis in die zweite Hälfte der 90er Jahre bildete der Webstuhl für Leinen auf dem Lande fast in jedem Hause und in vielleicht 78% aller Stadtwohnungen einen unentbehrlichen Bestandteil der Hauswirtschaft, wodurch fast der gesamte Bedarf an Leinen durch die eigene Produktion befriedigt wurde. Daraus ist der große Import an Baumwollgarn erklärlich, obgleich Serbien in jener Zeit keine industrielle Unternehmung für die Herstellung von Leinen besaß. Als importierte baumwollene Gewebe kommen in Betracht: weiße Leinwand, Zwillich, Barchent, Handtücher, weiße Tischdecken und gefärbte baumwollene Stoffgewebe. Den zweiten Platz in der Reihe der importierten Textilwaren nehmen Wolle, Wollgarn und wollene Gewebe ein, da bei der schwachen Kauffähigkeit des größten Teils der Bevölkerung nach wollenen Zeugen eine geringe Nachfrage bestand; der Bezug von wollenen Geweben ist größer als der von Wolle und Wollgarn und steht zu diesen beiden Artikeln im Verhältnis von 4:1. Der Wert des Imports dieser drei Waren beträgt 20% der gesamten Textilwareneinfuhr. Es ist merkwürdig, daß der Import von Wolle bis zum Jahre 1882 nur $^1/_{10}$ der Einfuhr von Baumwollgarn ausmachte, von da ab aber den gleichen Anteil nahm und in manchen Jahren diesen sogar noch übertraf. Dies ist einerseits zurückzuführen auf den Stillstand der Schafzucht[2], andererseits auf die Zunahme der Verarbeitung von Wolle zu einfachen Teppichen, die fast jede Hausfrau zu weben imstande war, oder zum einfachen Tuch, das meistens auf dem Lande gearbeitet wurde. Österreich-Ungarns Beteiligung an der Einfuhr von Wollgarnen und Geweben betrug über $^2/_3$ des Gesamtimports Serbiens; das letzte Drittel entfällt zum größten Teil auf Deutschland und England im Verhältnis von 3:1. Nur ein geringer Teil wird von Bosnien, der Türkei und Bulgarien geliefert, und zwar nur einfache Wollgewebe und Schnüre (Gajtan). Der Einfuhrhandel von Seide beschränkt sich fast ausschließlich

[1] Annuaire statistique du Royaume de Serbie. 1893. S. 168.

[2] Im Jahre 1866 bezifferte sich die Zahl der Schafe auf 2677310, und nach der Viehzählung im Jahre 1890 auf 2963904 Stück, dagegen war die Bevölkerung in jenem Zeitabschnitt von 1216348 auf 2161961 gestiegen. — Annuaire statistique du Royaume de Serbie. 1893. S. 14 und 119.

auf seidenes Garn und Gewebe; rohe Seide wurde nur in geringem Maße importiert. Die Einfuhr von seidenen Geweben besorgt mit über $^3/_4$ des Gesamtseidenimports die Nachbarmonarchie; dann folgen Deutschland, Frankreich und Italien. Unbedeutend ist die Einfuhr von rohem Hanf, Flachs und Flachsgarn; deren Gewebe jedoch verdienen besondere Beachtung. Ihr Import wechselt während der ganzen Periode zwischen 8 und 10% der Gesamttextileinfuhr. Trotzdem Serbiens Ausfuhr von Seilerwaren ganz beträchtlich war, erreichte der Import derselben doch einen Wert von über 100000 Dinar. Zur Einfuhr gelangten verschiedenartige Hanfbindfäden, dicke Schiffstaue, und andere Seilerwaren, deren Anfertigung höhere Ansprüche an die Geschicklichkeit stellt. Der Bezug dieser Waren erfolgte fast ausschließlich aus Österreich-Ungarn.

Zur zweiten Gruppe gehören Bekleidungsgegenstände, wie fertige Kleider, Wäsche, Hüte, Mützen, Strümpfe, Schuhe, eigentlich auch Häute und Felle, Manufakturwaren wie Schnüre, Stickereien, Spitzen, künstliche Blumen und Posamenten, die man allerdings auch der Gruppe der Textilwaren zurechnen kann. Für alle diese Artikel wurde dem Auslande durchschnittlich die Summe von 5,2 Mill. Dinar, also $^1/_8$ des Gesamtimports gezahlt. Zwei Drittel der gesamten Einfuhr dieser Gruppe bilden fertige Kleider. Im allgemeinen ist der Kleiderimport in dieser Periode gegenüber dem der vergangenen zurückgegangen, da die Zahl der besseren modernen Schneider in den Städten von Jahr zu Jahr zunahm. Der fast ausschließliche Lieferant fertiger Kleider, und zwar von $^4/_5$ der Gesamteinfuhr, war Österreich-Ungarn; jedoch läßt sich zu Ende dieser Periode ein bedeutender Rückgang erkennen. Deutschland nimmt mit $^2/_3$ des Restes teil, ihm folgen England und Frankreich.

Die zweite Stelle in dieser Gruppe nehmen Häute und Felle ein. Eine in der zweiten Hälfte dieser Periode in Belgrad begründete Gerberei mit Fabrikbetrieb, welche 30 Arbeiter beschäftigte und einen jährlichen Produktionswert von 300000 Dinar aufwies, sowie 3 Fabriken in Pirot mit einer jährlichen Produktion im Werte von 58000 Dinar[1], die der Verarbeitung von Fellen und der Herstellung von Opanken dienten, waren nicht imstande, den Volksbedarf an diesen Artikeln zu decken. Andererseits machte sich im Lande ein Mangel an Fellen bemerkbar, hervorgerufen durch die Ausfuhr von Rindern im lebenden Zustande. Alles dies verursachte einen größeren Import der hier in Betracht kommenden Gegenstände. Während Serbien der Nachbarmonarchie fast ausschließlich Schaf-, Ziegen- und Lammfelle im Werte von über 1,5 Mill. Dinar verkaufte, bezog es von dort Rinder- und Pferdehäute, namentlich gegerbte, im Werte von über 2,7 Mill. Dinar; die Einfuhr der Schaf-, Ziegen- und Lammfelle beschränkte sich auf einige Tausend Dinar. Infolge der im Lande stetig zunehmenden Zahl von Schuhmachern und „Opantscharen" ging der Import von

[1] Annuaire statistique du Royaume de Serbie. 1893. S. 168.

Schuhen und Opanken, deren fast einziges Bezugsland die Nachbarmonarchie war, zurück. Die übrigen genannten Artikel dieser Gruppe fallen nicht ins Gewicht.

Eine wichtige Rolle in dem serbischen Einfuhr-Handel spielen Metalle und Metallprodukte, deren durchschnittlicher Wert sich auf 4,2 Mill. Dinar bezifferte. Unter ihnen nehmen das Eisen und die aus ihm gefertigten Erzeugnisse den ersten Platz ein. Eine Ausbeutung von Eisenerzen fand im eigenen Lande nicht statt und die Eisenverarbeitung war äußerst gering. So bestanden Ende dieser Periode nur 3 Fabriken für Verarbeitung von Eisen, die insgesamt 123 Arbeiter beschäftigten und jährlich Fabrikate im Werte von nur 180000 Dinar[1] herstellten, weshalb Serbien auf den Import dieser Gegenstände angewiesen war. Die Einfuhr von Eisenerzen war unbedeutend, dagegen überwog bis zur Mitte dieser Periode der Handel mit Halbfabrikaten aus Eisen, wie Stabeisen, Schienen, Blech und Draht und stand zu dem Bezug von fertigen Eisenfabrikaten im Verhältnis von 4:3. Sodann trat aber ein Wendepunkt insofern ein, als nunmehr der Import fertiger Eisenfabrikate überwog. Im Vergleich zur vorigen Periode ist der Handel mit Eisen und dessen Fabrikaten im großen und ganzen gleich geblieben. Daß der Handel mit Eisen und dessen Fabrikaten seitens der österreichisch-ungarischen Kaufleute in Serbien so gut wie monopolisiert wurde, ist erklärlich, wenn man sich an jene Bestimmung des ersten Handelsvertrages Serbiens mit der Nachbarmonarchie erinnert, nach welcher das aus Österreich-Ungarn nach Serbien importierte Roh- und Stabeisen, ferner die Halbfabrikate aus Eisen und Stahl, sowie die meisten landwirtschaftlichen Werkzeuge nur mit der Hälfte des Zolles belegt wurden. An dem gesamten Eisenimport nahm Österreich-Ungarn mit $^4/_5$ teil, $^1/_5$ verteilte sich auf andere Staaten, vor allem auf Deutschland und England, die sich im Verhältnis von 6:1 am Eisenimport nach Serbien beteiligten. Eine nicht unbedeutende Rolle spielt auch die Einfuhr von Kupfer, das in Form von halbfertigen und fertigen Fabrikaten bezogen wurde, wobei $^4/_5$ des Imports auf Halbfabrikate entfallen, die von den heimischen Handwerkern, „Kasandschije“[2] oder „Kalaidschije“ genannt, zu Kupferkesseln, Kupferbecken, Tabletos usw. verarbeitet wurden. Da diese Gegenstände verzinnt werden mußten, war auch der Zinnhandel ziemlich lebhaft und belief sich durchschnittlich auf 50000 Dinar. Von anderen Metallen sind Blei, Messing und Nickel zu nennen. Auch für die Metalle war Österreich-Ungarn das Bezugsland mit $^2/_3$ der Gesamteinfuhr Serbiens, an dem übrigen Drittel nehmen Deutschland und England teil.

Der Maschinenimport war in steter Zunahme begriffen. Der Bedarf wurde größtenteils mit $^2/_3$ von Österreich-Ungarn gedeckt; doch auch Deutschland und England lieferten Maschinen. Der An-

---

[1] Annuaire statistique du Royaume de Serbie. 1893. S. 168.
[2] Türkisches Wort, identisch mit „Kupferschmieden“.

teil der drei Staaten an der Maschineneinfuhr steht im Verhältnis 10:2:1.

Eigenartig ist der Import von halbfertigen und fertigen Holzfabrikaten. Der Importwert von 3,2 Mill. Dinar im letzten Jahre 1883 der vergangenen Periode stieg in dem folgenden Jahre plötzlich auf 5,8 Mill. Dinar. Diese Erscheinung ist darauf zurückzuführen, daß Eisenbahnwaggons im Werte von ca. 3,1 Mill. Dinar eingeführt wurden. Im Laufe der besprochenen Periode wurden durchschnittlich für nur 250000 Dinar Waggons bezogen, während dieselben im Betrage von 433000 Dinar erst im Jahre 1891 angeschafft wurden. Auch das Jahr 1893 weist eine Zunahme des Handels mit Holzfabrikaten auf. Dieser Umstand findet seine Begründung darin, daß in diesem Jahre für 750000 Dinar Schiffe und Schleppkähne importiert wurden. Nichtsdestoweniger sind die statistischen Angaben über die Einfuhr von solchen Halbholzfabrikaten, die in Serbien selbst hätten produziert werden können, bemerkenswert. Trotz der schon bestehenden 3 Fabriken für Tischlerei, Flechterei und Zimmerei mit einer jährlichen Produktion von 70000 Dinar[1] mußten aus dem Auslande einfache Holzhalbverarbeitungen wie Balken, Sparren, Planken, Material für Böttchereien und Tischlereien, sowie Holzwagenbestandteile eingeführt werden, deren Einfuhr einen jährlichen Durchschnittswert von etwa 800000 Dinar erreichte. Jedoch ist der Import all dieser Artikel, der fast völlig durch die Nachbarmonarchie besorgt wurde, in steter Abnahme begriffen.

In der ersten Hälfte dieser Periode bleibt die Einfuhr von Kolonialwaren auf der erreichten Höhe stehen, aber gegen Ende derselben ist ein Rückgang erkennbar, obwohl die Bevölkerungszahl, wie wir sahen, bedeutend zunahm. Der Kaffeeimport, der sich zu Anfang auf 1,8 Mill. Dinar beziffert, geht im Jahre 1887 auf 600000 Dinar zurück, um dann für kurze Zeit wieder zu steigen; zu Ende der Periode jedoch sinkt er gegenüber seinem anfänglichen Importwert um etwa 400000 Dinar. Ähnlich verhält es sich mit den anderen Kolonialgegenständen wie Öl, Pfeffer, Lorbeer, Nelken und Südfrüchten, sogar bei Zucker und Reis. Auch bei Salz und Petroleum zeigt sich dieselbe Erscheinung. Dieser Rückgang erklärt sich aus der im Jahre 1886 geschaffenen Obrtsteuer, welche die Handelsgeschäfte außer dem Zoll zahlen mußten; dadurch wurden sämtliche Spesen um $7^0/_0$ verteuert, und die Folge davon war, daß der Handel mit Kolonialwaren im nächsten Jahre 1887 stockte. Auch die Erhöhung der Troscharina trug dazu bei, daß die Waren verteuert wurden, und daß infolgedessen der Konsum bei der ohnedies schwachen Kauffähigkeit Serbiens abnahm. Alle diese Waren bezog Serbien teils direkt von den Produktionsländern, teils durch Zwischenhändler aus Österreich-Ungarn, der Türkei und Rumänien. Am Kaffeeimport ist Amerika mit $^2/_3$ der Einfuhr be-

[1] Annuaire statistique du Royaume de Serbie. 1893. S. 168.

teiligt; es folgen England und Österreich-Ungarn mit ziemlich gleichen Anteilen, die gegenüber der Einfuhr Amerikas in steter Abnahme begriffen sind. Für Reis war England mit mehr als der Hälfte der Einfuhr Bezugsland. An zweiter Stelle stand Italien, dem Österreich-Ungarn und die Türkei folgten. Die 3 letztgenannten Staaten waren im Verhältnis von 10:9:3 beteiligt.

Von der Öleinfuhr entfiel fast die Hälfte auf Österreich-Ungarn, während an der anderen Hälfte England mit 60%, Italien mit 25%, Griechenland und Frankreich mit 15% teilnahmen. Dagegen spielt bei der Petroleumversorgung Serbiens Rußland mit über 3/4 der Gesamteinfuhr eine ausschlaggebende Rolle; an dem übrigen Viertel sind Amerika mit 75% und Österreich-Ungarn mit 25% beteiligt. Während die Nachbarmonarchie in der ersten Hälfte dieser Periode Serbiens Bedarf an Salz zur Hälfte deckte und somit die erste Stelle in der serbischen Salzeinfuhr einnahm, verminderte sich seine Salzeinfuhr gegen Ende dieser Periode um 1/5, Rumänien hingegen behauptet seinen Anteil und ist seit dieser Zeit der hervorragendste Lieferant mit durchschnittlich 2/3 des Salzimports, während Österreich-Ungarn mit 65% des Restes an zweiter Stelle folgt; Italien steht mit 25% an dritter und Deutschland mit 10% des Restes an vierter Stelle.

Die Tabakeinfuhr unterlag bedeutenden Schwankungen, die vor allem auf die Tabakmißernten im Lande zurückzuführen sind. Während dieser Zeit befriedigte die Türkei den Bedarf Serbiens an Tabak zu 2/3, ein Drittel entfiel auf Österreich-Ungarn und Deutschland im Verhältnis von 4:3.

Gegen Ende dieser Periode waren bereits eine Fabrik für Seifen, Tinte und andere chemische Produkte mit einer jährlichen Produktion im Werte von 30000 Dinar vorhanden, sowie eine Fabrik für Spodium, Tischlerleim und Wichse mit einer jährlichen Produktion von 26000 Dinar, und eine Fabrik für Sprit mit einer jährlichen Produktion im Werte von 113000 Dinar.[1] Diese konnten jedoch nur zum Teil den Landesbedarf an chemischen Produkten decken, die auch fernerhin zum größten Teil vom Auslande bezogen werden mußten. Im Vergleich zu der vergangenen Periode ist nunmehr bei dem Import von Arzneien, Chemikalien und Farben eine ungünstige Handelslage zu verzeichnen, besonders aber ist vom Jahre 1887 ab eine Stockung aus oben erwähnten Gründen, hauptsächlich infolge des Obrt, eingetreten. Die Einfuhr von Seifen aller Art, sowie von Kerzen aus Wachs, Stearin und Paraffin, die zu dieser Gruppe zu rechnen sind, nach der Handelsstatistik aber zur Gruppe „Fette Produkte" zählen, beträgt ca. 1/2 Mill. Dinar, die sich zu fast gleichen Teilen auf Seifen und Kerzen verteilen. Bei den beiden letzten ist ein Rückgang im Import zu verzeichnen.

Der Handel mit Papier und Papierwaren steht während dieser Periode ziemlich still. Anfangs lieferte die Nachbarmonarchie etwa

[1] Annuaire statistique du Royaume de Serbie. 1893. S. 168.

87% des Imports an Chemikalien, Arzneien und Farben, zu Ende dieser Periode jedoch vermindert sich ihr Anteil auf 75%, während die Einfuhr dieser Waren aus Deutschland und England im Wachsen begriffen ist; das Verhältnis des Imports aus diesen beiden letzten Staaten stellt sich wie 3 : 1. Den Kerzen- und Seifenbedarf befriedigte Österreich-Ungarn mit 90%, in den Rest von 10% teilen sich Deutschland und England. Die Bestimmung des Handelsvertrages mit Österreich-Ungarn über die Sonderbegünstigung (Hälfte des Zolles) bewirkte, daß Papier und Papierwaren fast ausschließlich aus der Nachbarmonarchie bezogen wurden. Was nun den Import von Glas und Glaswaren anbelangt, so ist festzustellen, daß aus dem erwähnten Grunde Österreich-Ungarn auch für diese Ware der Hauptlieferant gewesen ist. Infolge der Einführung der Obrtsteuer hat jedoch hier die Kaufkraft Serbiens nachgelassen und der Handel mit diesen Waren ging zurück.

Schließlich wurden noch an Lebens- und Genußmitteln importiert: Mehl, Fleisch, Fische, Käse, Mühlenprodukte, Gartengewächse, Wein, Bier, Spiritus, Liköre, Kognak u. a. Der Gesamtwert dieser Artikel betrug ca. 1,5 Mill. Dinar. Obwohl die Zahl der Dampf- und Kunstmühlen von 96 im Jahre 1888 mit einer jährlichen Produktion von 30,5 Mill. kg auf 102 Mühlen im Jahre 1891 gestiegen war, die 37,8 Mill. kg Mehl lieferten,[1] führte Serbien durchschnittlich doch noch gegen 1 Mill. kg Mühlenprodukte im Werte von 290000 Dinar ein. Ebenso wurde der größte Teil des Bierbedarfs im Lande selbst gedeckt; doch reichten die im Jahre 1888 bestehenden 12 Bierbrauereien mit einer jährlichen Produktion von 42 055 hl im Werte von 447 225 Dinar, und Ende dieser Periode im Werte von ca. 810000 Dinar nicht aus[2], so daß auch vom Auslande Bier bezogen werden mußte. Der durchschnittliche Wert des importierten Bieres betrug 63000 Dinar. Der wegen der Sonderbegünstigung fast ausschließlich aus Österreich-Ungarn eingeführte Wein unterlag je nach dem Weinernteausfall der einzelnen Jahre überaus großen Schwankungen. Auch die anderen oben genannten Artikel wurden fast ausschließlich von der Nachbarmonarchie bezogen, während Deutschland, Frankreich, England, Italien und teilweise auch die Türkei mit nur sehr geringen Anteilen sich daran beteiligten.

Zu den fünf an der serbischen Ausfuhr bereits früher beteiligten Staaten traten in dieser Periode noch 8 neue hinzu, wie aus der Tabelle X zu entnehmen ist. Betrachten wir zuerst den Export Serbiens nach den ersten fünf Staaten, so weist die Beteiligung Bosniens, Bulgariens und Rumäniens am serbischen Export einen erheblichen Rückgang gegenüber der vergangenen Periode auf, der Export nach

[1] Annuaire statistique du Royaume de Serbie. 1893. S. 167.
[2] Ebenda. S. 165.

der Türkei ist gleich geblieben. Was die Nachbarmonarchie betrifft, so vermochte Serbien trotz seiner Angliederung an das Ägäische Meer seinen Export nicht nach Österreich-Ungarn abzulenken. Obwohl es nicht an Versuchen fehlte, den Export nach den westeuropäischen Staaten zu begünstigen, um sich so von der Nachbarmonarchie unabhängig zu machen, gelang es Serbien doch nicht, die Beteiligung Österreich-Ungarns niederzudrücken oder zu verringern. Die durchschnittliche Anteilquote Österreich-Ungarns erhöhte sich von 78 % in der vergangenen auf 86,9 % des Gesamtexports Serbiens in dieser Periode. Die Ursachen dieser Erscheinung wurden bei der Besprechung des § 3 des I. Teiles für diese Periode bereits erörtert. Von den neuen Absatzgebieten steht Deutschland mit 1,7 % im Durchschnitt an der Spitze, ihm folgen Frankreich mit 1,3 %, Amerika mit 0,3 %, England mit 0,2 %, Italien und die Schweiz mit je 0,1 %, Belgien mit 0,02 % und Rußland mit 0,001 % des Gesamtexports Serbiens.

Nach der Erhebung im Jahre 1867 entfielen von den 3797610 Hektar der Gesamtoberfläche auf Äcker, Weinberge, Weiden und Wiesen nur 481370 ha oder 12,40 %. Die Viehzählung im Jahre 1866 ergab 1291164 Stück Schweine (1061 Stück auf 1000 Einwohner), 741425 Stück Rinder (609 auf 1000 Einwohner), 122985 Stück Pferde (101 Stück auf 1000 Einwohner) und 3128559 Stück Schafe und Ziegen (2573 Stück auf 1000 Einwohner). Dagegen betrug nach der Erhebung im Jahre 1890 die Gesamtoberfläche 4830260 ha; davon entfielen auf Äcker, Weinberge und Wiesen 1076406 ha oder 22,30 Prozent, auf Wälder 21,57 % und auf Pflaumenplantagen 1,32 %; in demselben Jahre zählte man 908603 Schweine (416 Stück auf 1000 Einwohner), 827745 Rinder (383 Stück auf 1000 Einwohner), 163391 Pferde (76 Stück auf 1000 Einwohner) und 3473642 Schafe und Ziegen (1607 Stück auf 1000 Einwohner). Aus diesen Angaben läßt sich ermitteln, daß fast im gleichen Verhältnisse wie das Kulturland sich vergrößerte, der Viehbestand verkleinert wurde, woraus hervorgeht, daß Serbien immer mehr den Charakter des Viehzuchtlandes verliert und den des Agrarstaates annimmt. Infolge dieser veränderten Produktionsverhältnisse Serbiens änderte sich naturgemäß auch der serbische Export, insofern, als immer mehr Ackerbauprodukte zum Export gelangten, während die Viehausfuhr ständig zurückging. Jedoch erfuhr die Zahl seiner Exportartikel keine Änderung; es blieben Zerealien, Obst, Vieh und dessen Produkte auch weiterhin die wichtigsten Ausfuhrwaren.

Die bedeutende Zunahme des Exports von Zerealien — abgesehen vom Getreide — ist von vornherein der Verbesserung des Verkehrswesens beizumessen. Die neu erbaute Eisenbahn hat den serbischen Exporteuren die Möglichkeit geboten, die Kosten ihres Transportes zu verringern, Zeit zu sparen und damit ihr Angebot der schnell wechselnden Nachfrage, also den kurzfristigen Konjunkturen der einzelnen Märkte anzupassen; auch konnten sie nun größere Mengen als früher auf einmal exportieren und dadurch ihre Kapitalien vermehren. Der Schiffahrtsverkehr auf der Donau, der durch den hohen Frachttarif der k. k. österr.-ungarisch. Donauschiffahrtsgesellschaft, bisher lähmend auf den Transport gewirkt hatte, wurde geregelt. Auch wurde von der „Ersten russischen Seeschiffahrtsgesellschaft" des Schwarzen Meeres, ebenso von der rumänischen Donauschiffahrtsgesellschaft und seit 1893 durch die erste serbische Donauschiffahrtsgesellschaft der Nachbarmonarchie eine mächtige Konkurrenz geschaffen. Auch das innere Straßennetz des Landes wurde erweitert. Die neu errichtete Nationalbank sammelte brach liegende Gelder, die den Exporteuren gegen einen niedrigen Zins ausgeliehen wurden, während die Schuldner früher 20, 30, ja sogar 50 % Zinsen zahlen mußten. Die Regelung der Kreditverhältnisse förderte in hohem Maße den Export. Von Zerealien wurde besonders Weizen exportiert, dessen Ausfuhr über $^1/_4$ des Gesamtexports Serbiens ausmachte. Den zweiten Platz nahm der Mais ein, der zwar in größeren Mengen angebaut wurde als Weizen, aber in der Ausfuhr diesem nachsteht, da er zum größeren Teile im Lande selbst konsumiert wurde. Von anderen Getreidearten gelangten zur Ausfuhr: Roggen, Hafer und Gerste, deren Ausfuhrwert zusammen nicht einmal den des Weizens erreichte. Infolge des niedrigen Zolles wurde das serbische Getreide auf den Märkten des Nachbarreiches mit 98 %, in manchen Jahren sogar mit 100% des gesamten Getreideexports verkauft. Wie im ersten Teile bereits erwähnt wurde, erhöhte jedoch Österreich-Ungarn, dem Beispiele Deutschlands folgend, 1885 die Getreidezölle und behielt sie bis zum Jahre 1887, in dem es die Zölle für das serbische Getreide wieder ermäßigte. Zu diesem Zoll, der bis 1887 3 Kronen betrug und dann auf 1,5 Kronen ermäßigt wurde, kommt noch der serbische Ausfuhrzoll von 0,50 Kronen. Aus diesem Grunde ist es klar, daß der Getreidehandel in den drei Jahren in Stockung geriet. Auch der serbisch-bulgarische Krieg (1885/86) hemmte die Getreideausfuhr. Äußerst günstig war das Jahr 1888, in dem der Wert des Getreideexports von 3,5 Mill. Dinar im Vorjahre plötzlich auf 9,7 Mill. Dinar stieg. Diese plötzliche Zunahme ist vor allem zu verdanken einer vorzüglichen Ernte und den ermäßigten Zöllen auf das serbische Getreide; auch die Eröffnung der neuen Eisenbahnlinie in diesem Jahre ist von Bedeutung. Von da ab unterliegt der Getreideexport manchen Schwankungen, die besonders auf die Ernteausfälle der einzelnen Jahre zurückzuführen sind; im allgemeinen ist bis zum Ende dieser Periode eine Zunahme zu verzeichnen. Der Hauptort für den Verkauf serbischen Getreides war Budapest. Ungarn produzierte zwar genügend Getreide für den eigenen Bedarf, doch zur Deckung des Bedarfs seiner Mühlenindustrie reichte es nicht aus, da Ungarn nicht nur für den Landesbedarf, sondern in großem Umfange auch für den Weltmarkt Mehl produzierte. Diesen Bedarf an Getreide deckte außer den anderen Balkanstaaten, zum großen Teile Serbien. Das serbische Getreide ist zwar nicht von so vorzüglicher Güte wie das ungarische, ist dafür aber billiger, und ergab, vermischt mit dem ungarischen Getreide, eine mittlere Gattung von Mehl, welches im Lande selbst sehr guten Absatz fand. Hieraus erklärt sich die starke Nachfrage nach serbischem Weizen. Wenn auch Serbien versuchte, sein Getreide über Saloniki nach den westeuropäischen Staaten zu exportieren, so behielt doch die Nachbarmonarchie während dieser Periode ihre ausschlaggebende Rolle im serbischen Getreideexport. Von anderen Staaten kommen für das serbische Getreide in Betracht: die Türkei mit etwa 1,5 %, Rumänien, Deutschland und Frankreich mit nur 0,5 % des gesamten Getreideexports. Am Maisexport sind dieselben Staaten im gleichen Verhältnis beteiligt.

Infolge der ungenügenden Mühlenproduktion in dieser Periode verblieben fast alle Erzeugnisse der Mühlen zur eigenen Konsumtion im Lande. Zur Ausfuhr gelangte vorzugsweise Mais- und Getreidemehl von geringerer Qualität, das in den Grenzgebieten der Türkei, Bulgariens und Bosniens Absatz fand.

Zur zweiten Gruppe zählt das Obst und seine Produkte, vor allem gedörrte Pflaumen, Pflaumenmus, Wein und Branntwein. Frisches Obst wurde in nur geringen Mengen ausgeführt; doch nimmt seine Ausfuhr stetig zu, bis sie am Ende dieser Periode einen Wert von 200000 Dinar erreicht. Hier handelt es sich größtenteils um Nüsse und Haselnüsse; Äpfel, Birnen und Wein kommen wenig in Betracht. Ganz anders verhielt es sich mit der Ausfuhr von Pflaumen. Frankreich, Bosnien und Serbien besaßen in dieser Zeit gleichsam das Monopol der Pflaumenproduktion für das gesamte Europa, und erst Ende dieser Periode gewinnen auch kalifornische Pflaumen an Bedeutung; diese zeichnen sich durch besondere Größe aus. Dagegen sind die französischen Pflaumen wegen ihrer vorzüglichen Güte bekannt, während die serbischen und bosnischen Pflaumen in der Mitte stehen. Die serbischen Pflaumen gelangten größtenteils in gedörrtem, weniger in frischem Zustande zur Ausfuhr. Gerade die Ausfuhr von gedörrten Pflaumen bietet ein Bild des immer intensiveren Obstbaues. Während sich die Ausfuhr in der Zeit von 1843—1875 kaum bemerkbar machte, erreichte sie in der kurzen Zeit von 1879—1883 einen durchschnittlichen Wert von 6 und von 1884—1893 sogar 7 Mill. Din., stellte somit den fünften Teil des Gesamtexports Serbiens dar. Jedoch wurde der Pflaumenhandel infolge ungenügender Sorgfalt bei Lieferungen sowohl seitens der Produzenten wie der Exporteure bedeutend beeinträchtigt. Um ein besseres und größeres Aussehen zu erzielen, wurden die Pflaumen oft in ungenügend getrocknetem Zustande verkauft und vor dem Export angefeuchtet, wodurch sie naturgemäß nach kurzer Zeit verschimmeln und verderben mußten. Wie aus der serbischen Handelsstatistik zu ersehen ist, entfielen neun Zehntel des Gesamtexports von gedörrten Pflaumen auf Österreich-Ungarn, ein Zehntel auf Deutschland, Italien, Schweiz und Amerika. Doch nicht alle Pflaumen, die nach der Nachbarmonarchie gingen, wurden dort verbraucht, sondern ein guter Teil derselben wurde mit bosnischen Pflaumen vermischt und unter dem Namen „Bosnische Pflaumen" nach Deutschland exportiert. Dieser Umstand und die ungenügende Sorgfalt bei der Lieferung machen es erklärlich, daß die serbischen

Pflaumen keinen eigenen Namen auf dem Weltmarkt erhielten. Auch die Ausfuhr von Pflaumenmus nahm von Jahr zu Jahr zu und erreichte zu Ende dieser Periode die Höhe von etwa 800000 Dinar gegenüber 95000 Dinar zu Anfang derselben.

Die Ausfuhr von Branntwein hatte, wie wir sahen, ihren Höhepunkt in der Zeit von 1871—1875 erreicht, sank von da ab ständig und beziffert sich in dieser Periode auf nur ca. 80000 Dinar. Seine Produktion ging zurück, weil immer mehr Pflaumen, aus welchen der Branntwein meistens hergestellt wurde, ausgeführt wurden, und da der Branntweinverbrauch im Lande sich vergrößerte, so mußte naturgemäß die Ausfuhr geringer werden. Der Hauptabnehmer des Branntweins war die Türkei mit sieben Zehntel seines Gesamtexports, von dem Rest kommt eine Hälfte auf Bosnien, die andere verteilt sich auf Bulgarien, Rumänien und Österreich-Ungarn. Bei dem Weinexport ist das Gegenteil der Fall: während der Wein früher kaum Beachtung verdiente, gewann er jetzt doch Bedeutung, so daß seine Ausfuhr in manchen Jahren dieser Periode sogar den Wert von über 1 Mill. Dinar erreichte; allein Ende dieser Periode sank er plötzlich auf 41000 Dinar und verschwindet in der nächsten Periode überhaupt, was auf eine Rebenkrankheit (Phylloxera), die damals die Weingärten verwüstete, zurückzuführen ist. Von dem exportierten Wein gelangten 45 % nach Österreich-Ungarn, 30 % nach Frankreich, 8 % nach der Schweiz, 7 % des Gesamtweinexports nach Deutschland und der Rest verteilte sich auf die Türkei, Bosnien, Bulgarien und Rumänien.

Der Viehexport war, wie bereits hervorgehoben wurde, am bedeutendsten in der Zeit von 1871—1875, sinkt dann aber allmählich. Er spielt in dieser Periode die ausschlaggebende Rolle im serbischen Export und beziffert sich durchschnittlich auf 42 % des Gesamtexports Serbiens. Im Vergleich mit der vergangenen Periode ist bei dem Schweinehandel ein bedeutender Rückgang erkennbar, was auf die sinkende Schweinezucht infolge der andauernden Abholzung von Eichenwäldern zurückzuführen ist. Je mehr diese Waldungen verschwinden, in welchem die mageren Schweine ihr hauptsächliches Futter finden, desto weniger Schweine werden gezüchtet und ausgeführt. Man sah sich nunmehr genötigt, eine intensive Schweinezucht-Mästung zu betreiben, die natürlich mehr Kapital und Arbeit beanspruchte. Da aber Serbien sehr kapitalarm war, konnte sich der Handel mit halbgemästeten und gemästeten Schweinen in dieser Periode nicht günstig gestalten. Nach und nach hob sich der Wert des Exports von Schweinen, obgleich jetzt eine kleinere Zahl derselben ausgeführt wurde als früher, was in folgenden Zahlen deutlich zum Ausdruck kommt: Im Jahre 1884 wurden 194730 Stück Schweine im Werte von 10412840 Dinar exportiert, im Jahre 1893 dagegen 161663 Stück für 12390404 Dinar. Wenn nun auch eine durchschnittliche Abnahme der Schweineausfuhr zu verzeichnen war, so nimmt diese doch immerhin noch den größten Teil (60 %) des Gesamtviehexports ein. Die serbischen Schweine fanden in dieser Periode trotz mehrerer Einfuhrverbote mit 99 % des

Gesamtschweineexports ihren Absatz in der Nachbarmonarchie. Der wichtigste Markt für die serbischen Schweine wie auch für die der anderen europäischen Staaten war Steinbruch. Ein mächtiger Konkurrent für den serbischen Schweineexport war Rumänien; als jedoch im Jahre 1886 der Zollkrieg zwischen Rumänien und Österreich-Ungarn ausbrach, verbot Österreich die Schweineeinfuhr aus Rumänien, wodurch die serbischen Schweineexporteure von diesem mächtigen Konkurrenten befreit wurden. Die ungarische Schweinezucht lieferte Schweine in genügender Anzahl nicht nur für die Deckung des eigenen Landesbedarfs, sondern auch für den Export. Die glänzenden Erfolge der Schweinezucht — wie man sie z. B. auf der landwirtschaftlichen Ausstellung im Jahre 1885 in Budapest sehen konnte — einerseits, und wiederholte Sperrungen Deutschlands für den ungarischen Schweineimport andererseits, gaben den ungarischen Viehzüchtern Veranlassung, in der Veterinärkonvention mit Serbien sich vor dem billigen Angebot der serbischen Schweineexporteure zu schützen, worin auch die Unregelmäßigkeiten der serbischen Schweineexportziffer begründet sind. Nur 1 % des serbischen Schweineexports verteilte sich auf andere Staaten, vor allem auf die Türkei und Bosnien, im Verhältnis von 10 : 9. Die serbische Handelsstatistik notierte keinen Schweineexport nach Deutschland, immerhin muß derselbe nicht ohne Bedeutung gewesen sein. So z. B. wurde im Jahre 1884 in Deutschland nach den Berichten des serbischen Konsulats in Berlin 25788 Stück serbische Schweine im Werte von 3222000 Dinar verkauft.

Während also der Schweinehandel in dieser Periode im Vergleich zur vorigen eine fallende Tendenz aufwies, hat sich der Handel mit Rindern trotz vieler Verbote seitens der Nachbarmonarchie günstiger entwickelt. Die schwankenden Exportziffern für Rinder sind in der Hauptsache, ebenso wie beim Schweineexport, auf die Veterinärkonvention zurückzuführen. Betrachten wir nun die Bewegung des Rinderexports im Laufe dieser Periode genauer, so finden wir im Jahre 1890 einen äußerst günstigen Zustand. Die Zahl der exportierten Rinder stieg von 39672 im Jahre 1889 im Werte von 5,8 Mill. Dinar im nächsten Jahre plötzlich auf 65537 Stück im Werte von 9,3 Mill. Dinar und hat sich demnach fast verdoppelt. Im Jahre 1891 beträgt der Ausfuhrwert der Rinder sogar 10 Mill. Dinar, obgleich nur 59882 Rinder, also weniger als im Vorjahre, ausgeführt wurden, was darauf zurückzuführen ist, daß in diesem Jahre und auch weiterhin höhere Preise erzielt wurden.

Im Jahre 1889 begann bekanntlich Amerika, die Prärien in großem Umfange in Ackerland umzuwandeln; dadurch stieg zwar die Produktion von Getreide sehr beträchtlich, aber dies geschah auf Kosten der Zucht von Rindern, die ihr Futter fast ausschließlich auf den erwähnten Weiden im Überflusse fanden. Der dadurch hervorgerufene Rückgang an Rindvieh kam natürlich im Export zum Ausdruck; schon im nächsten Jahre gelangten weniger Rinder zur Ausfuhr nach Europa. Die Folge davon war, daß sich in Deutschland sofort ein Mangel fühlbar machte; die bisherige Abneigung gegenüber dem Rinderimport aus Österreich-Ungarn war dort nun auf einmal verschwunden. Viehsperrungen aus sanitären Rücksichten erschienen jetzt nur noch vereinzelt. Die Folge dieser völlig veränderten Umstände war eine plötzlich steigende Nachfrage nach Rindern in Ferenzwarosch, einer Vorstadt von Budapest, welche den Ruf eines europäischen Marktes für den Viehhandel erworben hat; der großen Nachfrage stand das geringe Angebot gegenüber, und die Preise, die bisher bald eine feste, bald fallende Tendenz gezeigt hatten, stiegen plötzlich in die Höhe. Im Jahre 1889 bewegten sich die Preise zwischen 32 und 34 Kronen für 100 kg Lebendgewicht, im nächsten Jahre wurden je nach der Qualität der Rinder für 100 kg Lebendgewicht 34,50 bis 54,50 Kronen notiert; die Preise zeigten auch weiter eine steigende Tendenz: im Jahre 1891 stiegen sie auf 42,70 bis 61,50 Kronen und im nächsten Jahre sogar auf 46 bis 66 Kronen. Bereits die erste Preiserhöhung veranlaßte die serbischen Exporteure, mehr Rinder zu exportieren, was sich, wie eben erwähnt, im Jahre 1890 besonders bemerkbar machte. Sehr charakteristisch ist für diese Periode, daß Österreich-Ungarn mit den aus Serbien importierten Rindern minderer Qualität den Fleischbedarf der Landesbevölkerung deckte, während es die heimischen ausgefütterten, höherwertigen Tiere nach dem besser zahlenden Westeuropa, namentlich nach Deutschland, der Schweiz, Italien und Frankreich ausführte. Ähnlich wie bei dem Schweineexport wurde auch das Rindvieh mit 99 % des Gesamtrinderexports auf den Markt der Nachbarmonarchie verkauft, wogegen sich der Rest auf Bosnien, Bulgarien, Rumänien und die Türkei verteilt. Außerdem wurde Rindvieh von Zeit zu Zeit auch nach Italien, aber nur in unbedeutendem Maße, verkauft.

Wie die Schweineausfuhr, so hatte auch der Pferde-, Schaf- und Ziegenhandel keinen Fortschritt zu verzeichnen. Nicht nur gegenüber der Vorperiode, sondern in dieser Periode selbst ist ein Rückgang festzustellen. Der anfängliche Ausfuhrwert dieser drei Tiergattungen bezifferte sich auf je 800000 Dinar, Ende dieser Periode sank er für Pferde auf 200000 und für die beiden letztgenannten Tierarten auf 350000 Dinar; demnach hat sich der Ausfuhrwert der Pferde um mehr als das Dreifache, derjenige der Schafe und Ziegen um das Zweifache vermindert. Die Ursache der Abnahme des Pferdehandels liegt einerseits in der geringeren Zucht der Pferde, und andererseits in der Zunahme der Bevölkerung, die es ratsam erscheinen ließ, die Pferde für den Landesgebrauch in größerem Maße hintanzuhalten; die kleinen serbischen Pferde, welche früher besonders den Bedürfnissen der Türkei und Bulgariens entsprachen, waren nicht mehr imstande, mit edleren Rassen zu konkurrieren und verloren so ihre Bedeutung für die beiden Länder. Die Türkei ist jedoch auch weiter noch Hauptabnehmer der serbischen Pferde mit $^7/_{10}$ der Gesamtpferdeausfuhr; sodann folgten Österreich-Ungarn mit 60 %, Bosnien mit 25 % und Bulgarien mit 15 %. Der Rückgang des Schaf- und Ziegenhandels ist auf die gleichen Gründe wie der des Pferdehandels zurückzuführen. Die Türken, die hauptsächlichsten Konsumenten serbischer Schafe und Ziegen, wurden im Laufe der Zeit aus Bosnien und Bulgarien immer mehr verdrängt und infolgedessen verloren diese Gebiete allmählich ihre Bedeutung als Märkte für serbische Schafe und Ziegen. Österreich-Ungarn trat wohl als neuer Markt für diese Tiere ein, kam jedoch an den Verbrauch der Türkei nicht ganz heran. Der Export dieser Tiere nach der Türkei und Österreich-Ungarn stand im Verhältnis von 5 : 4, Bulgarien und Bosnien beteiligten sich nur in unbeträchtlichem Maße.

Für den serbischen Export tierischer Produkte kommen nur Schaf- und Ziegenfelle in Betracht. Der Handel mit dieser Ware ist, absolut genommen, verhältnismäßig gleich geblieben; doch wird die Bedeutung des Fellhandels im Vergleich zu anderen Waren immer geringer. Daß die Felle noch immer in großen Mengen zur Ausfuhr gelangten und den ersten Platz unter allen tierischen Produkten einnahmen, also nicht zur Verarbeitung im eigenen Lande blieben, bewirkte jedenfalls die günstige Bestimmung des Handelsvertrages mit Österreich-Ungarn während dieser Periode, laut welcher die Einfuhr der Schaf- und Ziegenfelle nach dort zollfrei war, trotzdem der Ausfuhrzoll Serbiens 12 Dinar für 100 kg betrug. Infolgedessen wurde nach der Nachbarmonarchie der größte Teil der Felle, etwa 87 %, nach Deutschland 10 % und nach Frankreich 3 % der Gesamtausfuhr exportiert. Von anderen tierischen Produkten sind als Exportwaren noch zu nennen: Wolle und Haare, Fleisch, Speck, Honig, Wachs, Käse und Butter; deren gesamter Exportwert erreichte nicht einmal die durchschnittliche Ziffer von 120000 Dinar. Die Wollausfuhr hat gegenüber der Vorperiode eine Abnahme erfahren, da die Wolle in der inländischen Produktion immer mehr Verwendung fand. Die anderen erwähnten Produkte gelangten in nur sehr geringen Mengen zum Export.

Die Seilerwaren spielten ebenfalls noch eine bedeutende Rolle im serbischen Export, doch ist keine bedeutende Zunahme zu verzeichnen, da die Konkurrenz besserer Waren aus Österreich-Ungarn den serbischen wesentlich zu schaffen machte und zwar gerade auf denjenigen Märkten, wo die serbischen Waren fast ausschließlich ihren Absatz fanden, in Bulgarien und in der Türkei.

Bei der Ausfuhr von Holzverarbeitungen sind besonders die Gefäßdauben zu nennen; dagegen waren andere einfache Holzverarbeitungen wie Balken, Bretter, Planken ebenso wie Brennholz mit nur kleinen Mengen und Werten vertreten. Die Daubenausfuhr verzeichnet vom Jahre 1888 ab eine besondere Zunahme, so lange, bis der Eisenbahnbau vollendet war. Weiterhin wurden Metalle, wie Kupfer, Quecksilber, Blei und Antimon, im durchschnittlichen Gesamtwerte von 100000 Dinar ausgeführt; obgleich Serbien an Metallen reich war, ließ doch die Ausbeute derselben viel zu wünschen übrig. Wenn auch der Exportwert der Stein- und Braunkohle sowie der Briketts am Ende dieser Periode eine bedeutende Zunahme der

Ausfuhr aufzuweisen hatte, so fiel er indessen nach kurzer Zeit wieder und es ist ihm bis zum heutigen Tage noch nicht gelungen, eine höhere Stellung einzunehmen.

§ 4. Der Außenhandel Serbiens während der Dauer der zweiten Handelsvertragsperiode (1894—1905).

Wirft man nur einen flüchtigen Blick auf die Entwicklung des serbischen Außenhandels während dieser zweiten 12jährigen Vertragsperiode, so ist ohne weiteres ein Fortschritt festzustellen. Der durchschnittliche Wert des Umsatzes in der vorigen Periode von 83,3 Millionen Dinar wuchs in dieser auf 95,5 Mill. Dinar, verstärkte sich also um 14,5 %. Auch bei dem Handelsumsatz pro Kopf der Bevölkerung läßt sich, trotzdem die Bevölkerungsziffer Ende dieser Periode eine Vermehrung um ungefähr 400000 Einwohner aufwies, eine Steigerung von 35,0 auf 41,3 Dinar pro Kopf feststellen. Allein diese Stärkung ist nur dem Export zu verdanken, der von Anfang dieser Periode an in stetem Wachsen begriffen war, im Gegensatz zum Import, welcher bestenfalls als stationär bezeichnet werden muß. Während der durchschnittliche Ausfuhrwert der vergangenen Periode im Betrage von 42,5 Mill. Dinar in der neuen Periode auf 60 Mill. D. stieg, und damit um nicht weniger als 14,5 Mill. Dinar vermehrt wurde, hob sich der Wert der Einfuhr von 40,8 Mill. auf 45,5 Mill. Dinar, vergrößerte sich somit während der gesamten 12jährigen Periode nur um 4,7 Mill. Dinar; aber auch diese kleine Zunahme des Imports ist lediglich erst dem günstigeren Import seit dem Jahre 1903 beizumessen, vorher war eine Zunahme überhaupt nicht aufzuweisen.

Betrachten wir einmal die Ursachen für die großen Schwankungen des Imports. Wie im ersten Teile hervorgehoben wurde, traten die meisten der im Jahre 1892 abgeschlossenen Handelsverträge im nächsten Jahre (1893) in Kraft. Bereits vor dem Inkrafttreten der neuen Handelsverträge versahen sich die serbischen Kaufleute wegen der zu erwartenden höheren Importzölle mit bedeutenden Warenvorräten und füllten ihre Lager, was naturgemäß nicht ohne Rückwirkung auf den Warenimport in den folgenden Jahren, namentlich aber im Jahre 1895 und zum Teil auch im Jahre 1896, bleiben konnte. Nach drei flauen Jahren zeigte sich der Handel im Jahre 1900 bedeutend günstiger, was aber jedenfalls nicht auf die Verstärkung der Aufnahmsfähigkeit der Bevölkerung, sondern auf die Erteilung von Bestellungen für Heereszwecke zurückzuführen ist, wodurch ein so gewaltiges Emporschnellen der Importwerte in diesem Jahre herbeigeführt wurde. Während der folgenden 2 Jahre machte sich eine sinkende Geschäftstätigkeit bemerkbar, da die beiden Jahre unter der Wirkung der unsicheren inneren und äußeren politischen Verhältnisse standen: Die serbische Geschäftswelt war in der Geldausgabe möglichst zurückhaltend und schloß nur die nötigsten Geschäfte ab, ebenso beschränkte sich die Bevölkerung auf den dringendsten

Bedarf; aber auch die ausländischen Kaufleute verhielten sich in nicht geringerem Maße vorsichtig und abwartend. Im Jahre 1903 klärten sich die politischen Verhältnisse, der Bedarf im Lande nahm naturgemäß wieder zu, wodurch die Kaufleute veranlaßt wurden, größere Bestellungen zu machen; diesen Umschwung verzeichnet deutlich der Importwert dieses Jahres, indem er sich plötzlich um 14 Mill. D. vermehrte. Allein im großen und ganzen ist der Stillstand der Einfuhr auf andere, wichtigere Ursachen zurückzuführen. Durch die neuen Handelsverträge wurden nicht nur, wie bereits erwähnt, bei den meisten Importartikeln die Zollsätze erhöht, sondern durch die Einführung von Gewichtszöllen auch eine bedeutende fiskalische Quelle geschaffen. Die Wirkung derselben bestand in einer Schwächung der Kaufkraft der serbischen Bevölkerung, die ihren Bedarf möglichst einschränkte. Auch die Industrieförderungspolitik Serbiens war, wenn auch nicht in besonders hohem Grade, ein Grund für die Stabilität der Einfuhr; denn die serbische Industrie war jetzt imstande, den Landesbedarf wenigstens teilweise zu befriedigen.

Im Gegensatz zum Import nahm der Export von Jahr zu Jahr zu. Diese Zunahme ist dadurch zu erklären, daß die Produktion einiger serbischer Exportartikel wie Weizen, frisches Obst, gedörrte Pflaumen, Pflaumenmus, Geflügel, vergrößert wurde, und auch die Viehzucht absolut zunahm. Es ist merkwürdig, daß während dieser ganzen Periode die Handelsbilanz aktiv war und das durchschnittliche Aktivum sogar eine Höhe von 15,5 Mill. Dinar erreichte.

Zunächst wollen wir den serbischen Import betrachten. Infolge des Wegfalls sämtlicher Sonderbegünstigungen (außer dem Grenzverkehr für Waren aus der Nachbarmonarchie) fiel der Import aus Österreich-Ungarn von 68 % in der vergangenen auf 58,2 % des Gesamtimports Serbiens in dieser Periode. Dagegen nahm die Beteiligung der anderen Staaten am serbischen Import zu. Der Hauptkonkurrent der österreich-ungarischen Monarchie in dieser Periode war Deutschland, dessen Beteiligung am serbischen Import sich von 7,5 % in der vergangenen auf 12,6 % in dieser Periode erhöhte, abgesehen davon, daß die serbische Handelsstatistik für viele deutsche Waren, welche über Österreich kamen und von den Wiener und Budapester Kommissionären als österreichisch-ungarische Waren registriert wurden, nicht Deutschland, sondern Österreich-Ungarn als Herkunftsland notierte.[1] Aber auch von anderen Staaten drohte den österreichisch-ungarischen Lieferanten immer größere Gefahr. Während England noch immer mit 9,4 % am serbischen Import teilnahm, stieg die Einfuhr aus Frankreich von 1 % auf 2 %, aus der Türkei von 3,7 % auf 4,5 %, aus der Schweiz von 1 % auf 1,3 %, aus Bulgarien von 0,7 % auf 2,4 % und aus Griechenland von 0,2 % auf 0,6 % des Ge-

[1] Deutsches Handelsarchiv fürs Jahr 1900. II. Teil. S. 745: „...ein großer Teil der aus anderen Ländern, und namentlich aus Deutschland für Serbien bestimmten Waren (wird) durch die Vermittlung von Handlungshäusern in Wien und Budapest bezogen und nachher als österreichisch-ungarische Ware registriert.

samtimports Serbiens; dagegen blieb die Einfuhr aus Amerika, Belgien, Italien und Rumänien stabil, ja nahm zum Teil sogar ab, wie uns die Tabelle IX zeigt. Neu erscheinen in dieser Periode Holland und Montenegro; der Anteil des ersteren am serbischen Import betrug 0,3 %, der Montenegros 0,1 % der Gesamteinfuhr Serbiens.

Doch der Wegfall der Sonderbegünstigungen für die Einfuhr österreichisch-ungarischer Waren ist nicht der einzige Grund ihrer Verdrängung vom serbischen Markt, sondern es kommen dafür noch andere Ursachen in Betracht. In Österreich-Ungarn ist die Steuerlast der Industriellen viel größer als in den übrigen Staaten, und schon aus diesem Grunde, abgesehen von anderen mitwirkenden Faktoren, konnten ihre Produkte mit denjenigen Deutschlands und Englands nicht konkurrieren; obwohl diese Tatsache feststeht, strebten die Industriellen doch nicht danach, diesen Übelstand zu mildern und dadurch den Export ihrer Erzeugnisse zu begünstigen.

Die Schuld am Rückgang des österreichisch-ungarischen Exports nach Serbien trifft zweitens die Industriellen selbst; „denn in Serbien werden die Klagen zumeist darüber laut, daß die Ware dem Muster nicht entspricht . . . und daß die Sachen infolge schlechter Verpackung in beschädigtem Zustande in Serbien ankommen.“[1] Sie liefern gern die noch vorhandenen Vorräte ihrer Erzeugnisse, „da dieselben für Serbien lange gut sind“ und arbeiten ungern nach Bestellungen, wenn sie auch wissen, daß diese noch lange Zeit als solche würden bezogen werden. Obgleich ferner „ausdrücklich betont werden muß, daß die deutschen Erzeugnisse den österreichisch-ungarischen trotz der billigen Preise an Qualität und Ausstattung nicht nachstehen“, trachten dennoch die Industriellen der Nachbarmonarchie nicht danach, „die Konsumenten durch Preisreduzierungen und größere Kulanz bei den Zahlungen für sich zu gewinnen“.[2] Die Geschäftswelt des Nachbarreiches hält sich passiv, indem sie die serbische Kundschaft herankommen lassen möchte, anstatt diese aufzusuchen und den Wünschen der Konsumenten entgegenzukommen. Man bemüht sich nur wenig, durch Bereisen der serbischen Gebiete die Marktverhältnisse dortselbst kennen zu lernen und mit der Kundschaft in stetiger Verbindung zu bleiben, „wie Deutschland es mit Erfolg tut, den hiesigen (Serbiens) Platz durch tüchtige mit einer reichen Musterkollektion zu versehende und möglichst der Landessprache mächtige Handlungsreisende öfters bereisen zu lassen, welche die Aufgabe hätten . . . die Geschmacksrichtung der Konsumenten kennen zu lernen“.[3] Bei der Wahl der Kundschaft in Serbien ist man seitens der österreichisch-ungarischen Kaufleute nicht vorsichtig genug, man erkundigt sich nicht im Voraus über deren Verhältnisse, sondern schließt Geschäfte mit oft unsoliden Firmen ab, die in kurzer Zeit zahlungsunfähig werden, was zur Folge hat, daß man später bei Ab-

[1] Nisch, Berichte der k. k. österreichisch-ungarischen Ämter. 1898. Bd. LXXI. S. 775.
[2] Semendria, a. a. O. 1897. Bd. LXVIII, S. 682.
[3] Nisch, a. a. O. S. 775.

schluß von Geschäften mit soliden Firmen nur mit größter Scheu und Zurückhaltung auftritt. Auf alle diese Umstände wurden die Industriellen und Kaufleute der Nachbarmonarchie seitens der österreichisch-ungarischen Konsularbehörden in Serbien fast in jedem Bericht aufmerksam gemacht, allein ihre Ratschläge blieben erfolglos.

Die Textilindustrie Serbiens blieb in dieser Periode beständig, ohne einen wesentlichen Fortschritt aufgewiesen zu haben. Der alte Bestand an Fabriken für die Herstellung von Textilprodukten wurde nur in sehr geringem Maßstabe vergrößert. Neu errichtet wurden zwei Unternehmungen für Fabrikation von Stoffen mit einer jährlichen Produktion im Werte von 850000 Dinar. Die eine Fabrik, eine Weberei, stellt einfache Stoffe her, die andere verarbeitet Seidenkokons und ist gleichzeitig auch Trikotagefabrik. Sie beschäftigt 120 Arbeiter und hat eine jährliche Produktion im Werte von 200000 Dinar. Natürlich konnte die unbedeutende heimische Textilindustrie den Landesbedarf bei weitem nicht befriedigen, weshalb der Import dieser Waren in dieser Periode mit $^1/_4$ des Gesamtimports Serbiens die erste Stelle einnahm. Im Vergleich mit der vorigen Periode ist jetzt zum Teil sogar ein Stillstand zu verzeichnen, denn es wurde trotz der Zunahme der Bevölkerungszahl der Bedarf an Artikeln dieser Gruppe infolge der Zollerhöhung aufs äußerste beschränkt, was sich in der Einfuhr dieser Waren deutlich kennzeichnet. Von derselben Bedeutung blieben auch in dieser Periode Baumwolle, Baumwollgarn und baumwollene Gewebe und nahmen den ersten Platz mit 62% der Gesamteinfuhr von Textilwaren im serbischen Import ein. In geringem Maße wurde Baumwolle (durchschnittlich etwa 35000 Dinar) eingeführt. Die Einfuhr von Baumwollgarn und baumwollenen Geweben (vgl. Tab. XIII) zeigte anfangs infolge der angeschafften Vorräte vor Inkrafttreten der neuen Handelsverträge zwar einen Rückgang, am Ende dieser Periode jedoch macht sich eine Steigerung bemerkbar. Während England früher mit $^3/_5$ den serbischen Bedarf an diesen Waren deckte, lieferte es jetzt $^4/_5$ des gesamten Baumwollgarns in rohem und gebleichtem Zustande, aber auch blaufarbige Strickgarne. Dieser hervorragende Anteil Englands am serbischen Baumwollgarnimport erklärt sich daraus, daß die englische Ware 6—7% billiger ist als jede andere und sich außerdem durch vorzügliche Güte auszeichnet. Doch auch aus Österreich-Ungarn, namentlich aus Böhmen, bezog man in dieser Periode diese Waren, wenn auch in geringerem Maße als in der vorhergehenden. Die Nachbarmonarchie behauptete unter den übrigen Bezugsländern die zweite Stelle. Die Türkischrotgarne wurden hauptsächlich aus Deutschland, zum Teil auch aus der Schweiz bezogen. Diese drei letzten Staaten standen mit ihrem Export nach Serbien im Verhältnis von 25 : 4 : 1. Sehr stark war England am serbischen Import von baumwollenen Geweben beteiligt, indem es $^2/_3$ dieser Waren lieferte, während sich der Rest auf Österreich-Ungarn mit 65%, auf Deutschland mit 25% und auf die Schweiz mit 10% verteilte. Die aus der Schweiz bezogenen baumwollenen Gewebe stellten den größten Wert dar mit durchschnittlich 60000 Dinar; sie wurden ausschließlich nur zu Kopftüchern für die serbischen Bäuerinnen verwendet („Schamije"). Auch bei der Versorgung Serbiens mit Wollgarn stand England mit $^3/_5$ des Gesamtwollgarnimports an erster Stelle, sodann folgten Österreich-Ungarn und Deutschland. Der Import von wollenen Geweben hat sich in dieser Periode fast gar nicht gehoben, da die heimische Produktion dieser Erzeugnisse den Landesbedarf ziemlich deckte; besonders haben die heimischen Tuchfabriken den bedeutenden Bedarf an Militärtuch — Schajak — sowie auch den Bedarf an einfachem Tuch für Bauernkleider befriedigt. Die größten Mengen baumwollener Gewebe wurden aus Österreich-Ungarn mit 68 % des Gesamtimports bezogen; England und Deutschland hielten an der Versorgung Serbiens mit der genannten Ware gleichen Schritt. Der Seidenimport zeigt gegenüber der vorigen Periode einen Stillstand, da die Ware infolge der schwachen Kaufkraft der serbischen Bevölkerung nur schwer Absatz fand. Vier Fünftel der Seidengewebe stammen aus Österreich-Ungarn, dessen Anteil an der Seidenlieferung sich in dieser Periode vergrößert; der Rest verteilt sich auf Deutschland, Frankreich, Italien, England und die Schweiz. Der Geschäftsgang in Hanf und Flachswaren sowie in Jutewaren wie Jutesäcken für den Getreide- und Pflaumenexport, Jutteppichen u. a. ist gegenüber der vergangenen Periode unverändert geblieben; sieben Zehntel des Gesamtimports Serbiens an diesen Waren wurden aus Österreich-Ungarn bezogen, trotzdem dieselben in England und Deutschland billiger zu bekommen waren. Die Ursache dieser Erscheinung ist darin zu suchen, daß die österreichisch-ungarischen Jutespinnereien die Säcke doppelt nähen, wodurch ihnen mehr Haltbarkeit verliehen wird und worauf die serbischen Kaufleute besonderen Wert legten.

Abgesehen von einigen Schwankungen haben sich die Einfuhrmengen und -Werte der Konfektionswaren in dieser Periode nicht wesentlich geändert. Mit 60 % war Österreich-Ungarn am Import dieser Waren beteiligt; 10 % wurden aus Frankreich, 10 % aus Deutschland und der Rest aus anderen Staaten eingeführt. Der größte Einfuhrwert dieser Gruppe entfiel auf Bekleidungsartikel. Im Jahre 1903 macht sich ein bedeutend größerer Import von Bekleidungsgegenständen bemerkbar als in den vorhergehenden Jahren; diese Steigerung erklärt sich daraus, daß in diesem Jahre eine große Anzahl Militärmäntel im Werte von 1,5 Mill. Dinar eingeführt wurde. Für die Lieferung derselben standen Serbien genügend Offerten aus der Nachbarmonarchie und aus Frankreich zur Verfügung, wobei sich die österreichisch-ungarischen Angebote von den französischen durch niedrigere Preise auszeichneten. Trotzdem beschloß die serbische Regierung mit Rücksicht auf die kurz zuvor abgeschlossene neue Anleihe in Frankreich die Lizitation mit einer französischen Firma; als aber die serbische Militärkommission bei Empfang dieser Ware deren geringere Qualität feststellte, wurde eine Preisermäßigung bis zur Höhe des österreichischen Angebotes nachträglich erwirkt. Bei dem Import von Herren- und Damenkleidern ist in dieser Periode ein bedeutender Rückgang zu erkennen, da es den heimischen Schneidern gelang, die ausländische Konkurrenz immer mehr zu verdrängen, Kleider und Wäsche wurden bisher fast ausschließlich, mit neun Zehntel, aus Österreich-Ungarn bezogen.

In der Schirmversorgung Serbiens stand Deutschland mit sechs Zehntel an erster Stelle, da der Bezug dieser Ware aus Deutschland sich insofern vorteilhafter erwies, als sie um 6—10% billiger war als in den anderen Staaten; den Rest lieferte die Nachbarmonarchie. Herren- und Damenhüte wurden in dieser Periode im durchschnittlichen Werte von 450000 Dinar gekauft und damit ist ihr Import in der verlaufenen Periode bedeutend überschritten. Die größte Menge dieser Ware lieferte Österreich-Ungarn, doch wurden auch bedeutende Quantitäten, besonders die beliebten „Itta" und „Borsalino" aus Italien bezogen; an dritter Stelle stand Deutschland. Das Verhältnis des Hutimports aus diesen drei Staaten war, 5 : 3 : 1.

Zwei Belgrader Lederfabriken, die gleichzeitig mit der Herstellung von Schuhen beschäftigt sind, und die heimischen Schuhmacher, deren Lage freilich durch den Wettbewerb der erwähnten Fabriken von Tag zu Tag unerfreulicher wird, wetteiferten mit dem Auslande, so daß der durchschnittliche Importwert von ½ Mill. Din. in der vorigen Periode nun auf 250000 Dinar herabgesunken ist. Für die Fußbekleidung Serbiens war Österreich-Ungarn fast ausschließlicher Lieferant.

Eine Zunahme des Imports roher getrockneter und gegerbter Häute und Felle in dieser Periode ist darin begründet, daß der Bedarf der inländischen Gerbereien und Schuhfabriken an den genannten Artikeln immer mehr zunahm. Es wurden vorzugsweise rohe und gegerbte Rinder-, Büffel-, Pferde- und Schweinehäute eingeführt. Zum Teil wurden diese Waren, wie auch Blankleder, Kuhleder und Sohlenleder im Lande selbst produziert, jedoch in minder guter Qualität als im Auslande; sie waren auch weniger für den Handel bestimmt, sondern fanden hauptsächlich Verwendung bei der Herstellung militärischer Ausrüstungsgegenstände, zu Schuhen, Riemen, Patronentaschen, Tornistern u. a., wobei diese Gegenstände sich um 8—12% billiger stellten als die eingeführten. Am Import der genannten Häute und Lederartikel nahm Österreich-Ungarn mit 40% die erste Stelle ein, Deutschland folgt mit 30%, Amerika mit 20% und Holland mit 10% der Gesamteinfuhr. Die Einfuhr von Wichsleder, Juchten, Mattleder und Chagrin bezifferte sich durchschnittlich auf zirka 200000 Dinar; der größte Teil, sechs Zehntel wurde aus Österreich-Ungarn und je zwei Zehntel des Gesamtimports dieser Waren aus Frankreich und Deutschland bezogen. Unter denselben Verhältnissen wurden, wenn auch nur in sehr geringem Umfange, Schaf- und Brisselleder aus den erwähnten Staaten importiert.

Bei der Gruppe Eisen, Stahl, deren Produkten, anderen Metallen und Maschinen läßt sich ohne weiters eine Steigerung der Importmengen und -Werte gegenüber der verlaufenen Periode feststellen. Roheisen und Stahl sowie deren Produkte, wie Werkzeuge für die Landwirtschaft, Industrie und Handwerk wurden größtenteils aus Österreich-Ungarn bezogen, da die Einfuhr dieser Waren von dort wegen der geringen Transportspesen am günstigsten war. Infolge des Eisenbahnbaues im Jahre 1903/4 wurden bedeutende Mengen von Eisenbahnmaterial gekauft, wodurch die Importwerte von Eisenwaren in den genannten Jahren von 4 auf 5 Mill. Dinar stiegen. Dieses Material, mit Ausnahme der Lokomotiven, wurde fast ausschließlich aus der Nachbarmonarchie gekauft. Von anderen Metallen wurden Kupfer im durchschnittlichen Werte von 450000 Dinar und Messingwaren im Werte von 250000 Dinar fast ausschließlich aus Österreich-Ungarn bezogen. Besondere Beachtung verdienen die Maschinen für Landwirtschaft, Industrie und Verkehr, deren Importwert in dieser Periode eine bedeutende Höhe erreichte. Maschinen aus Deutschland wurden wegen ihrer soliden Herstellung besonders bevorzugt; die zweite Stelle nahm Österreich-Ungarn ein, sodann folgten Frankreich und Belgien. Im Jahre 1900 wurden für 3,4 Mill. Dinar Repetiergewehre, Mausersystem, die auch zu den Maschinen zu rechnen sind, für die serbische Armee angekauft und für 2 Mill. Dinar verschiedene andere Maschinen und deren Teile aus dem Auslande bezogen, weshalb der Import in diesem Jahre plötzlich eine Höhe von 6,5 Mill. Dinar aufwies. Alle diese Maschinen, insbesondere die genannten Gewehre, die sich in jeder Beziehung als die besten unter allen anderen Waffen der europäischen Armeen erwiesen, konnte nur Deutschland liefern. Revolver wurden vorzugsweise aus Belgien und Deutschland, Säbel fast nur aus Deutschland, und zwar größtenteils „Solinger Säbel", bezogen.

Holzhalbfabrikate und fertige Holzfabrikate wurden in dieser Periode mehr importiert als früher. Die Zunahme des Imports dieser Artikel ist dadurch zu erklären, daß mehr Fuhrwerke und Transportmittel eingeführt wurden. Dies war besonders im Jahre 1903 der Fall, als für den Transport von Waren und Vieh Waggons im Werte von 1,2 Mill. Dinar angeschafft wurden. Diese lieferte, ebenso wie Möbel und Tischlereiwaren fast ausschließlich Österreich-Ungarn, doch machte sich zu Ende dieser Periode auch die deutsche Konkurrenz mit vorzüglicher Ware stark bemerkbar. Die eingeführten Baumstämme, Balken, Bretter, Fässer, Kuffen, Schaffe und andere, deren Importwert im Durchschnitt 1 Mill. Dinar überstieg, waren nur zu 2 % des Gesamtimports bulgarischer und zum Teil auch bosnischer Herkunft, der Rest von 98 % kam aus Österreich-Ungarn.

Außer den Jahren 1900 und 1903 ist bei dem Import von chemischen Produkten nur eine geringe Steigerung festzustellen. In den beiden genannten Jahren fanden große Militärlieferungen statt; im Jahre 1900 wurde für 4,4 Mill. Dinar Munition aus Belgien, die zum größten Teil für das neue Repetiergewehr bestimmt war, und im Jahre 1903 für 2,1 Mill. Dinar Munition derselben Art von einer ungarischen Fabrik gekauft. Die ungarische Lieferung erwies sich als überaus schlecht, so daß große Mengen derselben weit unter dem Selbstkostenpreis wieder verkauft werden mußten.[1] Der Handel mit fetten Produkten wie Kerzen, Seifen, Stearin, Paraffin, Zeresin, Palmitin und anderen, war in dieser Periode stationär geblieben. Diese wurden mit 65 % des Gesamtimports aus Österreich-Ungarn eingeführt; auch Deutschland und die Schweiz lieferten einen Teil dieser Waren.

Das allmählich steigende Bildungswesen Serbiens kennzeichnet sich im Import von Papier und Papierwaren. Der anfängliche Einfuhrwert derselben im Betrage von 700000 Dinar stieg Ende dieser Periode auf 1,4 Mill. Dinar, hat sich also verdoppelt. Infolge der Sonderzollbegünstigung dieser Waren aus Österreich-Ungarn in der vergangenen Periode wurden sie fast ausschließlich aus der Nachbarmonarchie bezogen, allein in dieser Periode vollzog sich infolge des Wegfalles der Sonderbegünstigung insoweit eine Verschiebung, als der Wettbewerb Deutschlands und Frankreichs immer schärfer hervortrat; jedoch behielt die Nachbarmonarchie wegen der alten Kaufgewohnheit der serbischen Kaufleute noch immer die herrschende Stellung in der Versorgung Serbiens mit diesen Waren; die Einfuhr aus diesen drei Ländern stand jetzt im Verhältnis wie 10 : 7 : 4.

Die Wirkung der Handelsverträge dieser Periode kann man im serbischen Import an Kolonialwaren deutlich beobachten. Infolge ihrer Verteuerung durch die Zollerhöhung ist ein Rückgang des Handels mit allen Artikeln dieser Gruppe festzustellen. Das Hauptkontingent der gesamten Einfuhr von Kolonialwaren stellte, wie bereits früher, der Zucker. Die Abnahme des Zuckerimports läßt sich gewißermaßen dadurch begründen, daß der Bedarf an Zucker durch die Belgrader Zuckerfabrik ziemlich gedeckt wurde. Der gesamte Zuckerimport wurde ausschließlich durch die Zuckerindustrie Österreich-Ungarns besorgt.

Wenn die serbische Handelsstatistik für diese Periode als Herkunftsländer Amerika mit sieben Zehntel, Österreich-Ungarn hingegen nur mit zwei Zehntel und England mit einem Zehntel des Gesamtkaffeeimports Serbiens nachwies, so scheint dies den Tatsachen nicht zu entsprechen, denn die serbischen Kaufleute bezogen den Kaffee nicht direkt aus Amerika, wenn auch die Ware amerikanischen Ursprungs sein mag, sondern sie bedienten sich österreichischer Händler in Fiume, namentlich in Triest, in deren Händen das Hauptgeschäft mit dem genannten Artikel lag. In gleicher Weise sind die Angaben der serbischen Handelsstatistik, wonach England als Herkunftsland für Reis mit 70 % des Gesamtreisimports Serbiens gilt und der Rest sich auf Österreich-Ungarn, Italien und die Türkei verteilt, zu verstehen. Es ist gerade das Gegenteil anzunehmen, daß nämlich von den Triester Händlern sieben Zehntel des Gesamtreisimports Serbiens geliefert wurden, während der Rest auf Italien, die Türkei und Eng-

[1] Es war oft vorgekommen, daß eine Gewehrkugel infolge Pulvermangels der Patrone im Gewehrlauf stecken blieb und nach nochmaligem Laden des Gewehrs beim Abschießen der Lauf infolge der sich ansammelnden Pulvergase zersprang. Man mußte vor jedem Schießen jede einzelne Patrone schütteln, um sich zu überzeugen, ob genügend Pulver in den Patronen war — eine mühevolle und zeitraubende Arbeit!

land entfiel. Südfrüchte wie Mandeln, Orangen, Zitronen, Feigen, Rosinen, Datteln und andere, ebenso Gewürze wie Lorbeer, Pfeffer, Vanille u. a. wurden größtenteils durch Triest bezogen, dagegen wurde nur ein kleiner Teil direkt aus Amerika über Hamburg und Havre eingeführt. Der gemahlene rote Paprika wurde fast ausschließlich aus der Türkei bezogen, während der Szegediner Paprika aus Ungarn stammte. Speiseöl, hauptsächlich Olivenöl und andere Pflanzenöle, wurden im durchschnittlichen Werte von 600000 Dinar eingeführt, also weniger als in der verlaufenen Periode; hingegen stieg in dieser Periode der Import von Ölen anderer Art, wie vegetabilische Öle für chemische Zwecke, Firnis u. a. Mineralöl dagegen wurde in zwei Arten eingeführt, als Petroleum und Schmieröl. Petroleum wurde infolge der zunehmenden Verwendung des elektrischen Lichtes in kleineren Mengen eingeführt als vorher. Das ausschließliche Lieferungsland für diese Waren war Rußland, jedoch wurde infolge der Vermittelung der Wiener Kaufleute Österreich-Ungarn als Herkunftsland für große Mengen Schmieröl von der serbischen Handelsstatistik notiert. Der Bedarf an Salz, das ausschließlich aus Rußland importiert wurde, verringerte sich wegen der Abnahme der Viehzucht immer mehr und wurde deshalb in dieser Periode in kleineren Mengen als in der vorhergehenden eingeführt.

Außer einigen Schwankungen erfuhr der Import von Kurzwaren und Schmucksachen, Glas, Glaswaren und Porzellanwaren im allgemeinen in dieser Periode keine wesentlichen Änderungen. Die Schmucksachen wurden vornehmlich aus Österreich-Ungarn im Werte von 200000 Dinar bezogen und von Deutschland und Frankreich zusammen nur für 15000 Dinar. Dagegen kommt für Kurzwaren von Holz und Eisen, die als Massenproduktion zu betrachten sind, wie für Messerschmiedewaren, Bürsten und besonders Spielwaren, fast ausschließlich Deutschland in Betracht. An der Versorgung Serbiens mit Kunstblumen, Ledergalanteriewaren, leonischen Drähten u. a. nahmen Deutschland und Österreich-Ungarn mit dem durchschnittlichen Werte von 500000 Dinar den gleichen Anteil. Glas- und Porzellanwaren lieferte größtenteils Österreich-Ungarn (acht Zehntel) und Deutschland (zwei Zehntel).

Was schließlich den Import landwirtschaftlicher Produkte nach Serbien anbelangt, so erklären sich dessen Schwankungen aus den verschiedenartigen Ernteaussichten in Serbien. So war wegen der schlechten Weizenernte im Jahre 1897 eine Weizeneinfuhr im Werte von 600000 Dinar erforderlich, während die Mißernte von Mais im Jahre 1898 einen gewaltigen Maisimport aus Rumänien und aus Bulgarien, für 1,2 Mill. und für 1 Mill. Dinar veranlaßte. Noch größere Mengen von Mais wurden im Jahre 1904 (22,3 Mill. kg im Werte von 2,5 Mill. Dinar) und im Jahre 1905 (30,8 Mill. kg im Werte von 3,3 Mill. Dinar) eingeführt, wovon $^3/_5$ aus Bulgarien und $^2/_5$ aus der Türkei bezogen, und laut Beschluß der serbischen Regierung zollfrei importiert wurden. Von anderen Produkten dieser Gruppe sind Mühlenprodukte, Gartengewächse und Wein zu nennen. Mühlenprodukte, wie feineres Weizenmehl und Gries, wurden fast ausschließlich von der Nachbarmonarchie, Gerste und Bungur dagegen fast nur aus der Türkei bezogen. Diese Produkte wurden nur in geringen Mengen importiert, da sich die heimische Mühlenindustrie inzwischen wesentlich gehoben hatte. Unter den importierten Gartengewächsen ist besonders die Einfuhr von Trauben im durchschnittlichen Werte von 250000 Dinar zu erwähnen, welche nur türkischer Herkunft waren. Frisches Obst, verschiedenartige Gemüse und Sämereien lieferte Österreich-Ungarn. Am Weinimport beteiligten sich die Türkei mit 55 %, Griechenland mit 45 %, an dem Rest Italien und Österreich-Ungarn.

Von Heizungsmaterial wurden lediglich Stein- und Braunkohle, sowie Briketts im durchschnittlichen Werte von 300000 Dinar aus Österreich-Ungarn bezogen.

Bei der serbischen Ausfuhr in dieser Periode ist vor allem das Verhältnis zu der Nachbarmonarchie auffallend. Während der serbische Import aus Österreich-Ungarn in dieser Periode absolut und relativ gesunken ist, vergrößert sich der Export Serbiens nach dem genannten Staate absolut, blieb aber relativ gleich groß. Während der durchschnittliche Wert des Exports Serbiens nach Österreich-Ungarn in der verlaufenen Periode 37 Mill. Dinar oder 86,9 % betrug, hob er sich in dieser auf 55 Mill. Dinar oder 87,9 % des Gesamtexports Serbiens; es ist also eine absolute Zunahme von 18 Mill. Dinar, eine relative von nur 1 % des Gesamtexports Serbiens zu verzeichnen. Dies ist erklärlich aus den Zollbegünstigungen für alle nach dem Nachbarreiche aus Serbien exportierten landwirtschaftlichen Produkte und für Vieh, was im ersten Teile dieser Arbeit bereits hervorgehoben wurde. Auch wurden infolge der Nähe des Nachbarreiches größere Transportspesen erspart und der Handel mit solchen Produkten, die ihrer Natur nach lange Transportwege nur schwer vertragen, wie Gemüse, Milch, Butter, Eier, zum Teil auch Käse, frisches Obst und gemästete Schweine, wurde wesentlich begünstigt. Der durchschnittliche Wert des Exports Serbiens nach Deutschland stieg von 700000 Dinar oder 1,7 % in der vergangenen Periode, in dieser auf 3,3 Mill. Dinar oder 4,6 % des Gesamtexports Serbiens, wurde also absolut und relativ wesentlich verstärkt. Während die Beteiligung Österreich-Ungarns am serbischen Export in dieser Periode absolut nur um 48 % und relativ um 1 % zugenommen hat, war die Beteiligung Deutschlands in dieser Periode um 371 % und relativ um etwa 3 % gestiegen. Auch die Beteiligung Rumäniens vergrößerte sich von 0,8 % auf 1,4 % des Gesamtexports Serbiens; von den übrigen Staaten nahmen England, Italien und die Schweiz, in gleichem Maße wie bisher teil, während sich die Ausfuhr nach Bosnien, Bulgarien, der Türkei und Frankreich verringerte. Als neue Bestimmungsländer, wenn auch mit sehr geringen Quoten, treten während dieser Periode Griechenland, Holland und Montenegro auf.

Um ein klares Bild der Entwicklung der Landwirtschaft und der Viehzucht Serbiens in dieser Periode zu gewinnen, deren Produkte doch in der Hauptsache die Exportwaren darstellten, sind in nachstehender Tabelle die Ergebnisse der Erhebungen vom Jahre 1890 und 1905 wiedergegeben.[1]

Nach der Erhebung in den Jahren	Angebaute Oberfläche in ha		
	Äcker, Weingärten und Wiesen	Zwetschengärten	Wälder
1890	1076406	63681	1041625
1905	1605885	162526	845001

Nach der Viehzählung in den Jahren	Anzahl der Tiere							
	Pferde		Rinder		Schweine		Schafe u. Ziegen	
	Gesamt	auf 1000 Einw.	Gesamt	auf 1000 Einw.	Gesamt	auf 1000 Einw.	Gesamt	auf 1000 Einw.
1890	163391	76	827745	383	908603	416	3473642	1607
1905	174363	65	962503	358	908108	338	3670229	1365

Aus diesen Ziffern ist ersichtlich, daß die Bestellung von Ackerland, Weingärten und Wiesen insgesamt eine wesentliche Zunahme aufzuweisen hat; beim Maisbau ist allerdings nur eine geringe Zunahme, beim Getreidebau hingegen ist eine ganz bedeutende Zunahme festzustellen, insbesondere beim Weizenbau, dessen Anbau sich während dieser Zeit verdoppelt hat. Die Anbaufläche für Wein hat sich dagegen wesentlich verringert, während die für Pflaumen sich beinahe verdreifacht hat. Die Wälder blieben im Laufe dieser Zeit vom Abforsten ziemlich verschont. Die Viehzucht zeigt keine wünschenswerten Erfolge. Nur bei der Rinderzucht ist ein wesentlicher Fortschritt in absoluter, nicht aber in relativer Hinsicht, zu beobachten; bei der Pferde-, Schaf- und Ziegenzucht ist eine geringe absolute Zunahme, bei der Schweinezucht hingegen sowohl absolut wie relativ ein Rückgang zu verzeichnen. Diesen veränderten Produktionsverhältnissen mußte naturgemäß auch der Export Serbiens Rechnung tragen.

Zerealien gelangten in immer größeren Mengen zum Export, so daß hier während dieser 12jährigen Periode ein wesentlicher Fortschritt zu verzeichnen ist. Während sich der durchschnittliche Export von Zerealien in der vergangenen Periode auf 8 Mill. Dinar bezifferte, stieg er in dieser auf 13,8 Mill. Dinar. Die Schwankungen, denen der Zerealienexport unterlag, erklären sich nicht so sehr aus kommerziellen und wirtschaftlichen Gründen als vielmehr aus den verschiedenen Ernteerträgen. Die Ausfuhr von Weizen, dessen Wert sich auf acht Zehntel des Gesamtzerealienexports bezifferte, war in dieser Periode bedeutender als in der vergangenen. Während der durchschnitt-

[1] Annuaire statistique du Royaume de Serbie. S. 252 und 298.

liche Wert des Weizenexports in der vorigen Periode sich auf 5,8 Mill. Dinar bezifferte, stieg er jetzt auf 8,8 Mill. Dinar, erhöhte sich demnach um 3 Mill. Dinar. Anfangs dieser Periode trat eine Überproduktion an amerikanischem, russischem, argentinischem, aber auch zum Teil indischem und australischem Weizen ein, wodurch eine Baisse im gesamten Mitteleuropa hervorgerufen wurde. Der serbische Exportweizen, dessen Preisentwicklung völlig vom Budapester Terminmarkte abhing, notierte nur 9 bis 10,50 Dinar für 100 kg Weizen. Infolgedessen blieb sehr viel Weizen unverkauft im Lande zurück, da sich nicht einmal die Produktionskosten bezahlt machten; zum Export gelangten nur kleine Mengen besserer Qualität, für welche ein etwas höherer Preis, etwa 11 Dinar und 50 Para für 100 kg erzielt wurden. Dieser Umstand kommt in dem Weizenexportwert für das Jahr 1894 deutlich zum Ausdruck; er sank von 9,5 Mill. Dinar im Vorjahre auf 5,4 Mill. Dinar in diesem Jahre, obwohl eine mittelmäßige Ernte erzielt worden war. Diese mißliche Gestaltung der Preise war anhaltend und erst am Schluß des Jahres 1895 machte sich infolge der ungünstigen Witterungsverhältnisse eine Preissteigerung geltend, so daß zu Anfang des Jahres 1896 eine Preiserhöhung bis 13,50 Dinar pro 100 kg eintrat. Die gute Ernte in diesem Jahre, sowie die günstigen Preise infolge der regen Nachfrage Ungarns verursachten einen äußerst lebhaften Handel mit Weizen, sodaß der Export auf 13,1 Mill. Dinar stieg und damit den Höhepunkt der Weizenausfuhr während dieser ganzen Periode erreichte. Zu Beginn des nächsten Jahres (1897) erfuhren die Getreidepreise infolge der Aufstapelung größerer Vorräte im Vorjahre und wegen der guten Ernteaussichten einen Rückgang und fielen auf 12,50 Dinar. Durch den unaufhörlichen Regen vor und während der Schnittzeit im Jahre 1897 wurde jedoch der größte Teil der Getreidefelder fast völlig vernichtet und die Ernte war sowohl hinsichtlich der Menge als auch Beschaffenheit eine überaus schlechte. Aus den gleichen Gründen ließ auch der Ernteausfall in ganz Europa sehr viel zu wünschen übrig, was zur Folge hatte, daß sofort nach den Ernten, ja sogar noch während der Überschwemmungen, die Preise von Tag zu Tag stiegen, sodaß am Schluß des Jahres eine Hausse bis zu 20—22 Dinar für 100 kg eintrat. Die Nachfrage nach serbischem Weizen seitens der ungarischen Mühlenindustrie war äußerst lebhaft, trotzdem der betreffende Weizen wegen der nassen Erntezeit einen nicht unbedeutenden Zusatz von Unkrautsamen wie Wicken, Raden u. a. enthielt, und trotz des verhältnismäßig geringen Gewichtes der Körner, konnte aber nicht befriedigt werden, da die serbische Bevölkerung die knappen Ernteerträge des Jahres 1897 zur eigenen Konsumtion brauchte; es machte sich sogar, wie bereits bei der Erörterung des Imports erwähnt wurde, die zollfreie Einfuhr von 3,5 Mill. kg Weizen im Werte von etwa 600000 Dinar nötig. Immerhin sind in diesem Jahre 30,8 Mill. kg Weizen im Werte von 4,6 Mill. Dinar zum Export gelangt, was die geringste Exportmenge dieser ganzen Periode bedeutet. Den größten Teil des exportierten Weizens bildete der Vorrat des Vorjahres. Obwohl die Ernte des nächsten

Jahres 1898 eine gute war, gelangten trotz zufriedenstellender Preise des Weizens keine wünschenswerten Mengen zur Ausfuhr. Dies findet seine Begründung darin, daß die Vorräte des Vorjahres gänzlich verbraucht waren und die Bevölkerung den zum neuen Anbau dieser Gerteidegattung wie auch den für ihren eigenen Bedarf nötigen Weizen zum Teil selbst leihen mußte. Infolgedessen wurde ein großer Teil des neuen Ernteertrages von 1898 zur Rücklieferung der geliehenen Weizenmengen gebraucht. Die äußerst guten Ernten der nächsten zwei Jahre gestalteten den Handel zwar sehr lebhaft aber nicht lohnend genug, da die Preise eine anhaltend fallende Tendenz zeigten, namentlich im Jahre 1900, in welchem eine Baisse von 12,70 Dinar auf 11,20 Dinar pr. q. eintrat, was wieder im Export des Weizens für diese beiden Jahre seinen Ausdruck fand: Im Jahre 1899 wurden 77,5 Mill. kg Weizen im Werte von 11,1 Mill. Dinar, im Jahre 1900 dagegen 98,9 Mill. kg Weizen im Werte von 11,4 Mill. Dinar ausgeführt. Nach weiteren zwei Jahren langsamen Geschäftsganges trat zwar eine regere Nachfrage nach serbischem Weizen ein, jedoch waren infolge der guten Ernten in Ungarn und Rußland im Jahre 1903 die Preise sehr niedrig. Deshalb hielten die serbischen Exporteure größere Mengen zurück und veräußerten diese erst im nächsten Jahre, in dem der serbische Weizen infolge der mißratenen Maisernte außerordentlich hohe Preise, bis 18 Dinar erzielte. Bereits im nächsten Jahre jedoch fielen die Preise auf 13,50 Dinar, so daß jetzt infolge der mittelguten Ernte zwar größere Mengen Weizen zur Ausfuhr gelangten; der Exportwert allerdings war wegen des eben erwähnten Preisfalles niedriger als im Vorjahre: Im Jahre 1904 gelangten zur Ausfuhr: 83,1 Mill. kg Weizen im Werte von 12,7 Mill. Din., im Jahre 1905 dagegen 93,1 Mill. kg im Werte von nur 11,6 Mill. Dinar. Auch in dieser Periode spielte Österreich-Ungarn bei der serbischen Weizenausfuhr die Rolle des Zwischenhändlers. Durchschnittlich wurden in dieser Periode nach Österreich-Ungarn 89,6 % des Gesamtweizenexports ausgeführt. Wenn auch nach dem Handelsvertrage mit Österreich-Ungarn in dieser Periode eine Zollerhöhung für den exportierten serbischen Weizen eintrat, behielt dieser doch seine differentielle Zollbegünstigung insoweit, als Weizen aus anderen Staaten, welcher nach Österreich-Ungarn eingeführt wurde, einem höheren Zoll unterlag als der serbische. Eine gewisse Verschiebung ist allerdings insofern eingetreten, als sich die Beteiligung des Nachbarreiches am serbischen Export um 8,4 % zugunsten anderer Staaten vermindert hat. Rumänien nahm jetzt die zweite Stelle im serbischen Weizenexport mit 6 % des Gesamtexports ein. Hierzu sei bemerkt, daß nicht während der ganzen Periode ein ständiger Weizenexport nach Rumänien zu verzeichnen ist, sondern großen Schwankungen unterlag, die durch die Ernteausfälle Rumäniens bedingt wurden. Der Export dorthin nahm erst seit 1900 zu, als wegen der Mißernten in Rumänien 21,7 Mill. kg Weizen im Werte von 2,5 Mill. Dinar exportiert wurden. Nach Belgien wurden 2 %, nach Deutschland nur 1 % des Gesamtexports Serbiens, und der Rest nach anderen Staaten ausgeführt. Wenn auch in Serbien mehr Mais als Weizen angebaut wird, wie wir bereits in § 1 des ersten Teils dieser Arbeit sahen, so ist doch der Weizen für den auswärtigen Markt viel wichtiger als der Mais, der im Lande zur Ernährung der Hauptmasse der Bevölkerung und zur Fütterung des Viehes dient. Allein auch bei dem Maisexport, welcher weit größeren Schwankungen als die Weizenausfuhr unterlag, waren in manchen Jahren, wie 1900 und 1901, recht zufriedenstellende Erfolge zu verzeichnen; doch gab es auch Jahre, wie 1897 und 1904, in welchen, wie bereits beim Import erwähnt, Serbien wegen der Maismißernten auf den Import angewiesen war. Verhältnismäßig größer als die Weizenausfuhr nach Österreich-Ungarn war der Export des Maises dorthin; er bezifferte sich auf 94 % des Gesamtmaisexportes Serbiens. Den zweiten Platz behauptete mit 2,5 % Belgien, es folgte Bosnien mit 1,5 %, Rumänien mit 1 %, der Rest entfiel auf andere Staaten. Bei dem Hafer- und Gerstenexport ist gegenüber der vergangenen Periode eine Zunahme zu beobachten, doch nimmt der Export dieser beiden Getreidearten im Verlaufe dieser Periode selbst ab. Bis in die Mitte dieses Zeitabschnittes nahm der Haferexport zu und der Gerstenexport ab, dann trat ein Wendepunkt ein, indem nun jener ständig abnimmt und dieser zunimmt. Dies ist dadurch zu erklären, daß die Anbaufläche für Hafer von der erwähnten Zeit ab immer kleiner, die für Gerste dagegen größer wurde. Für beide Getreidearten war die Nachbarmonarchie fast ausschließlich Abnehmerin. Weit geringer ist der Export von Roggen, der bis zur Gegenwart ein nur unbedeutender Faktor der serbischen Ausfuhr geblieben ist.

Bedeutende Erfolge wurden in dieser Periode im Obstbaue, dem man jetzt größere Beachtung zuteil werden ließ, erzielt. Die mit Zwetschgen angebaute Oberfläche wurde, wie erwähnt, fast um das dreifache vergrößert, aber auch die Produktion des anderen Obstes, wie Nüsse, Haselnüsse, Äpfel und Birnen, fand in dieser Periode wesentliche Vermehrung. All das verursachte eine nicht zu unterschätzende Zunahme des Exports dieser Artikel. Der durchschnittliche Ausfuhrwert des frischen, gedörrten und gekochten Obstes stieg von etwa 6 Mill. Dinar in der vergangenen Periode jetzt auf 9 Mill. D. Die Bedeutung der Ausfuhr frischen Obstes nahm von Jahr zu Jahr zu, so daß dessen Exportwert, der sich in der vergangenen Periode auf nur wenige Tausende Dinar bezifferte, Ende dieser Periode die Höhe von über 2 Mill. Dinar erreichte. Den ersten Platz nahmen frische Pflaumen ein, deren Exportwert sich durchschnittlich auf 900000 Dinar bezifferte. Auch Nüsse und Haselnüsse gelangten im durchschnittlichen Werte von 150000 Dinar zum Export. Mehrere Hinweise seitens des Wirtschaftsministeriums bezüglich der Behandlung weichen Obstes bei der Obsternte bewirkten, daß auch Äpfel, namentlich aber Birnen, in größeren Mengen ausgeführt wurden. Dagegen war der Export an Trauben nur unbedeutend; die kleinen Mengen, die überhaupt zur Ausfuhr gelangten, waren türkische Trauben, welche durch Serbien gingen, hier von serbischen Kaufleuten verpackt wurden und sodann auf den Ausbruchzollstationen als Ware serbischer Herkunft deklariert wurden. Mit 70 % des Gesamtexports frischen Obstes war Österreich-Ungarn Abnehmer, der Rest entfiel auf Deutschland, wohin zum größten Teile Äpfel, namentlich aber Wasserbirnen (Wodenjatsche) ausgeführt wurden. Das Hauptgeschäft der Obstausfuhr bildeten mit 75 % gedörrte Pflaumen, deren Export jedoch — je nach dem Ernteausfall — ziemlich schwankend war. Obwohl im Jahre 1894 eine mittelmäßige Pflaumenernte zu verzeichnen war, gelangten wünschenswerte Mengen dieser Frucht nicht zur Ausfuhr, da ein sehr großer Teil der Pflaumen zur Produktion des Branntweines (Schljivovitza) verwendet wurde. Allein nicht nur dieser Umstand, sondern auch die niedrigen Preise infolge der guten Ernten in Bosnien und Frankreich bewirkten, daß nur der geringe Exportwert von 2,7 Mill. Dinar in diesem Jahre erzielt wurde. Wie aus der Statistik für die landwirtschaftlichen Produkte zu ersehen ist, bedeutet der Preis von 14 Dinar und 07 Para pr.q. im Jahre 1894 den größten Tiefstand für die ganze Periode.[1] Auch die Mißernten der Jahre 1896 und namentlich des Jahres 1903 waren ungünstig für den Export dieser Ware. Als zum Schluß des Jahres 1902 die Vorräte an gedörrten Pflaumen auf den Stapelplätzen der Nachbarmonarchie ziemlich vergriffen waren, entwickelte sich eine lebhafte Nachfrage nach serbischen Pflaumen. Viele Exporteure Serbiens schlossen infolge der Erwartung einer guten Pflaumenernte noch zu Beginn der Saison des Jahres 1903 umfangreiche Geschäfte mit Budapester Kaufleuten ab; als aber ein großer Teil der Pflaumengärten, während die Früchte noch grün waren, durch Hagelschlag stark beschädigt wurde, stieg die Nachfrage und die Preise gingen in die Höhe, wobei eine Hausse bis zu 37 Dinar und 14 Para pr. q. eintrat. Infolgedessen konnten die serbischen Kaufleute die Lieferungstermine nicht einhalten und hatten dadurch bedeutende Verluste zu tragen. Während im Jahre 1897 Bosnien und Frankreich, die Hauptkonkurrenten Serbiens, eine schlechte Pflaumenernte hatten, sehen wir im gleichen Jahre in Serbien ein lebhaftes Geschäft mit Pflaumen; infolge einer überaus reichen Ernte sowohl hinsichtlich der Quantität wie Qualität sowie einer günstigen Preisgestaltung, erreichte der Exportwert der gedörrten Pflaumen in diesem Jahre mit 12,5 Mill. Dinar den Höhepunkt der ganzen Periode. Diese Zunahme trug wesentlich dazu bei, daß nicht nur die großen Pflaumen — schestize und sedmize — den Preis von 30—35 Din. pr. q. erzielten, sondern auch die mittelmäßige Ware — ossmize und Stotinke — für einen Preis von 24—30 Dinar pr. q. Absatz fand; ja sogar die kleinförmigen Pflaumen — Ussanze und Merkantillpflaumen — waren zum Preise von 16—20 Dinar pr. q. stark begehrt.[2] Eine ähnliche Geschäftslage läßt sich auch im Jahre 1899 beobachten. Die gedörrten Pflaumen wurden bis zur Mitte dieser Periode mit $^2/_3$ der Gesamtausfuhr nach Österreich-Ungarn verkauft und der Rest nach

---

[1] Annuaire statistique, 1906. S. 326.

[2] Nach den kaufmännischen Usancen rechnet man auf dem serbischen Markte: schestize = 60—65, sedmize = 70—75, ossmize = 80—85, stotinke = 95—100, ussanze = 115—120 und merkantill = 120—130 Stück in einem Pfund.

Deutschland; als man aber seit 1899 auf die Verpackung von Pflaumen mehr Sorgfalt verwendete, indem die Ware nicht mehr in Säcken, sondern in Kisten zum Export gelangte, änderte sich das bisherige Verhältnis der Beteiligung dieser beiden Staaten am serbischen Pflaumenexport insofern, als jetzt die Ware durch Umgehung der österreichisch-ungarischen Kommissionäre in größerem Umfange ihren direkten Absatz in Deutschland fand. Das frühere Bezugsverhältnis dieser beiden Länder von 100 : 30 gestaltete sich jetzt wie 100 : 45.

Eine weit größere Bedeutung als frisches Obst erlangte in dieser Periode für den serbischen Export das Pflaumenmus, welches im durchschnittlichen Werte von 2,5 Mill. Dinar exportiert wurde, gegenüber 350000 Dinar in der vergangenen Periode. Wenn auch der Pflaumenmusexport, durch den Ausfall der Pflaumenernte bedingt, manchen Schwankungen unterlag, so ist doch zwischen den Jahren 1894 und 1895 eine scharfe Linie zu ziehen, indem der Ausfuhrwert 1895 plötzlich auf 2 Mill. Dinar stieg. Die Zunahme war nicht nur vorübergehend, sondern auch in den folgenden Jahren wurden große Mengen dieser Ware exportiert. Diese Steigerung der Ausfuhr ist darauf zurückzuführen, daß seit dem Jahre 1897, infolge Mangels an Kapital bei den heimischen Unternehmern, die Produktion von Pflaumenmus von ungarischen Unternehmern betrieben wurde. Zu Beginn jeder Herbstkampagne wanderten unzählige Scharen aus Ungarn nach Serbien, um dort Pflaumenmus nach dem Geschmack ihrer Landsleute zu bereiten. Im Laufe der Zeit wurde jedoch die Erzeugung des Pflaumenmuses immer mehr von den inländischen Unternehmern übernommen, so daß Ende dieser Periode die ungarischen Produzenten völlig verdrängt wurden. Das Pflaumenmus wurde hauptsächlich in den Gegenden der Städte Čacak, Kragujevatz, Kruschevatz und Kraljevo erzeugt, und von dort in die Grenzstationen Schabatz, Semendria, Obrenovatz u. a. transportiert. Durchschnittlich wurden nur drei Zehntel des Gesamtpflaumenexports nach Deutschland verkauft, der Rest war für den Bedarf der Nachbarmonarchie bestimmt.

Auch Hülsenfrüchte und Gartengewächse gelangten zur Ausfuhr, so vor allem weiße Bohnen mit sieben Zehntel des gesamten Exports, sodann Zwiebeln und andere Küchengewächse. Diese Ware fand mit 85 % ihres Gesamtexports Absatz in Österreich-Ungarn, zehn Teile des Restes entfielen auf die Türkei und fünf auf Deutschland.

Der Export lebender Tiere vergrößerte sich in dieser Periode von 17,3 Millionen auf 23,3 Millionen Dinar. Doch während er in der vergangenen Periode 41 % des Gesamtexports betrug, verringerte er sich in dieser Periode auf 38 % des Gesamtexports Serbiens, hielt aber noch den ersten Platz im serbischen Export. Verfolgen wir nun die Verschiebung, welche bei dem Export dieser Tierarten untereinander während dieser Periode eingetreten ist, so können wir feststellen: Während der durchschnittliche Exportwert von Pferden, Schafen und Ziegen zusammen von 1,7 Mill. auf 1 Mill. Dinar in dieser Periode gesunken ist, stieg der Ausfuhrwert der Schweine im Durchschnitt von 9,2 Mill. auf 11,3 Mill. Dinar; er hat also zugenommen, trotzdem er relativ von 54 % auf 48 % des Gesamtviehexports Serbiens gesunken ist. Beim Rinderexport zeigt sich sowohl eine absolute Zunahme von 7,2 Mill. auf 10,3 Mill. Dinar als auch eine relative von 41 % auf 45 % des Gesamtviehexports, was auf die schon besprochenen veränderten Viehproduktionsverhältnisse zurückzuführen ist.

Wenn auch in dieser Periode eine kleinere Anzahl von Schweinen als in der vorhergehenden zur Ausfuhr gelangte, so ist dennoch, wie bereits erwähnt, eine Zunahme des Exportwertes zu verzeichnen. Dies findet seine Erklärung in dem Umstande, daß in dieser Periode die Schweine bereits besser gemästet und der Export von mageren Schweinen äußerst beschränkt wurde. Der serbische Schweineexport unterlag wegen der veterinärpolizeilichen Vorschriften seitens der Nachbarmonarchie und infolge von Maßnahmen ungarischer Agrarier wesentlichen Schwankungen. Zunächst fällt der niedrige Export von Schweinen im Jahre 1895, namentlich aber im Jahre 1896 ins Auge. Er wurde durch mehrere Einfuhrverbote nach Österreich-Ungarn, welche durch die Klauenseuche serbischer und durch die Pestkrankheit ungarischer Schweine in Steinbruch begründet waren, verursacht. Durch den recht günstigen Schweinehandel im Vorjahre 1894 beeinflußt, standen die Preise des Schweinefleisches im Lande auf 70—72 Para für 1 kg; nach dem ersten Verbote jedoch zeigten die Preise bereits eine fallende Tendenz, so daß sie zum Schluß des Jahres 1895 auf 65 Para für 1 kg und in dem nächsten Jahre sogar auf 56 Para für 1 kg sanken. Die Verbote wurden gerade zu der Zeit erlassen, als die Schweinemästung zum größten Teil beendet war, die serbischen Händler suchten sie dadurch zu umgehen, daß sie den neuen Weg über Saloniki benutzten. In der Tat wurden im Jahre 1895 636 Stück gemästetete und halbgemästete Schweine im Werte von 55000 Dinar, und im Jahre 1896 2000 Stück im Werte von 169000 Dinar über Saloniki nach Frankreich verschifft; infolge der schlechten Organisation des Schweinehandels mit dem weiten Westen zeitigten diese Versuche jedoch keine befriedigenden Erfolge. Eine weit bedeutendere Hilfe erhielten die serbischen Schweinezüchter durch die 1895 in Belgrad begründete Aktiengesellschaft für Schlachtung und Verarbeitung von Vieh, welche die Schweine von den Produzenten zu angemessenen Preisen ankaufte, in ihrem neu errichteten Schlachthause schlachtete und frisches und gesalzenes Fleisch exportierte. Die Preise, welche den Produzenten von diesem Unternehmen gezahlt wurden, sind nach den Fleischpreisen der ausländischen Märkte nach Abzug der Transportspesen und des Unternehmergewinns kalkuliert. Auf diese Weise wurde der Schweineproduktion auch dann der Absatz gesichert, wenn ihr der Weg nach der Nachbarmonarchie aus irgendwelchen Gründen verschlossen sein sollte. Vergleichen wir die Angaben der Statistik bezüglich der Ausfuhr von lebenden Schweinen und frischem sowie gesalzenem Schweinefleisch in der Tabelle XIV für das Jahr 1896, wo das Unternehmen bereits im vollen Betrieb stand, so sehen wir, daß der Exportwert von Schweinefleisch fast in demselben Verhältnis stieg, in welchem er bei lebenden Schweinen sank. Schon gegen Ende des Jahres 1896 entwickelte sich eine lebhafte Nachfrage nach serbischen Schweinen, da in Wien und Budapest eine bedeutende Schweinefleischteuerung eingetreten war, wobei die beste Ware eine Preissteigerung von 125 auf 130 h. erfuhr; es wurde die Sperrung des Exports serbischer Schweine nach Österreich-Ungarn aufgehoben und den serbischen Interessenten zur Kenntnis gebracht, daß ein Export von Schweinen unter 120 kg Lebendgewicht nach Ungarn nicht zugelassen sei. Die günstige Preisgestaltung und die rege Nachfrage bewirkten, daß der Exportwert im Jahre 1897 die bedeutende Höhe von 13,2 Mill. Dinar erreichte. Jedoch die eben erwähnte Bedingung Ungarns, daß nur der Import von mindestens 120 kg schweren Schweinen gestattet sei, wirkte sehr nachteilig auf die Schweineausfuhr; viele serbische Schweineexporteure wandten sich nun dem Rinderexport zu, der sich als viel rentabler erwies. Die Folge davon war, daß jetzt immer weniger Schweine zur Ausfuhr gelangten. Erst im Jahre 1902 erreichte die Ausfuhr von Schweinen infolge einer reichen Maisernte einen Wert, der als Höhepunkt in dieser Periode zu bezeichnen ist. Die schlechte Maisernte im Jahre 1904 wirkte dagegen ungünstig auf die Mästung von Schweinen und es wurden daher 1905 wieder weniger Schweine exportiert. Trotzdem sich die Zahl der exportierten Schweine im Vergleich zum Vorjahr um 25 980 Stück verringerte, erreichte dennoch der Exportwert dank der höheren Preise beinahe dieselbe Höhe. Naturgemäß nahm der größte Teil der Schweineausfuhr den Weg nach Österreich-Ungarn, das während dieser Zeit, ausgenommen die Jahre 1895 und 1896, wo kleine Mengen der betreffenden Ware in Frankreich Absatz fanden, der einzige Abnehmer für serbische Schweine war.

Von vornherein ist gegenüber der verlaufenen Periode eine Zunahme des Rinderexportes infolge der Vergrößerung des Rinderbestandes und wegen der besseren Mästung, welche sich viel ertragreicher als die Schweinemast gestaltete, festzustellen. Aus denselben Gründen wie bei der Schweineausfuhr ist auch hier eine schwankende Tendenz zu beobachten. So verursachte die Sperrung des Rinderexports Serbiens nach Österreich-Ungarn wegen Maul- und Klauenseuche im Jahre 1897 nur eine geringe Ausfuhr. Schon im nächsten Jahre stieg der Exportwert, und im Jahre 1899 wurde der höchste Wert in dieser Periode erreicht; er betrug fast das Doppelte des Jahres 1897. Diese Zunahme ist einerseits darauf zurückzuführen, daß sich die Exporteure seit der erwähnten Bestimmung Ungarns immer mehr der Rinderausfuhr zuwandten, andererseits darauf, daß sich der Bestand an Hornvieh infolge des geringen Absatzes in den zwei vergangenen Jahren stark vergrößert hatte. Nach einem Jahre langsamen Geschäftsganges sehen wir im Jahre 1901 infolge der Viehsperre der Nachbarmonarchie einen Rückgang des Hornviehhandels. Nach dieser Geschäftsmüdigkeit stieg der Export im gleichen Verhältnisse wie in den Jahren 1898 und 1899, infolge der Vermehrung des Rindviehbestandes bei dem geringen Rinderexport. Im Jahre 1904 entwickelte sich der Hornviehhandel sehr ungünstig, was auf den Mangel guter Futtermittel infolge der großen Dürre zurückzuführen ist. Wie beim Schweinehandel war Österreich-Ungarn auch der ausschließliche Käufer der serbischen Rinder, ausgenommen einige vereinzelte geringe Exporte nach Bosnien, Bulgarien, der Türkei und Rumänien. Obwohl das serbische Rindvieh in dieser Periode von besserer Qualität war als in der vergangenen, so hatte es doch die Güte der ungarischen Tiere noch lange nicht erreicht; es blieb auch in dieser Periode in noch höherem Maße als bisher die alte Gepflogenheit der österreichisch-ungarischen Kaufleute bestehen, die serbischen Tiere minderer Qualität für den Landeskonsum einzuführen, um ihre eigenen höherwertigen Tiere nach dem Auslande ausführen zu können.

Pferde wurden in dieser Periode in noch geringerem Maße exportiert als in der vergangenen, was vor allen Dingen durch die relative Verminderung der Pferdezucht bedingt ist. Pferde größeren Schlages für den Luxusgebrauch, namentlich aber für Heereszwecke, wurden in Ljubičevo und Dobričevo mit gutem Erfolg gezüchtet, allein sie blieben im Lande und wurden nicht ausgeführt. Die kleinen serbischen Landpferde leisten im Verhältnis zu ihrer Größe sehr viel und finden größtenteils im Lande selbst Verwendung; nur wenige werden nach auswärts verkauft, nach der Türkei, nach Bulgarien und Bosnien. Die Türkei nahm mit sieben Zehntel an dem Gesamtpferdeexport Serbiens teil, der Rest entfällt auf Bulgarien, Bosnien, Rumänien und Österreich-Ungarn.

Der Stillstand der Ausfuhr von Schafen und Ziegen hat denselben Grund wie bei den Pferden. Der Hauptabnehmer serbischer Schafe und Ziegen war auch in dieser Periode die Türkei mit 75 %, 15 % entfallen auf Österreich-Ungarn und der Rest auf Bosnien und Bulgarien. Nur die grob- und kurzhaarigen Schafe kommen zur Ausfuhr, während die langhaarigen, zu denen auch ein kleiner Teil der Merinoschafe gehört, im Lande bleiben.

Geflügel, welches in der vergangenen Periode in ganz unbeträchtlichen Mengen zur Ausfuhr gelangte, wurde jetzt in größerem Umfange verkauft, so daß sich der anfängliche Exportwert von 17000 Dinar gegen Ende dieser Periode auf 1,7 Mill. Dinar bezifferte. Fast ausschließlich ging das Geflügel nach Österreich-Ungarn, nur wenig, etwa im Werte von 6000 Dinar, wurde in vereinzelten Posten nach Deutschland ausgeführt. Der Export von geschlachtetem stand zum Export von lebendem Geflügel im Verhältnis von 7 : 10. Während Geflügel in geschlachtetem Zustande nach Österreich-Ungarn durchschnittlich im Werte von 367000 Dinar ausgeführt wurde, bezog Deutschland solches für etwa 250000 Dinar. Auch in England fand serbisches Geflügel im geschlachteten Zustande Absatz mit einem durchschnittlichen Werte von 17000 Dinar.

Im Export von tierischen Produkten nahmen Häute und Felle noch immer den ersten Platz ein. Trotzdem gegenüber der vergangenen Periode absolut ein Stillstand der Ausfuhr zu verzeichnen ist, hat der Export von Häuten und Fellen im Verhältnis zu anderen tierischen Produkten abgenommen. Während die Ausfuhr von Häuten und Fellen in der vorigen Periode zum Fleischexport im Verhältnis von 100 : 66 stand, gestaltete er sich in dieser Periode wie 100 : 85. Wie früher, so gelangten auch jetzt nur ganz unbedeutende Mengen von Rinder- und Kalbsfellen zum Export, dagegen wurden Schaf-, Ziegen- und Lammfelle in größeren Mengen ausgeführt. Letztere fanden in Österreich-Ungarn mit 75 %, im westlichen Deutschland mit 15 % und in Frankreich mit 10 % Absatz.

Wie bereits erwähnt, wurden seit der Gründung einer Aktiengesellschaft frisches und gesalzenes Fleisch und Speck bedeutende Faktoren der serbischen Ausfuhr in dieser Periode. Wir sehen, daß gerade bei Ausfuhrverboten für lebendes Vieh größere Quantitäten Fleisch und zwar fast ausschließlich Schweinefleisch ausgeführt wurden. Was die Beteiligung der verschiedenen Staaten am serbischen Fleischexport anbelangt, so war die Nachbarmonarchie bis zum Jahre 1901 ausschließlich Käuferin der serbischen Ware. Die Leitung des Schlachthausunternehmens suchte nun ihren Erzeugnissen ein möglichst ausgedehntes Absatzgebiet zu verschaffen, um sich den Schwankungen des einzigen Marktes zu entziehen. In der Tat gelang es ihr, mit einem französischen Unternehmen in Bordeaux, ebenso mit England, Belgien und Deutschland in Geschäftsverbindung zu treten. Anfangs war das Geschäft nach diesen Staaten rege, es ging jedoch Ende dieser Periode ganz bedeutend zurück. Nach Österreich-Ungarn wurden in der ganzen Periode 94 %, nach England 3 %, nach Frankreich 1,5 % und nach Belgien und Deutschland je 1,5 % des Gesamtfleischexports Serbiens ausgeführt.

Von anderen tierischen Produkten sind Honig, Eier, Federn, Seidenkokons und Wachs zu nennen; besonders wichtig war die Eierausfuhr, die im Jahre 1901 einen Wert von 800000 Dinar erreichte. Diese Höhe war dem Schlachthausunternehmen, das sich auch mit der Ausfuhr von Eiern befaßte, zu verdanken. Von dem gesamten Eierexport gelangten 55 % nach der Nachbarmonarchie, 35 % nach Deutschland und 10 % nach England.

Eine wesentliche Wertzunahme erfuhr der Export von Käse, Sahne, Butter und Fetten. Die ersten drei Arten fanden mit 85 % in der Türkei Absatz, der Rest entfiel auf Bulgarien und Österreich-Ungarn, von den Fetten verkaufte man 30 % an die Nachbarmonarchie, 28 % an die Türkei, 26 % an Deutschland und der Rest verteilte sich auf Frankreich und die Schweiz.

Erwähnt seien auch noch Hanf- und Seilerwaren, Mühlenprodukte, einfache Holzverarbeitungen, Stein- und Braunkohle, sowie Briketts und Metalle, deren Export zusammen etwa 2 Mill. Dinar betrug. Von all diesen Artikeln sind am wichtigsten die Hanf- und Seilerwaren mit einem durchschnittlichen Exportwerte von 1,2 Mill. Dinar. Die Türkei und Bulgarien waren auch jetzt die Absatzländer für diese Ware.

Die Metalle weisen eine geringe Zunahme auf, dagegen ist bei den Mühlenprodukten, einfachen Holzverarbeitungen (größtenteils Dauben) sowie bei der Stein- und Braunkohle ein Rückgang im Export zu verzeichnen. Von Metallen kommt fast nur Kupfer in Betracht und dieses wurde fast ausschließlich in Österreich-Ungarn abgesetzt. Am Export von Holzverarbeitungen war außer Österreich-Ungarn auch Bulgarien mit 15 % beteiligt. Vom Kohlenexport Serbiens entfielen auf Rumänien 45 %, auf Österreich-Ungarn 35 % und der Rest auf andere Staaten. Mühlenprodukte wurden mit 90 % an die Türkei und mit 10 % an Österreich-Ungarn verkauft.

§ 5. Der serbische Handelsverkehr mit dem Auslande während des vertraglosen Zustandes mit Österreich-Ungarn in der Zeit von 1906—1910.

Nachdem wir im ersten Teile der Arbeit die allgemeine handelspolitische Lage Serbiens und die Mittel zur Hebung seines Außenhandels besprochen haben, wollen wir nun die Wirkungen des vertraglosen Zustandes mit Österreich-Ungarn eingehender betrachten. Was zunächst den serbischen Gesamtverkehr mit dem Auslande anbetrifft, so erlitt derselbe nicht nur keinerlei Einbuße, sondern zeigte vielmehr während dieser kurzen Periode eine stetige Steigerung, deren Größe die Tabelle VIII veranschaulicht. Eine Ausnahme davon machte nur das Jahr 1906, als das erste des vertraglosen Zustandes, in welchem nicht nur der Import, sondern auch der Export Serbiens einen Rückgang erfahren hat. Die serbischen Importeure wie Exporteure konnten mit ihrer alten Gewohnheit, Waren aus der Nachbarmonarchie zu beziehen, bzw. ihre Waren dorthin auszuführen, nicht sofort brechen, um mit anderen Mächten in umfangreicherem Maße in Verbindung zu treten; allein sobald die Schwierigkeiten überwunden waren, stiegen Import wie Export von Jahr zu Jahr, so daß sich der Einfuhrwert im Jahre 1910 gegen 1905 um nicht weniger als 29,1 Mill. Dinar oder 52,3 %, und der Ausfuhrwert um 26,3 Mill. Dinar oder 36,6 % steigerte. Auch pro Kopf der Bevölkerung ist eine Zunahme des Handelsumsatzes zu verzeichnen, indem der Einfuhrwert pro Kopf von 17,5 auf 22,8 Dinar und der Ausfuhrwert pro Kopf von 23,8 auf 27,6 Dinar in dieser Periode stieg. Die direkte Ursache der Zunahme des Imports ist darin zu suchen, daß der Wohlstand des Landes zugenommen hat und der Bedarf des Staates und der Bevölkerung gestiegen sind; dagegen ist das Steigen des serbischen Exports von 61,3 Millionen der vergangenen Periode auf 84,5 Millionen Dinar in dieser eine Folge der umfangreicheren Herstellung der landwirtschaftlichen, tierischen und Bergbauprodukte. Die Handelsbilanz, welche auch für diese Zeit aktiv blieb, zeigte eine schwankende Tendenz, was jedoch mehr auf die Ernteausfälle als auf den ungeregelten Handelsverkehr zurückzuführen ist.

An der Zunahme des serbischen Imports von durchschnittlich 45,5 Millionen Dinar der vergangenen Vertragsperiode auf 69,7 Mill. in der vertraglosen Zeit, hatte die Nachbarmonarchie, mit Ausnahme des Jahres 1908, in dem das kurze Provisorium die Einfuhr von dort wieder belebte, wenig Anteil; die österreichische Ausfuhr nach Serbien sank stetig. Es ist selbstverständlich, daß der Bezug österreichisch-ungarischer Produkte wegen der hohen Zölle des serbischen autonomen Tarifs auf österreichisch-ungarische Waren eine Verminderung erfahren mußte, und daß die Minderbezüge aus der Nachbarmonarchie durch Mehrbezüge aus anderen Staaten, mit denen Serbien in dieser Zeit Handelsverträge abgeschlossen hatte, ausgeglichen werden mußten. Wie aus der Tabelle IX ersichtlich ist, kommen besonders Deutschland und England in Betracht; ferner die Türkei, Frankreich, Italien, die Schweiz u. a. In demselben Verhältnisse, wie die österreichisch-ungarische Teilnahme sank, wuchs die Beteiligung Deutschlands am serbischen Import. Während Österreich-Ungarn im Durchschnitt mit 58,2 Prozent des Gesamtimportes Serbiens in der vergangenen Vertragsperiode teilnahm, sank ihr Anteil jetzt auf 34,4 %, dagegen erhöhte sich die Einfuhr Serbiens aus Deutschland von 12,6 % in der vorhergehenden Periode jetzt auf 32 %. Die Beteiligung Englands wuchs von 9,4 % auf 12 %, die der Türkei von 4,5 % auf 5,3 %, Frankreichs von 2 % auf 3,4 % und Italiens von 1,6 % auf 3,1 %. Auch die Teilnahme anderer Staaten stieg in dieser Periode, wenn auch nicht so sehr wie bei den eben genannten. Neu kommen für den serbischen Import hinzu: Ägypten, Spanien, Portugal, Dänemark, Schweden und Norwegen.

Um die Verschiebungen unter den einzelnen Einfuhrwaren in dieser Periode feststellen zu können, müssen wir die statistischen Angaben in dieser Periode mit denjenigen der vergangenen vergleichen. Allein ein Vergleich der vielen einzelnen Artikel in der Handelsstatistik seit 1906 mit den statistischen Angaben vor 1906 ist nicht gut möglich, da durch die Reform der Statistik in diesem Jahre die Klassifikation der Waren bedeutend erweitert wurden; manche Hauptartikel sind in der früheren Statistik überhaupt nicht verzeichnet. Da es uns aber viel mehr daran liegt, die Verschiebungen bei den Hauptartikeln, welche tatsächlich von größerer volkswirtschaftlicher Bedeutung sind, zu erkennen, so erscheint es berechtigt, wenn wir die vielen Artikel zu größeren Hauptrubriken zusammenfassen.[1]

Seitdem der autonome Tarif für Waren österreichisch-ungarischer Herkunft in Wirkung getreten war, wurde der serbischen Industrie mehr Beachtung gewidmet, so daß Ende dieser Epoche eine Steigerung der industriellen Tätigkeit deutlich zu beachten ist. Zumal in der Textilindustrie sind Vergrößerungen und Neugründungen zu verzeichnen. Es entstanden 11 Wollkämmereien, 13 Baumwollspinnereien und Webereien, 1 Seidenfabrik und 3 Hanf- und Flachsfabriken.[2]

[1] Um den Betrag des Wertes der Importwaren in dieser Periode mit demjenigen in der vergangenen vergleichen zu können, hat Verfasser einzelne Teile der Hauptartikel in der neuen Statistik herausgeschält, die jetzt anderen Gruppen zugehören als früher, hat dieselben summiert und den Benennungen der in der vergangenen Periode besprochenen Importhauptartikel angepaßt, wie es die Tabelle XV zeigt. Dasselbe ist auch bei dem Export, wenn auch in kleinerem Maßstabe, geschehen.

[2] Gewerbekammer des Königtums Serbiens. Bericht im Jahre 1910. S. 18—26.

Sie beschäftigen insgesamt 2048 Arbeiter und wiesen im Jahre 1910 eine Produktion im Werte von etwa 6 Mill. Dinar auf, wodurch der größte Teil des Landesbedarfs an Textilwaren gedeckt wurde; da wir aber gleichzeitig auch eine starke Erhöhung des Imports der hierbei in Betracht kommenden Waren von 12,5 Mill. der vergangenen Periode auf 19,5 Mill. Dinar festzustellen haben, so ist dies ein Zeichen für die Hebung des allgemeinen Wohlstandes des Landes und für die vermehrte Kaufkraft der Bevölkerung. Dazu kommt, daß die Landesbevölkerung seit dem Eindringen fremder Kultur ihre ursprüngliche Nationaltracht immer mehr durch die städtische Kleidung ersetzte. Die Zunahme des Textilwarenimports erfolgte absolut und relativ. Die Textilwaren machten in der vergangenen Periode $^1/_4$ des serbischen Gesamtimports aus, stiegen jedoch in dieser auf 32 %. Die Einfuhr von Baumwolle, Baumwollgarn und baumwollenen Geweben behielt aus den schon besprochenen Gründen auch in dieser Periode den ersten Platz im Import. Eine Zunahme des Exports ist aber nicht nur bei dieser Ware, sondern auch bei Wolle, Wollgarn, wollenen Geweben, namentlich aber bei Seide eingetreten, was jedenfalls auf eine Vermehrung feinerer Bedürfnisse zurückzuführen ist. Die Beteiligung der einzelnen Staaten an der Versorgung Serbiens mit Waren dieser Gruppe ist recht schwankend. Infolge des Konfliktes mit Serbien fiel die Beteiligung Österreich-Ungarns am Import von Textilwaren. Im Jahre 1906 lieferte es noch 37,5 % des gesamten Textilimports Serbiens, was dadurch zu erklären ist, daß der größte Teil noch in der ersten Hälfte des Jahres, d. h. unter dem alten Handelsvertrag, importiert wurde, während in der zweiten Hälfte des Jahres für diese Waren bereits die hohen Zölle des serbischen autonomen Tarifes bestanden. Deutschland nahm in diesem Jahre mit 27,8 %, England mit 21,9 %, die Schweiz mit 5,5 %, Italien mit 3,5 %, Frankreich mit 1 % an dem Gesamttextilimport Serbiens teil, der Rest entfiel auf die Türkei, Bulgarien und Rumänien. Im nächsten Jahre, das völlig unter der Wirkung des vertraglosen Zustandes stand, fiel dagegen die Beteiligung des Nachbarreiches am Import von Waren auf 14 %, während Deutschlands Anteil auf 35,8 %, der Anteil Englands auf 30 %, der der Schweiz auf 7 %, der Italiens auf 5 % und der Frankreichs auf 3 % stieg. Im Jahre 1908, in dem man einen provisorischen Vertrag schloß, wurde der Handel mit Österreich-Ungarn wieder belebt, so daß jetzt Österreich-Ungarn, Deutschland und England, die drei wichtigsten Staaten für die Versorgung Serbiens mit dieser Ware fast zu gleichen Teilen an dem Import teilnahmen. Aber schon vom nächsten Jahre machte sich ein steter Rückgang der österreichischen Beteiligung bemerkbar, bis sie am Ende dieser Periode, im Jahre 1910, auf das kleinste Maß von 7 % sank, während Deutschland ein Maximum von 45 % und England 35 % des Gesamtimports an Textilwaren in diesem Jahre erreichte. Im großen und ganzen aber hat sich jetzt eine derartige Verschiebung vollzogen, daß für diese Periode hinsichtlich der Einfuhr von Waren dieser Gruppe in Serbien Deutschland mit 35 % die erste Stelle behauptet; England nimmt die zweite Stelle mit 30 % ein und erst an dritter Stelle steht Österreich-Ungarn mit 18 %, ihm reihen sich sodann die Schweiz, Italien, Frankreich und die Balkanländer an. Was die einzelnen Artikel dieser Gruppe betrifft, so war England für die Versorgung Serbiens mit Baumwoll- und Wollgarn maßgebend, während Österreich-Ungarn seine frühere ausschlaggebende Stellung in der Einfuhr von baumwollenen und namentlich wollenen Geweben sowie von Seide nunmehr an Deutschland abtreten mußte. Im serbischen Import von Hanf-, Flachs- und Jutewaren behauptete Österreich-Ungarn auch in dieser Periode den ersten Platz, da sich die österreichisch-ungarischen Jutefabriken bemühten die fremde Konkurrenz auszuschalten. Es ist merkwürdig, daß bedeutende Mengen von roher Schafwolle in dieser Periode eingeführt wurden, obwohl sie in großem Umfange im Lande selbst erzeugt wird; dies ist einmal auf die Abnahme der Schafzucht, sodann auf die gesteigerte Tätigkeit der serbischen Textilfabriken zurückzuführen. Die Wolle lieferte zu 60 % die Türkei, 30 % Österreich-Ungarn, der Rest entfiel auf Bulgarien und Bosnien.

Bei dem Import von Konfektions- und Manufakturwaren wie: fertigen Kleidern, Wäsche, Herren- und Damenhüten, Schuhen, Opanken u. a. ist ein Rückgang zu verzeichnen, was einerseits durch die hohen Zollsätze für diese Waren, anderseits durch die größere Zahl der heimischen Handwerker begründet ist. Die früher von Österreich-Ungarn behauptete Stellung für die Versorgung Serbiens mit diesen Waren wurde jetzt von Deutschland eingenommen, dessen Beteiligung an der serbischen Einfuhr dieser Waren von 10 % auf 45 % stieg; ebenso erhöhte sich die Beteiligung Frankreichs von 20 auf 30 Prozent, während Österreich-Ungarn von 60 % auf 15 % zurückging. Der Handel mit gegerbten und getrockneten Fellen, Leder und Lederwaren ist unverändert geblieben, dagegen hat sich der Handel mit rohen Fellen und Häuten verdoppelt. Im Jahre 1910 zählte man fünf Gerbereien und 3 Schuh- und Lederfabriken, die insgesamt 115 Arbeiter beschäftigten; ihr Produktionswert bezifferte sich auf etwa 900000 Dinar.[1] Der größere Bestand an Fabriken für diese Artikel verursachte naturgemäß auch einen größeren Bedarf an rohen Häuten und Fellen, der durch die heimische Produktion nur zum kleinen Teil befriedigt werden konnte. Während Österreich-Ungarn in der Versorgung Serbiens mit gegerbten Häuten und Fellen, Leder und Lederwaren auch weiterhin die ausschlaggebende Rolle spielte, leistete Deutschland die Hauptlieferung von rohen Fellen. Eingemachte Häute und Felle, sowie Leder wurden aus Österreich-Ungarn, Deutschland, England und Frankreich im Verhältnis von 10 : 5 : 3 : 1, rohe Felle und Häute im Verhältnis von 5 : 10 : 7 : 2 bezogen.

Die im Lande bestehenden zwei Seifenfabriken, ferner zwei Farben-, Klebmittel- und zwei Sprengstoffabriken, mit einer jährlichen Produktion im Werte von 2,2 Mill. Dinar[2]) insgesamt, vermochten bei

---

[1] Gewerbekammer des Königtums Serbien. Bericht im Jahre 1910. S. 18—26.
[2] Ebenda.

weitem nicht den gesteigerten Bedarf des Landes an chemischen Produkten, Arzneien und Farben zu decken, weswegen in dieser Periode noch größere Mengen als in der vergangenen eingeführt werden mußten. Die herrschende Stellung der Nachbarmonarchie für die Versorgung Serbiens mit diesen Waren mit 65 % in der vergangenen Periode fiel jetzt auf 45 % und der Wettbewerb Deutschlands machte sich immer mehr geltend, so daß seine Beteiligung jetzt auf 40 % des Gesamtimports Serbiens an diesen Waren stieg. Den dritten Platz im serbischen Import dieser Waren nahm England mit 8 % ein, sodann kam Frankreich mit 5 %, ihm folgten die Schweiz, Belgien und die Türkei.

Der Handel mit Papier und Papierwaren wurde immer bedeutender, so daß sich ihr Importwert im Jahre 1910 gegenüber 1905 verdoppelt hat. Der Anteil der österreichisch-ungarischen Papierindustrie mit 75 % zu Beginn dieser Periode verminderte sich immer mehr, so daß er im Jahre 1910 bereits auf 20 % herabgesunken war; dagegen stieg die Beteiligung Deutschlands von 15 % zu Beginn dieser Zeit auf 80 % des Gesamtimports an Papierwaren. Die herrschende Stellung jedoch behielt die Nachbarmonarchie mit 55 %, Deutschlands Beteiligung stellte sich auf 45 %, ihm folgten Frankreich mit 3 %, der Rest verteilte sich auf England, die Schweiz und Belgien.

Den zweiten Platz im serbischen Import nehmen Metalle und Metallwaren mit 17 % der Gesamteinfuhr Serbiens ein. In der vergangenen Periode belief sich ihr Einfuhrwert durchschnittlich auf 4,2 Mill. Dinar, stieg aber in dieser auf 11,6 Mill. Dinar. Den größten Teil des Metallimports, 88 %, bilden Eisen, Stahl und daraus verfertigte Waren; besonders groß war die Einfuhr in den Jahren 1908 und 1909, wo große Mengen von Eisenbahnschienen und Eisenbahnmaterial benötigt wurden. Auch bei diesen Artikeln war Deutschlands Wettbewerb in stetiger Zunahme begriffen, so daß sich das Verhältnis von 2 : 5 zwischen seinem und dem österreichisch-ungarischen Import von 1907 im Jahre 1908 derart veränderte, daß zunächst beide Staaten mit gleichem Anteil, im nächsten Jahre 1909 aber in dem gänzlich umgekehrten Verhältnis von 10 : 25 an der serbischen Einfuhr beteiligt waren. Die österreichisch-ungarische Eisenindustrie nahm am serbischen Import dieser Waren so gut wie fast gar nicht mehr teil; dies erklärt sich aus dem gespannten Verhältnis zwischen Serbien und Österreich-Ungarn und den hohen Zöllen des serbischen autonomen Tarifs für diese Waren. Der vorzüglichen Güte der deutschen Waren ist nicht zuletzt der gesteigerte Bezug aus Deutschland zu danken. Das gleiche war bei Waren aus Guß- und Schmiedeeisen, Eisenblechen aller Art, allen landwirtschaftlichen und gewerblichen Gerätschaften und vielen anderen Eisenartikeln der Fall. All dies trug dazu bei, daß für diese Periode Deutschland mit 57 % der Gesamteiseneinfuhr Serbiens an Eisen, Stahl und deren Waren, Österreich-Ungarn hingegen nur mit 35 %, beteiligt war. Aber auch die Einfuhr anderer Metalle hat zugenommen und ist gegenüber der vergangenen Periode um das Doppelte gestiegen. Über 75 % des Gesamtimports Serbiens entfallen auf Kupfer, das größtenteils, wie früher erwähnt, in einfachen Verarbeitungen als Kupferdraht, Blattkupfer, Kupferblech, Kupferröhren, Kessel u. a. eingeführt wurde. Das Kupfer wurde mit 40 % aus Deutschland bezogen, Österreich-Ungarn lieferte 30 %, der Rest entfiel auf England, Frankreich und die Türkei. Andere Metalle, wie Zinn, Blei und Antimon fallen wenig ins Gewicht. Ein Zeichen für die verfeinerten Bedürfnisse der serbischen Bevölkerung bildet die Einfuhr von Edelmetallen, deren Importwert sich in der vergangenen Periode auf wenige Tausend Dinar bezifferte, Ende dieser Periode aber auf 840000 Dinar stieg. Dazu gehören Schmuckmünzen, Rohsilber, Blattgold, Ketten und andere Gold- und Silberwaren. Obwohl auch bei diesen Gegenständen die deutsche Konkurrenz auf dem serbischen Markte immer mehr an Boden gewinnt, so behielt doch bis jetzt die Nachbarmonarchie verhältnismäßig den größten Anteil am Import dieser Waren; ihr folgen Deutschland, Frankreich und die Schweiz. Die Einfuhr von Maschinen hat bedeutend zugenommen, was durch den Bau von Eisenbahnen, durch die Erweiterung industrieller Unternehmungen und durch die intensivere Bewirtschaftung des Bodens, die eine häufigere Anwendung landwirtschaftlicher Maschinen zur Voraussetzung hat, zu erklären ist. Dampfmaschinen und -Apparate, Dampfkessel nebst Zubehör, Fahrzeuge, Näh-, Strick- und Textilmaschinen, sowie Maschinen für Mühlen, Brauereien, Druckereien und sonstige industrielle Maschinen wurden größtenteils, mit 80 % des Gesamtimports aus Deutschland bezogen, aus Österreich-Ungarn und England dagegen nur zu je 8 %; der Rest entfiel auf Holland und Belgien. Ein anderes Verhältnis sehen wir bei dem Import landwirtschaftlicher Maschinen. Dresch- und Dungstreumaschinen wurden fast zu gleichen Teilen aus Österreich-Ungarn und England mit je 45 % des Gesamtimports bezogen, auf Deutschland dagegen entfielen durchschnittlich nur 5 % und der Rest auf Belgien und Holland. Nähmaschinen lieferten fast zu gleichen Teilen England und Amerika.

Die Einfuhr von halb- und ganzfertigen Holzfabrikaten blieb in dieser Periode fast unverändert. Nur die Jahre 1908 und 1909, in welchen für 3,3 Millionen und 1,3 Millionen Dinar Eisenbahnwagen für die Güter- und Personenbeförderung[1] eingeführt wurden, zeigen eine größere Einfuhr. Es handelt sich nicht mehr um den Import von einfachen Holzverarbeitungen, die jetzt von der heimischen Industrie selbst verfertigt wurden — man zählte im Jahre 1910 51 Sägereien und 7 verschiedene Unternehmungen für Holzverarbeitung mit einer Gesamtproduktion im Werte von 2,8 Millionen Dinar, so daß bedeutende Mengen derartige Waren sogar zum Export gelangten —, sondern um feinere Holzfabrikate und solche, welche im Lande nicht verarbeitet wurden; $^1/_3$ des Gesamtimports von Holz entfällt auf das

[1] Diese beiden gehören eigentlich zu der Gruppe „Fahrzeuge“, allein des leichteren Verständnisses wegen sind zu dieser Gruppe die Holzfabrikate zugerechnet, da sie früher zu der Gruppe gehörten.

rohe, unbearbeitete Holz, $^1/_4$ der Holzgruppe besteht aus Knoppern, Galläpfeln, Kinoholz, Mirobolan und anderen Mitteln zum Gerben der Felle. Der ausschließliche Lieferant für die feineren Holzfabrikate ist Österreich-Ungarn, dagegen kommen die erstgenannten Holzarten, wie Knoppern u. a. aus Bulgarien, Bosnien und der Türkei.

Der Mineralien- und Mineralölimport kann in dieser Periode einen wesentlichen Fortschritt verzeichnen. Vor allem gilt dies für den Import von Steinkohle, Briketts und Koks, deren durchschnittlicher Einfuhrwert sich von 350000 Dinar auf 2,3 Mill. Dinar Ende dieser Periode gehoben hat, da sich der Landesbedarf an diesen Artikeln infolge der Zunahme des Maschinenwesens vergrößert hatte und anderseits ihre Produktion im Lande geringer wurde. Bis zur Mitte dieser Periode stand die Versorgung Serbiens mit Steinkohle und Koks aus Österreich-Ungarn und Deutschland im Verhältnis von 10 : 5, von da ab stieg die Einfuhr dieser Waren aus Deutschland stetig, so daß am Ende der Periode das Verhältnis gerade umgekehrt war. Österreich-Ungarn und Deutschland waren mit gleichen Teilen fast die ausschließlichen Lieferanten Serbiens für Kohlen und Koks. Dieselbe steigende Tendenz ist bei dem Import von Mineralölen vorhanden, deren anfänglicher Wert sich am Schlusse dieser Periode verdreifacht hat, was jedenfalls auf dieselben Gründe wie bei dem Kohlenimport zurückzuführen ist, zumal Mineralöle im Lande nicht gewonnen werden. Rußland lieferte den größten Teil dieser Ware mit 45 %, Österreich-Ungarn 40 %, der Rest entfiel auf Deutschland und Rumänien. Auch der Petroleumimport, für welchen fast ausschließlich Rußland als Herkunftsland in Betracht kommt, stieg in dieser Periode, dagegen stockte der Import von Kochsalz, das auch weiterhin von Rumänien eingeführt wurde. Ähnliche Verschiebungen wie bei den meisten Einfuhrwaren vollzogen sich beim Import von Stein-, Erd- und Tonwaren, sowie Glas und Glaswaren, wobei sich Deutschlands Beteiligung im Laufe der Zeit vergrößerte, so daß für diese Waren Österreich-Ungarn und Deutschland fast zu gleichen Teilen als Herkunftsländer zu bezeichnen sind; am Import von Kurzwaren ist der Anteil Deutschlands sogar größer als der Österreich-Ungarns.

Bei der Kolonialwareneinfuhr, welcher bestenfalls als gleichbleibend bezeichnet werden kann, ist keine große Verschiebung hinsichtlich der Herkunftsländer zu beobachten. Zucker wurde, wie bisher, ausschließlich aus Österreich-Ungarn bezogen. Für die Kaffeeversorgung steht Amerika wieder auf dem ersten Platze, an zweiter Stelle folgt Deutschland, und erst an dritter Österreich-Ungarn. Der Kaffeeimport aus diesen Ländern stand im Verhältnis 5 : 4 : 3. Kaffee englischer Herkunft verschwand in dieser Periode.

Den serbischen Reisbedarf deckte Italien mit 35 %, England mit 25 % und Deutschland mit 20 %, Frankreich mit 13 % und schließlich Österreich-Ungarn mit nur 7 %. Der Import von Südfrüchten erfuhr eine Verschiebung derart, daß Italien mit 45 % an die erste Stelle trat, an zweiter Stelle folgte die Türkei mit 25 %, an dritter Stelle Österreich-Ungarn mit 15 % und schließlich Griechenland mit 10 % des Gesamtimports. Für Olivenöl steht Griechenland mit 35 % an erster Stelle, mit gleichen Teilen von 20 % beteiligten sich die Türkei und Frankreich, und Italien mit 10 % der Olivenöleinfuhr Serbiens. Von Handelspflanzen ist noch der Tabak zu nennen, für dessen Lieferung die Türkei maßgebend geblieben ist.

Auch die Einfuhr von landwirtschaftlichen Erzeugnissen wie Obst, Gartengewächsen und Gemüsen, Mühlenprodukten, Wein und Pferden ist nicht unbedeutend. Die bedeutendste Rolle spielte der Import von Obst und zwar von frischen Trauben, die ausschließlich von der Türkei geliefert wurden. Besonders groß war ihre Einfuhr in den Jahren 1907, 1909 und 1910, da die heimischen Weingärten in dem ersten Jahre durch Hagel und Regengüsse und in den beiden anderen Jahren durch die dauernde große Dürre schwer geschädigt worden waren. Infolge der Vergrößerung der Mühlenindustrie wurde nicht nur der Landesbedarf gedeckt, sondern Mühlenprodukte gelangten sogar zur Ausfuhr und wurden nur noch in geringen Mengen eingeführt.

Der Weinimport ist durch die Traubenernten bedingt und wurde fast ausschließlich durch die Türkei besorgt.

Der Bezug von Pferden, bei dem es sich vorwiegend um edlere Rassen handelte, erfolgte aus Österreich-Ungarn.

Der vertraglose Zustand zwischen Serbien und der Nachbarmonarchie verursachte in der Ausfuhr weit größere Verschiebungen als in der Einfuhr Serbiens. Die Beteiligung Österreich-Ungarns am serbischen Export hat in dieser Periode ganz bedeutend abgenommen: während seine Beteiligung am serbischen Import in dieser Periode um 23,8 % zurückgegangen ist, fiel dieselbe am serbischen Export im Durchschnitt von 87,9 % auf 26,9 %, also auf weniger als ein Drittel. Der schwankende Export nach diesem Staate erklärt sich dadurch, daß er nicht während der ganzen Periode unter der Herrschaft des vertragslosen Zustandes stand, sondern durch das kurze Provisorium von 1908 beeinflußt wurde. Die verringerte Beteiligung Österreich-Ungarns an der serbischen Ausfuhr kam naturgemäß den anderen Staaten zugute, und zwar vor allem Deutschland, Belgien, der Türkei, Italien, Rumänien und Bulgarien. Besonders bei dem serbischen Export nach Deutschland ist deutlich eine Zunahme in dem Maße der Abnahme des Exports nach Österreich-Ungarn zu erkennen. In der ganzen Periode nahm Deutschland im Durchschnitt mit 24,9 % teil gegenüber 4,6 % des Gesamtexports Serbiens in der vergangenen Periode; der serbische Export nach diesem Staate stellte sich nur um 2 % niedriger als der nach Österreich-Ungarn. Demnach spielte Österreich-Ungarn im serbischen Export die herrschende Rolle in dieser Periode. Der Export nach Belgien machte außerordentlich große Fortschritte; er stieg von 0,3 % in der vergangenen auf 14,4 % des Gesamtexports Serbiens in dieser Periode, also um 14,1 %, der Export nach der Türkei von 3 % auf 14,8 % des Gesamtexports Serbiens; Hierbei ist jedoch zu berücksichtigen, daß die Angaben der serbischen Handelsstatistik über die Ausfuhr nach der Türkei und nach Rumänien den tatsächlichen Verhältnissen nicht entsprechen, denn ein großer Teil der serbischen Waren wurde durch die türkischen und rumänischen Kaufleute für Rechnung der westlichen Staaten vermittelt, ebenso wie dies in früheren Perioden durch österreichisch-ungarische Kaufleute geschah. Infolgedessen würden sich die Exportsummen für die Türkei und Rumänien, besonders aber für die erstere, zugunsten der westlichen Staaten, vor allem Deutschlands und Belgiens, vermindern; wie groß freilich dieser Unterschied tatsächlich ist, dürfte kaum zu ermitteln sein. Die Verschiebung des serbischen Exports nach England von 0,1 % auf 1,5 % des Gesamtexports Serbiens war unbedeutender als die des Imports aus diesem Staate; dagegen stieg der Export nach Frankreich von 0,5 % in der vergangenen auf 3,1 % des Gesamtexports Serbiens in dieser Periode.

Wenn der Satz: „Die eingeführten Waren werden durch die ausgeführten bezahlt" im internationalen Handel ungeachtet der Zahlungsbilanz als richtig anerkannt werden kann, so hat er im Außenhandel Serbiens seine volle Bestätigung gefunden. Der verstärkte Export entsprach demnach dem vermehrten Import. Für die Exportzunahme kommen nicht die Erzeugnisse aller volkswirtschaftlichen Zweige Serbiens in Betracht, wie dies bis jetzt der Fall war (wenigstens wenn es sich um die absolute Zunahme handelte wie bei den Tieren), sondern es handelt sich nur um die Erzeugnisse des Ackerbaues, des Obstbaues, der Forstwirtschaft, des Bergbaues und des Kulturpflanzenbaues, während die Viehausfuhr durch den vertraglosen Zustand ziemlich stark betroffen wurde und sehr zurückblieb. Um den durch die verminderte Ausfuhr von Tieren verursachten Exportwertausfall zu decken, wandte man sich besonders der Vermehrung der Ackerbauprodukte zu. Von Anfang dieser Periode an wurde der bisher brach liegende Boden in immer größerem Umfange in Ackerland umgewandelt; auch kamen mehr Maschinen für den landwirtschaftlichen Betrieb zur Anwendung. Das hatte zur Folge, das nach Ansicht des Volkswirtschaftsministeriums[1] bedeutend mehr Cerealien in dieser Periode gewonnen wurden als in der vergangenen; infolgedessen gelangten auch weit größere Mengen zur Ausfuhr als früher. Wenn wir den durch den vertraglosen Zustand beeinflußten Fruchthandel Serbiens betrachten, so läßt sich folgendes feststellen:

1. Der österreichisch-ungarische Markt für die serbischen Cerealien, der, wie wir sahen, in der vergangenen Periode gegen 90 % des Gesamtcerealienexports Serbiens aufnahm, während der Rest auf die anderen Staaten entfiel, wurde jetzt durch andere europäische Staaten, vor allem Belgien, Deutschland, Rumänien und die Türkei, ersetzt.

2. Mit Zunahme der Exportmengen wuchs auch der Exportwert, jedoch im umgekehrten Verhältnis, d. h. die prozentuelle Zunahme

---

[1] Offizielle Angaben darüber sind noch nicht vorhanden.

des Exportwertes ist größer als die prozentuelle Zunahme der Exportmengen.

Zu 1. Wie gelegentlich besprochen wurde, genossen die serbischen Cerealien in der vergangenen Periode bei der Einfuhr in die Nachbarmonarchie vor den aus den anderen Balkanstaaten differenzielle Begünstigungen, allein mit dem Abbruch der Handelsbeziehungen fiel nicht nur jede Begünstigung für serbische Cerealien fort, sondern es traten die hohen Zölle des autonomen Tarifes in Kraft; während des vertragslosen Zustandes mit der Nachbarmonarchie betrug der Zoll für Weizen 7,50, für Hafer 6, für Roggen 7, für Gerste und Mais 4 K. auf 100 kg. Die natürliche Folge dieser vollstänsig prohibitiven hohen Zölle war, daß man für die serbischen Cerealien in den westlichen Staaten Absatz suchen mußte. Tatsächlich wurden bis 1909 große Mengen donauabwärts über Braila nach den westeuropäischen Staaten exportiert. Als jedoch im Jahre 1909 die rumänischen Schiffer, welche die Waren transportierten, die Schiffsfracht von 0,40 auf 0,80 Dinar pro Tonne erhöhten, benutzte man den Weg über Saloniki.

Zu 2. Daß die Zunahme des Exportwertes der Cerealien den Exportmengen nicht entsprach, findet darin seine Erklärung, daß die serbischen Cerealien in dieser Periode bessere Preise erzielten als in der vorhergehenden. In der vorigen Periode wurden durchschnittlich 115 Mill. kg Cerealien aller Art im Werte von 13,8 Mill. Dinar, in dieser dagegen 230 Mill. kg im Werte von 34 Mill. Dinar an das Ausland verkauft. Aus diesen Ziffern läßt sich berechnen, daß in der vergangenen Periode 100 kg Cerealien zum durchschnittlichen Preise von 12 Dinar und in der neuen Periode hingegen für 14,5 Dinar verkauft wurden. Es ist also eine durchschnittliche Preiserhöhung von 20 % eingetreten. Diese Verschiebung des Preises verursachte zweifellos der vertraglose Zustand mit dem Nachbarreiche.

Trotzdem das serbische Getreide in der vergangenen Periode gegenüber den früheren Zeiten eine bessere Güte erzielt hatte, war es doch immer minderwertiger als das ungarische. Der Grund dafür ist in der primitiven Art der Produktion und in der Behandlung des Getreides zu suchen; es wurde nicht durch Dreschmaschinen, sondern auf der Tenne durch Pferde entkörnt, in der Weise, daß diese mit ihren Hufen die Ähren austraten; das so gewonnene Getreide wurde sodann auf der Tenne gesiebt und gereinigt, enthielt aber trotzdem noch regelmäßig 20—30 % Unkrautsamen, Sand und Erde. In solchem Zustande gelangte das serbische Getreide ohne weitere Reinigung nach Österreich-Ungarn. Die Folge davon war, daß es in der vergangenen Periode kein Artikel der Budapester Produktenbörse war und deshalb immer zu wesentlich niedrigeren Preisen verhandelt wurde als das ungarische Getreide und das anderer Länder. Ungarn kaufte das serbische Getreide jedoch immerhin gerne aus den schon angeführten Gründen und unterwarf es selbst der Reinigung. Mit dem Jahre 1906 trat in dieser Beziehung ein Wendepunkt ein. Nach dem Inkrafttreten des vertraglosen Zustandes mit der Nachbarmonarchie erfuhr der serbische Getreidehandel die schon besprochene

Verschiebung nach den westeuropäischen Staaten, wo sich eine starke Nachfrage nach diesem Getreide, jedoch mit höchstens 5—10 % Unkrautsämereien und Sand, geltend machte. Um diese Nachfrage befriedigen zu können, griff nun das serbische Volkswirtschaftsministerium selbst ein, indem es schon im Jahre 1907 besondere Kommissionen von Fachmännern bildete, welche die Aufgabe hatten, die für die Ausfuhr bestimmten Landesprodukte aller Art zu untersuchen, um zu verhindern, daß Waren geringerer Qualität auf die neuen fremden Märkte gelangten.[1] Auch die serbischen Getreideexporteure strebten ihrerseits danach, durch Anwendung von landwirtschaftlichen Maschinen nur möglichst gut gereinigtes Getreide zu exportieren. Dies gebot auch der Umstand, daß die Transportspesen für sämtliche Schiffsladungen von Getreide gleich sind, ohne Rücksicht darauf, ob dieses gut oder schlecht gereinigt ist; naturgemäß werden sich die Transportspesen erhöhen, je größer der Prozentsatz des Unkrautsamens und der sonstigen Verunreinigungen ist, was bei den bedeutenden Strecken nach den westeuropäischen Staaten sehr ins Gewicht fällt; bei mangelhaft gereinigtem Getreide würden sich die Transportspesen also um 20—30 % verteuern. Sowohl die erwähnte Maßregel des Volkswirtschaftsministeriums als auch die Maßnahmen der serbischen Kaufleute bewirkten, daß das serbische Getreide als Artikel des Termingeschäftes auf den neuen Märkten zugelassen wurde und auf den Märkten denselben Preis erzielte wie das Getreide anderer Länder, was zur Folge hatte, daß der Exportwert des serbischen Getreides in dieser Periode in ungeradem Verhältnis zu den exportierten Mengen stieg. Die Steigerung der Preise für das Getreide in dieser Periode ist weiterhin noch dem Umstand beizumessen, daß aus agrar-schutzzöllnerischen Gesichtspunkten im Jahre 1906 die Zölle für das Getreide bedeutend erhöht wurden.

Das bisher Gesagte gilt zum Teil auch für den Mais.

Im Getreidehandel, der jetzt an Stelle des Viehhandels mit 83 % den ersten Platz des Gesamtexports einnimmt, spielt der Weizen mit der Hälfte der gesamten Getreideausfuhr wieder die wichtigste Rolle. Seine Ausfuhr wuchs von durchschnittlich 62,5 Mill. kg in der vorigen auf 89,1 kg Mill. in dieser Periode. Die allgemeine Getreidepreissteigerung, von der oben die Rede war, machte sich in erster Linie beim Weizen geltend. Im Jahre 1906 wurden 91,5 Mill. kg Weizen im Werte von 11,3 Mill. Dinar, im Jahre 1908 dagegen 90,3 Mill. kg Weizen im Werte von 16,7 Mill. Dinar ausgeführt. Im Jahre 1909 erzielte man eine außerordentlich gute Weizenernte und große Mengen wurden ausgeführt. Der schlechte Ausfall der ungarischen Ernte bewirkte bei der sonst günstigen internationalen Preiskonjunktur eine rege Nachfrage nach serbischem Weizen, der trotz des hohen Zolles zum größten Teile in Österreich-Ungarn zu einem Preise von 17,50—22,20 Dinar für 100 kg flotten Absatz fand. Dagegen erfuhr der Weizenexport im Jahre 1910 einen Rückgang, weil infolge der guten mittel-

---

[1] Berichte, vorgelegt dem Volkswirtschaftsministerium. 1907. S. 49.

europäischen Ernten die Preise fielen. Daher wurden größere Mengen Weizen im Lande selbst vermahlen und nur ein kleiner Teil gelangte zum Export; infolgedessen herrschte fast während des ganzen Jahres ein ruhiger Geschäftsgang. Aber im großen und ganzen erzielte der serbische Weizen doch während dieser Periode im Durchschnitt den Preis von 17 bis 19 Dinar für 100 kg gegenüber der vergangenen von 11 bis 13 Dinar für 100 kg.

Für den Absatz des serbischen Weizens ist durch den vertraglosen Zustand mit Österreich-Ungarn eine Verschiebung insofern eingetreten, als die bisher herrschende Rolle der Nachbarmonarchie an andere Staaten, vor allem an Belgien und Deutschland, überging. Auch in der Türkei, Rumänien und Bulgarien fand der Weizen guten Absatz. Während Weizen in der vergangenen Periode mit 89,6 % der Ausfuhr nach Österreich-Ungarn ging und der kleine Rest sich auf Rumänien, Belgien und Deutschland verteilte, wurden in dieser Periode nach Belgien und Deutschland zusammen 70 %, der Rest von 30 % hingegen nach Rumänien, der Türkei und Bulgarien exportiert; der Weizenexport nach der Nachbarmonarchie kommt jetzt kaum noch in Betracht; hiervon macht nur das Jahr 1909 eine Ausnahme, in dem 57 % des serbischen Weizenexports auf Österreich-Ungarn entfielen; der Rest verteilte sich auf Deutschland mit 16 %, Belgien 15 %, die Türkei 10 % und Rumänien 6 %. Es sei noch als eine Eigentümlichkeit für den Weizenhandel in dieser Periode erwähnt, daß Belgien und Deutschland als Hauptabnehmer für serbischen Weizen ihre Rolle in jedem Jahre wechselten, wobei keiner der beiden Staaten mehr als 50 % des Gesamtweizenexports Serbiens aufnahm. Dasselbe wechselnde Verhältnis zeigt auch der Weizenexport nach den anderen erwähnten Staaten. Dieser, für Serbien jedenfalls vorteilhafte Wechsel wurde durch die Termingeschäfte geschaffen. Der serbische Weizen unterlag den Preisschwankungen der einzelnen Märkte; infolgedessen führten die serbischen Exporteure Weizen dorthin aus, wo gerade die günstigsten Preiskonjunkturen herrschten.

Seit der Mitte der vergangenen Periode nahm, wie bereits erwähnt, der Gerstenexport immer mehr zu, bis er in dieser Periode 12 % der Gesamtgetreideausfuhr erreichte. Auch beim Gerstenexport war die Zunahme des Exportwertes bedeutend größer als die der Exportmengen, was auf die Erhöhung der Gerstenpreise in dieser Periode zurückzuführen ist; während in der vergangenen Periode der durchschnittliche Preis für 100 kg Gerste 9—11 Dinar betrug, verkaufte man in dieser Periode die gleiche Menge durchschnittlich für 12—14 Dinar. Aus dem Vergleich mit dem Jahre 1906 ersieht man die stetige Preissteigerung im Laufe dieser Periode. Während 1906 38 Mill. kg Gerste im Werte von 3,8 Mill. Dinar ausgeführt wurden, verkaufte man z. B. 1908 30,9 Mill. kg Gerste im Werte von 4,2 Mill. Dinar. Dieselbe Tendenz zeigen auch andere Jahre. Der bisher fast ausschließliche Abnehmer der serbischen Gerste, Österreich-Ungarn, wurde jetzt durch andere Staaten ersetzt. Deutschland und Belgien nahmen mit je 38 % an dem Gerstenexport teil, auf die Türkei kommen etwa 20 % und der Rest entfällt auf Rumänien und Bulgarien. Auch hier zeigt die Handelsstatistik von Jahr zu Jahr eine wechselnde Rolle der einzelnen Staaten, was ebenfalls auf die bereits beim Weizenhandel besprochenen Ursachen zurückzuführen ist.

Obwohl Hafer und Roggen auch in dieser Periode keine hervorragende Bedeutung erlangten, hob sich doch ihre Ausfuhr infolge vergrößerten Anbaues auf 3 % der Gesamtgetreideausfuhr. Auch hier lassen sich ähnliche Verschiebungen wie bei dem Export der besprochenen Arten feststellen. Die Zunahme des Exportwertes ist verhältnismäßig größer als die Zunahme der ausgeführten Mengen, da sich die Preise früher zwischen 8 und 11 Dinar bewegten, in dieser Periode aber eine Höhe von 13—14 Dinar für 100 kg erreichten. Österreich-Ungarns Hauptanteil für diese Waren in der vergangenen Periode verminderte sich jetzt sehr stark; seinen Platz nehmen hauptsächlich Belgien und Deutschland ein, es folgen Bulgarien, Rumänien und die Türkei mit fast gleichen Teilen.

Eine große Verschiebung bewirkte der vertragslose Zustand mit dem Nachbarreiche auch im serbischen Maisexport. Während sich die Maisausfuhr in der vergangenen Periode auf 13 % bezifferte, stieg sie jetzt auf 35 % des Cerealienexports und nahm somit den zweiten Platz im Cerealienhandel ein. Im Jahre 1907 überstieg der Maisexport sogar den des Weizens um 1,5 Mill. Dinar. Besonders fällt die Maisausfuhr des Jahres 1910 ins Auge; infolge einer außerordentlich guten Ernte und der regen Nachfrage nach dieser Frucht setzte das Geschäft äußerst günstig ein, so daß trotz des Verbotes der Ausfuhr für eine große Menge Neumais seitens der serbischen Kontrollkommission für 21,4 Mill. Dinar Mais auf fremden Märkten verkauft wurde. Die großartige Zunahme des Maisexports ist vor allem auf die Vergrößerung der Anbaufläche und auf den Rückgang der Schweinemast, für die Mais verwendet wurde, zurückzuführen. Es erscheint daher auffällig, daß die Zunahme des Exportwertes von Mais nur absolut, nicht aber relativ gewachsen ist, d. h. daß die Zunahme des Exportwertes nicht der Zunahme der Exportmengen gleich ist. Dies kommt daher, weil die Preise für den Mais in dieser Periode gleich hoch waren, wie in der vorigen; im Gegensatz zu dem Getreide enthielt eben der ausgeführte Mais auch in der vergangenen Periode nur geringe Mengen von Unkrautsamen, Sand und Erde. Auch der Mais verlor in dieser Periode seinen früheren fast ausschließlichen Absatzmarkt, Österreich-Ungarn, und gelangte nunmehr in Belgien mit 37 %, in Deutschland mit 30 %, in der Türkei mit 18 % zum Verkauf; der Rest entfiel auf Rumänien und Bulgarien.

Im Export der verschiedenen Obstarten läßt sich eine Zunahme sowohl des Ausfuhrwertes als auch der exportierten Mengen feststellen. Während der Exportwert der erwähnten Produkte in der vergangenen Periode sich im Durchschnitt auf 9 Mill. Dinar bezifferte, stieg er jetzt auf 14,8 Mill. Dinar und nahm, nach den Tieren und tierischen Produkten, im serbischen Export den dritten Platz ein. Wenn man aber die Tiere für sich und ebenso die tierischen Produkte als eigene

Gruppe betrachtet, so nehmen die Obstbauprodukte den zweiten Platz im serbischen Export ein. Die Zunahme des Exportwertes und der ausgeführten Mengen von Obst und Obstbauprodukten steht im direkten Zusammenhang mit der Vergrößerung des Obstbaues. Der vertraglose Zustand war für die erwähnte Zunahme so gut wie belanglos; es ist vielmehr anzunehmen, daß der Obstbau schon im Laufe der vergangenen Vertragsperiode sich in fortwährender Entwicklung befand, und daß die Zunahme in dieser Periode nur eine regelmäßige Weiterentwicklung des Obstbaues darstellt. Der Einwand, daß die Zunahme als die Folge des vertragslosen Zustandes mit Österreich-Ungarn anzusehen sei, wäre schon deshalb unbegründet, weil der Obstbau seiner Natur nach nicht einen Volkswirtschaftszweig bildet, der in größerem Umfange in kurzer Zeit entwickelt werden könnte, um dadurch etwa den durch die verringerte Viehausfuhr entstandenen Wertausfall ausgleichen zu können.

Der Export von frischem Obst weist keinen wesentlichen Fortschritt in dieser Periode auf und verhält sich zu dem Export der gesamten Produktion dieser Gruppe wie 1,3:10. Drei Viertel der Ausfuhr von frischem Obst entfallen auf Pflaumen und Äpfel, den Rest stellen Birnen, Wal- und Haselnüsse. Der Grund für den stockenden Export ist darin zu suchen, daß sich das serbische Obst durch eine allzu große Verschiedenheit einzelner Arten auszeichnet, und daß größtenteils Sommer- und Frühherbstobst und nur wenig haltbares Spätherbstobst gebaut wird. Ungenügende Sorgfalt beim Pflücken und der Verpackung der Früchte, sowie der Mangel an geeigneten Transportmitteln sind weitere Ursachen, die sich der Entwicklung dieses Handels hindernd in den Weg stellen. Es ist interessant, daß der vertraglose Zustand mit der Nachbarmonarchie nicht die gewohnte Wirkung auf die Ausfuhr dieser Ware ausübte, denn Österreich-Ungarn blieb auch weiterhin mit 70 % des serbischen Gesamtexports von frischem Obst Hauptabnehmer, während der Rest auf Deutschland entfiel. Dies erklärt sich aus der kleinen Differenz zwischen den Vertragszöllen Österreich-Ungarns und den Zöllen seines autonomen Tarifes für diese Waren.

Die Hauptrolle in dem Export dieser Gruppe spielten gedörrte Pflaumen und Pflaumenmus mit 87 %. Gegenüber der vergangenen Periode ist trotz der geringen Pflaumenernten in den zwei letzten Jahren (1909 und 1910) eine bedeutende Zunahme der Mengen und Werte dieser beiden Waren zu verzeichnen, die auf die vergrößerte Produktion dieser Handelsartikel, nicht aber auf den vertragslosen Zustand mit der Nachbarmonarchie zurückzuführen ist. Dazu kommt noch, daß die Ware auch früher schon Gegenstand des Termingeschäftes war, weshalb ihr der Weg auch nach anderen Staaten offen stand, wenn der von österreich-ungarischen Händlern gebotene Preis nicht zufriedenstellend war. Obwohl diese Waren auch in der vergangenen Periode nicht minderwertiger Güte waren, erfuhren sie in dieser Beziehung jetzt noch bedeutende Verbesserung. Die Besserung der Qualität der Waren ist einerseits darauf zurückzuführen, daß sich die Produzenten selbst von dem größeren Ertrage besserer Qualitäten überzeugten, und daß die Kontrollkommissionen für die Exportwaren scharfe Maßregeln anwendeten. Diese Maßregeln für die Überwachung des Exports von Pflaumen und Pflaumenmus wurden zu Ende dieser Periode auf Anregung von deutscher Seite durch ein neues Reglement ersetzt. Ähnlich wie bei den Cerealien bewirkte der vertraglose Zustand mit Österreich-Ungarn auch eine bedeutende Verschiebung im Absatz dieser Waren. Das bestehende Verhältnis von 100 : 45, welches in der vergangenen Periode im Export von gedörrten Pflaumen nach Österreich-Ungarn und Deutschland bestand, erfuhr jetzt infolge des Konfliktes insofern eine Änderung, als die Nachbarmonarchie an dem serbischen Export nur mit 12 % teilnahm, Deutschland dagegen mit 60 %, während der Rest von 28 % auf England, Belgien und Rußland entfiel. Auch bei der Pflaumenmusausfuhr läßt sich eine große Verschiebung feststellen. Österreich-Ungarn, welches früher mit neun Zehntel des Exports teilnahm und den Rest Deutschland überließ, bezog nunmehr den gleichen Anteil wie Deutschland. Es ist zu erwähnen, daß Pflaumenmusexport gelegentlich auch Ausfuhr nach Rußland stattgefunden hat, wie z. B. im Jahre 1907, wo 2,6 Mill. kg Pflaumenmus im Werte von 840000 Dinar dorthin ausgeführt wurden.

Die bisher wichtigste Gruppe für den serbischen Export, „Tiere und tierische Produkte“, deren Ausfuhrwert zirka 28 Mill. Dinar betrug und somit den ersten Platz im serbischen Export einnahm, wurde jetzt durch den vertraglosen Zustand ziemlich stark beeinflußt, indem ihr Exportwert auf 20,4 Mill. Dinar herabging und diese Gruppe nunmehr nach den Cerealien am zweiten Platze folgte. Die Ausfuhr der Waren dieser Gruppe sank von 45% auf 32% des Gesamtexports Serbiens. Besonders wurde durch den erwähnten Zustand die Viehausfuhr betroffen; betrachtet man diese als eine und die tierischen Produkte als andere Gruppe, so ergibt sich, daß der durchschnittliche Exportwert der Tiere von 23,8 Millionen Dinar oder 38 % in der vergangenen Periode auf 8 Mill. D. oder 9,3 % des Gesamtexports Serbiens in dieser Periode herabging. Hiernach wurden die Tiere von dem ersten Platze in der vergangenen Periode auf den vierten Platz in dieser Periode verdrängt. Obwohl dagegen der Exportwert der tierischen Produkte von durchschnittlich 4 Mill. Dinar in der abgelaufenen Periode auf 12,4 Mill. Dinar in dieser stieg, war er trotzdem nicht einmal mit dem Wert der exportierten Tiere zusammen imstande den Exportwert der Tiere, geschweige denn den Exportwert beider Gruppen in der vergangenen Periode zu erreichen.

Was zunächst den Export von Rindern betrifft, so sehen wir, daß sich sowohl die Anzahl wie auch der Wert der exportierten Tiere in dieser Periode ganz beträchtlich verringert haben. Während in der vergangenen Periode durchschnittlich 66000 Stück Rinder im Werte von 10,5 Mill. Dinar exportiert wurden, führte man in dieser Periode etwa nur 23144 Stück im Werte von 4,2 Mill. Din. aus. Dies wird erklärlich, wenn man sich erinnert, daß diese Tiere in der vergangenen Zeit mit kleinen Ausnahmen fast ausschließlich nach Österreich-Ungarn ausgeführt wurden; als aber jetzt die Grenze der Nachbarmonarchie für diese Tiere verschlossen wurde, mußte naturgemäß der Handel in Stockung geraten. Die serbischen Exporteure konnten der Ware nicht sofort Absatz in anderen Ländern verschaffen, da sie die neuen Märkte nicht einmal kannten, geschweige denn die Transportverhältnisse zu diesen und die dortigen Handelsverhältnisse, die Aufnahmefähigkeit, die Preiskonjunkturen, die Wünsche hinsichtlich der Qualität der Ware usw. All das verursachte, daß im ersten Jahre 1906 nur 10928 Stück Rinder ausgeführt wurden (vgl. Tab. XVII); ja selbst diese Zahl würde nicht erreicht worden sein, wenn die österreichisch-ungarische Grenze nicht erst im Juli, sondern bereits Anfang des Jahres gesperrt worden wäre. Von der obigen Zahl wurden 8916 Stück Rinder, also neun Zehntel, nach der Nachbarmonarchie, der Rest nach der Türkei und Rumänien ausgeführt. Im Laufe der Zeit nahm dank der Bemühungen der serbischen Regierung der Export von Jahr zu Jahr zu, so daß im letzten Jahre 1910 allein mehr als die Hälfte der in der abgelaufenen Periode exportierten Tiere ausgeführt wurde. Der Export der Tiere in dieser Periode hat im Gegensatz zur vergangenen, in der er großen Schwankungen unterlag, ständig zugenommen.

Mit der Verringerung der Exportzahl der Tiere wurde auch der Exportwert vermindert, wenn auch nicht im gleichen Verhältnis, d. h. der prozentuelle Wert der exportierten Tiere ist in den Jahren des vertraglosen Zustandes bedeutend größer als der in der vergangenen Periode. Diese Tatsache läßt sich aus dem Vergleich der Zahlen und Werte in der vergangenen mit denen in dieser Periode erkennen. Während nach den Angaben in jener Periode 100 Stück Rinder für 15900 Dinar verkauft wurden, verkaufte man in dieser Periode die gleiche Anzahl für 18700 Dinar. Noch besser kann man den Unterschied in dieser Periode erkennen. Im Jahre 1910 wurden 100 Stück Rinder für 20600 Dinar verkauft, im Jahre 1906 hingegen die gleiche Anzahl Tiere für 16100 Dinar. Der Grund dieser Erscheinung ist in der Verbesserung der Güte der Tiere zu suchen, die wiederum durch zwei Umstände bedingt war: 1. Die Preise für die serbischen Rinder auf den italienischen Märkten, wohin die Tiere größtenteils verschifft wurden, schwankten je nach der Güte der Tiere außerordentlich. Im Anfang dieser Periode kauften die italienischen Kaufleute auf den serbischen Märkten besonders große, junge und gut gemästete Rinder und zahlten bedeutend höhere Preise für diese als für das Vieh minderer Qualität; auch wurde im Laufe der Zeit von unseren jüngeren Nationalökonomen, welche die Gelegenheit hatten italienische Märkte zu besuchen, dieselbe Erscheinung beobachtet, daß auf den italienischen Märkten Prima-Ware bevorzugt und dafür 105—108 Dinar, für mindere Ware hingegen nur 30—35 Dinar für 100 kg Lebendgewicht bezahlt wurden.[1] Ein großer

[1] Dr. M. Todorović, Bericht über die italienischen Viehmärkte. 1910. S. 46, 69.

Unterschied in den Preisen mußte selbstredend dazu anregen, Rinder bester Güte auszuführen. 2. Die Transportkosten und Zollgebühren für die nach Italien exportierten Rinder werden ohne Rücksicht auf Qualität und Gewicht der Tiere pro Stück berechnet, also die Spesen sind gleich, mag ein Stück 300 oder 600 kg wiegen. So belaufen sich die Kosten für Transport, Zoll, Tierbeschau u. a. für ein Stück Rindvieh auf der Strecke Belgrad-Milano auf 110—115 Dinar[1]; also 1 kg Lebendgewicht wird, wenn ein Rind 300 kg wiegt, mit 0,30 Dinar und wenn es 600 kg wiegt, nur mit 0,15 Dinar belastet.

Es soll nun untersucht werden, welche Verschiebung in Hinsicht auf die Bestimmung für die Rindviehausfuhr während dieser Periode eingetreten ist. Während Serbien in der vergangenen Periode diese Tiere fast ausschließlich nach Österreich-Ungarn verkaufte, wurden sie in dieser Periode auch nach Italien, Ägypten, der Türkei, Malta und Griechenland exportiert; es waren jetzt also anstatt eines einzigen Marktes mehrere Absatzgebiete vorhanden. Von großer Bedeutung für den Außenhandel ist es, genau zu wissen, wer der wirkliche Konsument der exportierten Ware ist, wodurch man in der Lage ist, den Zwischenhandel auszuschalten und den Gewinn der Vermittlung für sich zu behalten; aber das gelingt selten und ist äußerst schwer zu ermitteln. Das gilt auch für den serbischen Rindviehhandel in dieser Periode. Die serbische Handelsstatistik konnte es, wie erwähnt, nicht vermeiden für den größten Teil der exportierten Tiere die Türkei als Bestimmungsland zu verzeichnen, obwohl in der Tat der Hauptteil dieser Tiere für Italien und Ägypten bestimmt war. Die Statistik notierte die Türkei mit $^3/_4$ des Rindviehexports und die übrigen Staaten für den Rest, von dem der größte Teil mit 50 % Italien, sodann 30 % Ägypten und 20 % Bulgarien, Griechenland und Malta zugeschrieben werden. Doch wurden diese Tiere nach der Überzeugung des serbischen Ministeriums für Volkswirtschaft in einem ganz anderen Verhältnis ausgeführt[2], und zwar empfing: $^3/_4$ des Rindviehexports Italien, von dem Rest wiederum entfielen $^3/_4$ auf Ägypten und die Türkei, welche mit gleichen Anteilen beteiligt waren, und das übrige Viertel bezogen Malta und Griechenland. Als Hauptmärkte in Italien galten Genua, Katania, Palermo, Neapel und Brindisi.

Schließlich sei noch auf die Art dieses Handels in dieser Periode hingewiesen. Der Rindviehhandel in der vergangenen Periode war gänzlich dezentralisiert. Viele kleine Viehhändler kauften das Vieh während des Jahres auf den Jahr- und Wochenmärkten der einzelnen Städte und exportierten es dann nach Budapest. Die Zahl der ausgeführten Rinder betrug manchmal nur 15—20 Stück; ein großes Kapital war zur Ausführung eines derartigen Geschäftes also nicht erforderlich. Man beobachtete häufig, daß ganz gewöhnliche Bauern ohne irgendwelche kaufmännische Fachkenntnis Viehhandel betrieben. Mit dem Verlust des österreichisch-ungarischen Marktes än-

[1] A. a. O. S. 71.
[2] Bericht, vorgelegt dem Ministerium für Volkswirtschaft. 1909. S. 17.

derten sich die Verhältnisse. Der Handel wird im Laufe der Zeit immer mehr konzentriert. Man brauchte mindestens 35—40000 Dinar, um den Transport nach weit entfernten Absatzgebieten vornehmen zu können. Die mehrfach erwähnten Verträge mit den Armateuren waren meistens nicht von langer Dauer, da man ihnen aus verschiedenen Gründen bald wieder kündigte; infolgedessen mußten die Exporteure schon im voraus das Schiff für den Viehtransport nach Italien oder Ägypten bestellen, da nicht zu jeder Zeit ein solches zur Verfügung stand. Ein Armateur, der mit seinem Schiff aus Saloniki Vieh abholen sollte, verlangte, daß die Anzahl der zu verschiffenden Tiere nicht unter 150—200 Stück betrage, was natürlich nur größere Exporteure zuzusagen in der Lage waren. Dadurch lag der Handel in den Händen einer kleinen Zahl von Exporteuren. Auch das Risiko, das infolge ungenügender Kenntnis der Wege und der Absatzkonjunkturen nicht unbedeutend war, bewirkte, daß der Handel in die Hände einer kleinen Zahl kaufmännisch gebildeter Exporteure überging, welche in der Lage waren, jedes wichtigere Moment in der Kalkulation zu berücksichtigen.

In noch höherem Maße wurde der Schweineexport betroffen, so daß die wichtigste Gattung Tiere, welche von jeher den ersten Platz in dem serbischen Viehhandel behauptet hatte, jetzt den zweiten Platz einnahm. Die durchschnittliche Zahl der in der vergangenen Periode exportierten Schweine, 122000 Stück im Jahre, verminderte sich in dieser Periode auf 25470. Aus der Tabelle XVII sehen wir, daß die Zahl der exportierten Schweine nicht wie die Rinderausfuhr steigt, sondern gleich bleibt. Die große Zahl der im Jahre 1906 exportierten Schweine gegenüber der in einzelnen Jahren dieser Periode erklärt sich dadurch, daß die Ausfuhr nach Österreich-Ungarn in der ersten Hälfte des erwähnten Jahres noch unter der Wirkung des alten Handelsvertrages erfolgte. Die Stockung des Handels findet ihre Ursache in derselben Erscheinung wie bei dem Rindviehhandel. In der verlaufenen Vertragsperiode wurden fast sämtliche Schweine mit Ausnahme weniger Tiere, die nach Frankreich, Bulgarien, der Türkei und Rumänien exportiert wurden, auf dem Budapester Markt verkauft; jedoch seit der Unterbrechung der Handelsbeziehungen ging der Handel mit der Nachbarmonarchie bedeutend zurück. Alle Versuche, für diese Ware neue Märkte zu finden, waren wenig erfolgreich. Neben den alten Bezugsländern: der Türkei und Bulgarien, welche sich jetzt viel stärker beteiligen als früher, kommen nun Italien und Ägypten neu in Betracht. Aber der Schweinetransport nach diesen neuen Ländern war noch mit größeren Schwierigkeiten verbunden als der von Rindvieh. Der Seeweg war kostspieliger und nicht selten verlustbringend, weil das Vieh nach mehrwöchentlichem Transport in halbverhungertem Zustande in den italienischen Häfen ausgeschifft wurde, wobei diese Tiere in weit größerem Maße, (20 % gegen 6—10 % bei Rindvieh), kalierten als die Rinder, und häufig das Umstehen der Tiere während der langen und oft stürmischen Überfahrt vorkam. Auch die Gefahr ansteckender Krankheiten ist bei ihnen viel größer als bei den Rindern. Selbst die Konjunktur war für Schweine viel ungünstiger als bei Rindern. In Norditalien herrscht eine starke Nachfrage nach gemästeten Schweinen aus Serbien, die nur mit großen Schwierigkeiten nach dort verschifft werden konnten; magere und halbgemästete Schweine aber, welche den Seeweg hätten gut vertragen können, verlangte man in Italien nicht. In Ägypten wiederum wird infolge des heißen Klimas Schweinefleisch nur in geringem Umfange genossen, infolgedessen fanden die serbischen Schweine hier nur in den Wintermonaten ein kleines Absatzgebiet. Die serbische Handelsstatistik verzeichnet als Bestimmungsländer die Türkei mit 35%, Bulgarien mit 30%, Italien mit 15%, Ägypten und Rumänien mit je 8% und Frankreich mit 4% der Gesamtschweineeinfuhr.

Es muß noch betont werden, daß sich bei solchen Verhältnissen auch die Qualität der serbischen Schweine in dieser Periode ändern mußte. In der verlaufenen Periode wurden größtenteils gemästete Schweine nach Österreich-Ungarn exportiert, da der Handel mit diesen viel ertragreicher war als der mit mageren. In dieser Periode aber, wo man die Schweine über See transportieren mußte, war der Handel mit gemästeten Tieren, die den langen Weg nicht vertragen konnten, ungünstig. Aber auch der Export magerer Schweine war nicht rentabel, da die Transportspesen und der Zoll ungeachtet des Gewichtes die gleichen waren. Daher züchtete man nun eine Mittelgattung, halbgemästete Schweine, welche mehr Fleisch und weniger Fett besaßen.

Der Export von Pferden und Eseln wurde durch den vertraglosen Zustand nicht beeinflußt, da diese Tiere auch in der vergangenen Periode größtenteils nach der Türkei und Bulgarien und nur in geringer Anzahl nach Österreich-Ungarn exportiert worden waren. Ihr Export vergrößerte sich jetzt sogar. Während in der vergangenen Periode durchschnittlich 2150 Stück Pferde und Esel ausgeführt wurden, exportierte man in dieser etwa 3500 Stück. Es blieb auch weiterhin die Türkei mit sieben Zehnteln der Pferdeausfuhr Serbiens Abnehmer, an dem Rest nahmen jetzt außer Bulgarien und Österreich-Ungarn auch Italien und Griechenland teil. Aber die Ziffer für die Türkei müßte aus schon oben erwähnten Gründen zugunsten derjenigen Italiens etwas herabgesetzt werden. Pferde und Esel waren von der österreichisch-ungarischen Sperre für serbisches Vieh ausgenommen, da sie mit der ungarischen Pferdezucht nicht wetteifern konnten, wie das mit serbischen Rindern und Schweinen der Fall war; deswegen sehen wir trotz der hohen Zölle für die Tiere auch in dieser Periode Österreich-Ungarn als Abnehmer für die serbische Ware, wenn es sich auch nur um eine kleine Quote handelte. Die Ausfuhr dieser Tiere nach der Nachbarmonarchie trat dann ein, wenn recht gute Preise erzielt wurden, welche die Zollspesen bezahlt machten.

Auch die Schaf- und Ziegenausfuhr ist durch den vertraglosen Zustand nicht ungünstig beeinflußt worden. Während Serbien in der vergangenen Periode durchschnittlich 78000 Stück Schafe und Ziegen ausführte, wurden jetzt 85000 Stück exportiert; es trat also eine bedeutende Vermehrung ein. Aus der Tabelle XVII ist ersichtlich, daß in den ersten Jahren ein kleiner Rückgang des Exports zu verzeichnen ist, von 1908 ab tritt eine Steigerung ein, so daß dadurch der Ausfall des Exports 1906—1908 ausgeglichen und eine bedeutende Vermehrung für die gesamte Periode herbeigeführt wurde. In der verlaufenen Vertragsperiode wurden 75 % der gesamten Schaf- und Ziegenausfuhr in der Türkei, 15 % in Österreich-Ungarn und der Rest in Bosnien und Bulgarien verkauft. Der Ausfall des Exports zu Beginn des vertragslosen Zustandes entspricht der Ausfuhr nach Österreich-Ungarn in der vergangenen Periode; die Ausfuhr nach den anderen erwähnten Staaten blieb unverändert. Im Laufe der Zeit wurde der Export dieser Tiere nach der Türkei verstärkt und neu hinzu kamen Ägypten und Griechenland, so daß jetzt die Türkei mit 80 %, Ägypten mit 15 % und Griechenland und Bulgarien mit dem Rest teilnahmen. Also gerade derjenige Teil des Exports, welcher früher Österreich-Ungarn gehörte, fiel jetzt Ägypten zu, das für diese Tiere, die dort in nicht unbedeutendem Maße genossen werden, ein vorzügliches Absatzgebiet ist.

Lediglich beim Export von Geflügel in lebendem Zustande ist ein starker Rückgang zu verzeichnen, da der Zoll des autonomen Tarifes Österreich-Ungarns, wohin früher die Tiere fast ausschließlich ausgeführt wurden, 8 Kronen für 100 kg Lebendgewicht betrug, während die Einfuhr früher frei war. Man konnte dieser Ware in anderen Staaten schwer Absatz verschaffen, da die Nachbarstaaten Bulgarien, Rumänien, die Türkei und Bosnien selbst Geflügelzucht betrieben und der Export nach den weiteren West- und Südländern sehr beschwerlich ist. Die Ausfuhrziffer von 1,2 Mill. Dinar für den Geflügelexport am Anfang dieser Periode sank Ende dieser Periode auf 80000 Dinar. Die Nachbarmonarchie blieb trotz des vertraglosen Zustandes weiter ausschließliche Abnehmerin.

Die Ausfuhr tierischer Produkte wurde durch den Konflikt mit dem Nachbarreiche ebenfalls beeinflußt. Der verminderte Export von Tieren hat einen verstärkten Export von tierischen Produkten hervorgerufen. Wenn man die tierischen Produkte gesondert als eine Gruppe und die Tiere als andere Gruppe annehmen wollte, so nehmen die ersteren in dieser Periode mit 14,7 % den dritten Platz im serbischen Gesamtexport ein. Es ist aber von vornherein zu bemerken, daß nicht alle Produkte dieser Gruppe in demselben Maße beeinflußt wurden, ja, manche blieben von jedem Einfluß unberührt. Um die Veränderungen in dieser Gruppe festzustellen, empfiehlt es sich, sämtliche Produkte dieser Gruppe in folgende drei Untergruppen zu teilen:

a) eingemachtes Fleisch, Konserven, Salami und Speck;
b) frisches und gesalzenes Fleisch aller Art, Fette, Käse, Sahne, Butter, Honig, Eier, Geflügelfedern und Seidenkokons und
c) Felle und Häute einerseits, Wolle und Haare, sowie deren Produkte, andererseits.

Auf die erste Untergruppe hat der vertraglose Zustand keinen Einfluß ausgeübt, da diese Erzeugnisse erst in dieser Periode für den serbischen Export in Betracht kommen. Die Waren wurden Anfang dieser Periode nur in geringen Mengen ausgeführt, aber infolge ihrer immer größeren Produktion, besonders in den Schlachthäusern im Innern des Landes, in Welika Plana und Mladenovatz, stieg deren Export von Jahr zu Jahr, so daß er am Ende dieser Periode eine Höhe von 1,4 Mill. Dinar erreichte. Auch für die Bestimmung dieser Waren blieb der vertraglose Zustand wirkungslos, da die geringen Mengen, die in der vorigen Periode etwa zum Export gelangten, nicht nach Österreich-Ungarn, sondern nach anderen Staaten ausgeführt wurden, die auch in dieser Periode Abnehmer der serbischen Waren blieben; es wurden $^3/_4$ des Gesamtexports in der Türkei, der Rest in Frankreich, in der Schweiz und in Deutschland verkauft.

Eine starke Vermehrung des Exports sehen wir fast bei allen Produkten der zweiten Untergruppe, besonders bei dem Export von gesalzenem und frischem Fleisch und Eiern. Infolge der großen Transportschwierigkeiten lebender Tiere nach weit entfernten Absatzgebieten wurden große Mengen der Tiere zum Teil von den im Lande bestehenden fünf Schlachthäusern,[1] besonders aber von der Belgrader Schlachthaus-A.-G. angekauft und geschlachtet, zum Teil aber auch von den Exporteuren selbst in den Schlachthäusern geschlachtet und dann ausgeführt. Allein im Laufe der Zeit wich das frische Fleisch dem gesalzenen und gekühlten, da frisches Fleisch beim langen Transport verderben mußte. Bei dieser Untergruppe sehen wir hinsichtlich der Bestimmung ähnliche Verschiebungen wie bei den Tieren. Österreich-Ungarn wurde größtenteils durch andere Staaten ersetzt. Der hohe Zoll des österreichisch-ungarischen autonomen Tarifs für frisches und gesalzenes serbisches Fleisch von 30 und 45 Kronen für 100 kg wirkte auf den serbischen Export prohibitiv, trotzdem blieb aber die Nachbarmonarchie Käufer von 25 % der gesamten Fleischausfuhr; damit sank der Export dieser Ware nach Österreich-Ungarn, wohin er früher fast ausschließlich gerichtet war, bedeutend; dagegen stieg der Export nach Frankreich auf 30 % wodurch es den ersten Platz im serbischen Fleischexport einnahm. Aber auch andere Staaten nehmen stark an der serbischen Fleischausfuhr teil, und zwar Italien mit 15 %, England und die Türkei mit je 10 %, Belgien mit 5 %, der Rest entfiel auf die Schweiz und Norwegen. Dabei sind recht große Schwankungen in der Beteiligung dieser Staaten zu verzeichnen, was jedenfalls auf ein gesundes Handelsleben zurückzuführen ist. Es ist noch zu erwähnen, daß die Bestimmung für das geschlachtete Geflügel sich ganz anders gestaltete. Während früher der größte Teil dieser Ware nach Österreich-Ungarn und der kleinere Teil nach Deutschland ausgeführt wurde, sehen wir in dieser Periode Deutschland mit dem größten Teil, mit $^3/_4$ der Waren als Abnehmer. Auch der Eierexport brachte infolge

[1] Gewerbekammer. Bericht 1910. S. 18—26.

großer Nachfrage in den westeuropäischen Staaten dem Lande bedeutende Einnahmen. Eier wurden in der vergangenen Periode größtenteils, mit 55 % nach der Nachbarmonarchie und mit 35 % nach Deutschland ausgeführt, jetzt aber trat gerade das umgekehrte Verhältnis ein. Ebenso ist Deutschland jetzt mit $^3/_4$ der Abnehmer für serbische Fette und Talg. Der Export von Käse und Butter blieb durch den vertraglosen Zustand unbeeinflußt, da die Produkte auch früher hauptsächlich nach der Türkei und Bulgarien exportiert wurden.

Bei der Ausfuhr der Produkte der dritten Untergruppe erfuhr der Export von Schaf- und Ziegenhäuten und Fellen, auch früher die Hauptexportartikel dieser Gruppe, eine Vermehrung des Wertes von $^1/_2$ Mill. Dinar; hinsichtlich der Bestimmung für diese Ware trat keine Änderung ein. Österreich-Ungarn blieb auch weiterhin mit dem größten Anteil, mit acht Zehntel des Gesamtexports Abnehmer, der Rest entfiel auf Deutschland und Frankreich. Diese auf den ersten Augenblick eigenartige Erscheinung erklärt sich dadurch, daß die ungarischen Agrarier nur diejenigen importierten landwirtschaftlichen und tierischen Produkte mit hohen Zöllen belegten, welche ohne weitere Verarbeitung im Lande direkt der Konsumtion dienten. Dagegen war der Zoll des allgemeinen Tarifes Österreich-Ungarns auf Rohprodukte für die Industrie (z. B. Häute und Felle) nicht so hoch und unterschied sich nur wenig von seinem Vertragstarif.

Von anderen Produkten, welche in dieser Periode im serbischen Export eine Rolle spielten, sind noch zu nennen: Mehl und Kleie, Hanf und Seilerwaren, die Produkte der Forstwirtschaft, Erze und Metalle und Fossile. Während alle diese Produkte zusammen in der vergangenen Periode im Werte von durchschnittlich 2 Mill. Dinar zum Export gelangten, wurden sie jetzt im durchschnittlichen Werte von 10,5 Mill. Dinar ausgeführt. Es trat also eine Zunahme von 8,5 Mill. Dinar oder 404 % ein.

Der Export der Mühlenprodukte, von dem $^3/_5$ auf Mehl und $^2/_5$ auf Kleie entfallen, zeigt eine bedeutende Zunahme. Wie aus der Tabelle XIV zu ersehen ist, macht sich die Ausfuhr dieser Erzeugnisse erst seit den 90er Jahren etwas bemerkbar, dann wuchs sie allmählich und erreichte am Ende dieser Periode eine Höhe von 3,2 Mill. Dinar. Diese Zunahme ist nicht so sehr die Folge des vertraglosen Zustandes, sondern ist vielmehr der Entwicklung der Mühlenindustrie zu danken. Die 29 Mühlen des Landes hatten eine jährliche Produktion von 25,6 Millionen Dinar.[1] Aber der Exportwert der Mühlenprodukte stieg nicht nur absolut, sondern auch relativ, was auf die Verbesserung der Qualität zurückzuführen ist. Während früher das serbische Mehl für den durchschnittlichen Preis von 18 Dinar pro 100 kg verkauft wurde, notierte es jetzt den Preis von 23—25 Dinar für die gleiche Gewichtsmenge. Die Bestimmung für diese Waren wurde durch den vertraglosen Zustand nicht geändert. Für Mehl blieb die Türkei die Hauptabnehmerin, dagegen wurde die Kleie auch weiterhin haupt-

[1] Gewerbekammer Serbiens. Bericht 1910. S. 18—26.

sächlich in der Nachbarmonarchie verkauft, da der Zoll des neuen österreichisch-ungarischen autonomen Tarifs für sie ziemlich niedrig ist.

Der Export von Hanf und Seilerwaren blieb in dieser Periode fast unverändert. Während der Hanfexport stieg, nahm die Ausfuhr von Seilerwaren ab, da diese früher hauptsächlich nach Bulgarien exportiert wurden, aber seit dem Inkrafttreten des bulgarischen Tarifs von 1906, der eine Zollerhöhung von 5 Dinar auf 45, 55 bis 120 Dinar für 100 kg einführte, der Export dieser Ware dorthin so gut wie ausgeschlossen war. An der serbischen Hanfausfuhr beteiligten sich in dieser Periode Österreich-Ungarn und Bulgarien mit gleichen Teilen, dagegen gingen die Seilerwaren mit $^{3}/_{4}$ nach der Türkei und mit $^{1}/_{4}$ nach Bulgarien.

Eine besonders starke Zunahme hat man bei dem Export von Erzen und Metallen zu verzeichnen. Während beide in der vergangenen Periode im durchschnittlichen Werte von kaum 600000 Dinar zur Ausfuhr gelangten, wurden sie in dieser Periode im Werte von 4,5 Mill. Dinar ausgeführt. Das Kupfer bildet den Hauptfaktor mit fast neun Zehntel der ausgeführten Erze und Metalle, der Rest entfällt auf Blei und Pyrit. Letztere führte man größtenteils nach Österreich-Ungarn aus, Kupfererze dagegen nach Frankreich und Amerika, Kupfer fast ausschließlich nach Amerika.

Obwohl die Produkte der Forstwirtschaft in dieser Periode in bedeutend höherem Werte zur Ausfuhr gelangten als in der vergangenen, blieb dennoch ihr Export während der ganzen Periode unverändert, was in der schwachen Ausbeutung der Wälder begründet ist. Die Türkei, Österreich-Ungarn und Bulgarien waren Hauptabnehmer für diese Ware. Infolge der geringen Ausbeutung von Fossilen einerseits und des immer größeren Landesbedarfes an diesen andererseits, erfuhr ihr Export einen bedeutenden Rückgang. Fossile wurden auch weiter nach allen Richtungen hin ausgeführt. Bei den Erzen und Metallen, Holzverarbeitungen und Fossilen blieb der vertraglose Zustand mit der Nachbarmonarchie wirkungslos.

Schlußbetrachtungen.

Wenn die vorliegende Arbeit die Entwicklung des Außenhandels Serbiens möglichst erschöpfend darstellen wollte, so scheint uns am Schlusse noch geboten, auf gewisse allgemeine Tendenzen, die im Laufe der Entwicklung des serbischen Außenhandels unverkennbar hervorgetreten sind, hinzuweisen.

Vor allem fällt es auf, daß der Handelsverkehr seit der Befreiung Serbiens viel Ähnlichkeit mit demjenigen des deutschen Mittelalters aufweist. Während Serbien im Mittelalter mit seinem Außenhandel auf die oberitalienischen wie auf die an der dalmatinischen Küste gelegenen Märkte, hauptsächlich auf Ragusa, angewiesen und von dieser abhängig war, dorthin seine Rohprodukte der Viehzucht, der Landwirtschaft und des Bergbaues ausführte und dagegen fast ausschließlich fertige Fabrikate einführte, tritt nach der Befreiung Serbiens eine ähnliche Erscheinung zutage, nur mit dem Unterschiede, daß die italienischen und dalmatinischen Märkte nunmehr durch österreichisch-ungarische ersetzt wurden. Die Handelsbedeutung von Ragusa, Venedig, Pisa, Florenz und anderen wich derjenigen von Budapest und Wien.

Wenn wir uns die Ergebnisse vom Jahre 1843 an, seit dem statistische Ausweise vorhanden sind, bis zum Jahre 1910 nochmals ins Gedächtnis zurückrufen, läßt sich folgendes feststellen:

a) Der Außenhandel Serbiens hat zweifellos einen wesentlichen Fortschritt aufzuweisen, er hat sich aber nur unter großen Schwankungen und sehr unregelmäßig entwickelt. Die Periode von 1843 bis zur Anerkennung der Selbständigkeit Serbiens ist dadurch charakterisiert, daß Serbien unter dem Regime der alten türkischen Handelsverträge mit dem Auslande stand, während die beiden ersten Vertragsperioden durch den fast ausschließlichen Einfluß Österreich-Ungarns auf den serbischen Markt und durch die Ausfuhr von lebendem Vieh nach der Nachbarmonarchie gekennzeichnet sind. Ein Vergleich dieser beiden Zeitabschnitte zeigt, daß der Außenhandel Serbiens von 14,5 Mill. Dinar im Jahre 1843 auf etwa 90 Mill. Dinar im Jahre 1883 emporstieg und sich so in der Zeit von 41 Jahren um 75,5 Mill. Din. erhöhte, während er in dem zweiten Zeitabschnitt von 91 Mill. Dinar im Jahre 1884 auf 127 Mill. Dinar im Jahre 1905 stieg, sich demnach in der Zeit von 22 Jahren nur um 36 Mill. Din. oder um 40 % vermehrte. Dann aber kommen wieder bessere Zeiten infolge des vertraglosen Zustandes mit der Nachbarmonarchie. In der Zeit der zwei ersten Verträge — während 22 Jahren — wuchs der Außenhandel nur um 40 %; dagegen stieg er in der kurzen Zeit des vertraglosen Zustandes von fünf Jahren um 44 %. Sowohl beim Import als insbesondere beim serbischen Export ist dieselbe Tendenz festzustellen.

b) Von Anfang an spielte Österreich-Ungarn für die Versorgung Serbiens eine wichtige Rolle. So war es bis zur Anerkennung der Selbständigkeit Serbiens am serbischen Import mit ungefähr 70 % und in der kurzen Periode von 1879—1883, als der serbische autonome Tarif vom Jahre 1864 noch Geltung hatte, sogar mit 90 % an der Gesamteinfuhr Serbiens beteiligt. Dagegen nahmen die Türkei und Rumänien, welche anfänglich noch als die einzigen Lieferanten Serbiens erschienen, nur mit 25 % und 5 % am Gesamtimport Serbiens teil. In der kurzen Periode von 1879—1883 sind noch zwei Staaten, Bulgarien und Bosnien, als Herkunftsländer zu verzeichnen, doch war die Einfuhr aus diesen vier Ländern zusammen während dieser kurzen Periode nicht einmal so groß wie der Anteil der Türkei und Rumäniens in der Periode bis zum Berliner Vertrag. Seit der Anknüpfung von Handelsbeziehungen Serbiens mit den meisten europäischen Staaten ändern sich die Verhältnisse insofern, als in der ersten Handelsvertragsperiode Serbiens die übergroße Beteiligung Österreich-Ungarns an der serbischen Einfuhr (mit 90 %) infolge der Konkurrenz anderer europäischer Staaten, vor allem Deutschlands und Englands, auf 65% des Gesamtimports Serbiens herabging; England beteiligte sich mit 7,5% und Deutschland mit 9,8%. In der zweiten Vertragsperiode Serbiens ging die Beteiligung der Nachbarmonarchie noch weiter zurück und bezifferte sich auf 58%, England und Deutschland dagegen vertauschten ihre Rollen, indem Deutschland mit 12,6% den Vorrang vor England hatte, die Beteiligung Englands hingegen ging auf 9,4% der Gesamteinfuhr Serbiens zurück. In der Zeit des vertraglosen Zustandes Serbiens verringerte sich die Beteiligung der Nachbarmonarchie am serbischen Import auf 34,4% und erreichte somit nicht einmal die Hälfte der größten Einfuhrziffer Serbiens aus diesem Staate; dagegen hob sich die Einfuhr aus Deutschland auf 32% und die aus England auf 12% des Gesamtimports.

Noch stärker aber war Serbien mit seinem Export auf die Nachbarmonarchie angewiesen. Bis zur Anerkennung der Selbständigkeit Serbiens war Österreich-Ungarn mit 79% am Gesamtexport Serbiens beteiligt, der Rest entfiel auf die Türkei und Rumänien. Im Verlaufe der zwei Vertragsperioden wurde die Beteiligung Österreich-Ungarns am serbischen Export trotz Anknüpfung neuer Handelsbeziehungen Serbiens mit anderen europäischen Staaten immer größer und bezifferte sich in der ersten Vertragsperiode auf etwa 87% und in der zweiten auf ungefähr 88% des Gesamtexports Serbiens. Wie stark Serbien mit seinen Exportwaren während der zwei Vertragsperioden an die Nachbarmonarchie gebunden war, zeigt uns deutlich die Ausfuhr Serbiens nach anderen Staaten, von denen vor allem die Türkei und Deutschland in Betracht kommen. Auf die Türkei entfallen in der ersten Vertragsperiode 5,8% und auf Deutschland etwa 2%, in der zweiten Vertragsperiode vertauschten diese beiden Länder ihre Rollen, wonach Deutschlands Beteiligung auf 4,6% stieg, die der Türkei hingegen auf 3% der Gesamtausfuhr Serbiens sank. In der Zeit des vertragslosen Zustandes jedoch sank die Beteiligung Österreich-Ungarns auf etwa 27%, während die Deutschlands auf ungefähr 25% und diejenige der Türkei auf ungefähr 15% des Gesamtexports Serbiens stieg. Die Zeit des vertraglosen Zustandes verschaffte Serbien sogar neue wichtige Absatzgebiete für seine Erzeugnisse, Belgien und Italien; Belgien nahm mit 14,4%, Italien mit 3,1% an der serbischen Gesamtausfuhr teil.

c) Von den serbischen Importwaren nehmen die fertigen Fabrikate fast 50% des Gesamtimports Serbiens ein, während der Import derjenigen Artikel, die im Lande nicht produziert werden können, wie Kaffee, Öle, Salz, Südfrüchte, Rohrzucker u. a. 20%, und die Einfuhr solcher Produkte, welche im Lande zwar hergestellt werden könnten, aber infolge mangels der wichtigsten Produktionsbedingungen nicht hergestellt werden, etwa 30% des Gesamtimports Serbiens beträgt. Im Laufe der Zeit änderte sich dieses Verhältnis, so daß in der neuesten Zeit die fertigen Fabrikate 65%, die Waren, die im Lande nicht produziert werden können, 15% und die letztgenannten, deren Produktion noch nicht organisiert ist, 20% des Gesamtimports betragen.

Ganz anders liegen die Verhältnisse beim serbischen Export. Von Anfang an bis zur neuesten Zeit bildeten Vieh, tierische Produkte, Cerealien und Obst die Hauptartikel Serbiens mit 95%, nur 5% entfielen auf andere Artikel. Anfänglich bezifferte sich der Export von Vieh auf über die Hälfte des Exports, wobei die Schweineausfuhr wiederum fast die Hälfte des Viehexports ausmachte. Im Laufe der Zeit aber ging infolge der Steigerung der Produktion von Cerealien und Obst der Viehexport zugunsten der beiden letztgenannten Erzeugnisse, die in den letzten Jahren des Vertragszustandes bedeutende Faktoren des serbischen Exports geworden sind und den zweiten Platz im serbischen Export behaupteten, ständig zurück. Mit dem Inkrafttreten des vertraglosen Zustandes mit der Nachbarmonarchie nehmen Obst und Cerealien den ersten Platz im serbischen Export ein; den zweiten Platz dagegen erhielt nicht etwa der Export von Tieren, sondern der Handel mit tierischen Produkten, während die Viehausfuhr den dritten Platz erlangte. In der neuesten Zeit gewann noch eine neue Gruppe von Erzeugnissen Bedeutung, die sich von Jahr zu Jahr zu einem immer bedeutenderen Artikel des serbischen Exports entwickelt; es sind die Erze und Metalle, denen auch die Produkte der Forstwirtschaft, Hanf- und Seilerwaren sowie die Fossilien anzuschließen sind.

d) Obwohl die serbischen Ausfuhrartikel sich nicht gerade durch besondere Güte auszeichneten, fanden sie dennoch bis zum Jahre 1906 guten Absatz in Österreich-Ungarn, und deshalb fühlten sich die serbischen Exporteure und Produzenten nicht bewogen, Verbesserungen eintreten zu lassen. Nach Abbruch der Handelsbeziehungen mit der Nachbarmonarchie war Serbien auf andere Absatzmärkte angewiesen. Da auf diesen aber bessere Qualitäten verlangt wurden, mußten die serbischen Produzenten, wenn auch unfreiwillig, so doch in ihrem eigenen Interesse die Güte ihrer Erzeugnisse verbessern.

Tabelle I.

Der serbische Außenhandel von 1843—1883.

In den Jahren	Wert in 1000 Dinar			
	Import	Export	Zusammen	Differenz: Export — Import
1843	5587	8959	14546	3372
1844	7065	5631	12696	— 1434
1845	8674	6184	14858	— 2490
1846	6852	10924	17776	4072
1847	7236	10919	18155	3683
1848	9232	12408	21640	3176
1849	7670	10240	17910	2570
1850	12576	19005	31581	6429
1851	13112	12014	25126	— 1098
1852	7792	14674	22466	6882
1853	10172	11998	22170	1826
1854	7841	12935	20776	5094
1855	13942	18665	32617	4723
1856	12682	20401	33083	7719
1857	13412	15168	28530	1756
1858	15046	11297	26343	— 3749
1859	12728	11843	24571	— 885
1860	11098	12782	23880	1684
1861	14086	13695	27781	391
1862	12696	15903	28599	3207
1863	15576	19876	35452	4300
1864	16824	14625	31449	— 2199
1865	19185	17901	37087	— 1284
1866	21776	18798	40474	— 2878
1867	26451	24812	51263	— 1639
1868	29962	37824	67786	7862
1869	26659	33863	60522	7204
1870	27937	30595	58532	2658
1871	27715	27627	55342	— 88
1872	29493	32858	62351	3365
1873	26675	31711	58386	5036
1874	31788	35381	67169	3593
1875	31219	35014	66234	3795
1876—1878	Kriege			
1879	41567	38880	80448	22687
1880	46095	35212	81307	— 10883
1881	43173	40127	83309	— 3046
1882	48451	40334	88785	— 8117
1883	49716	40232	89948	— 9484

Tabelle II.

Die wichtigsten serbischen Importwaren in den Jahren 1861—1875.

Importwaren	Durchschnittlicher Wert in den Jahren					
	1861—1865		1866—1870		1871—1875	
	in 1000 Din.	%[1]	in 1000 Din.	%	in 1000 Din.	%
Tabak	408	2,60	182	0,71	263	0,93
Südfrüchte	120	0,75	152	0,54	187	0,65
Öl	422	2,63	802	3,02	824	2,86
Kaffee	467	2,85	683	2,62	839	2,93
Zucker	962	5,97	1344	5,06	2053	7,20
Reis	215	1,42	217	0,84	403	1,39
Mehl	368	2,28	494	1,90	642	2,24
Wein	159	1,01	328	1,37	131	0,43
Bier	160	1,02	243	0,97	173	0,62
Salz	1995	12,35	2659	10,14	1456	4,97
Petroleum	75	0,48	93	0,40	308	1,04
Fisch	335	2,09	547	2,10	620	2,10
Pferde	809	5,15	1462	5,58	2046	6,90
Häute und Felle	500	3,10	1632	6,10	1852	6,30
Einfache Holzfabrikate	130	0,80	198	0,80	235	0,78
Einfache Eisenfabrikate	447	2,90	592	2,32	537	1,54
Maschinen und dessen Derivate	15	0,09	36	0,15	99	0,28
Andere Werkzeuge von Eisen	462	2,90	930	3,60	1310	4,80
Garn	813	5,10	1622	6,25	2055	6,90
Schnur	300	1,97	292	1,90	442	1,40
Leinen und Stoffe	1850	11,80	4395	16,50	4239	14,20
Fertige Kleider	102	0,71	196	0,78	157	0,46
Hüte	36	0,23	100	0,38	186	0,76
Kopfbedeckungen für Frauen	216	1,35	272	1,03	304	1,15
Schuhe	152	0,95	310	1,14	227	0,92
Seilerwaren	52	0,35	235	1,92	146	0,45
Glas	99	0,70	322	1,25	387	1,30
Tonwaren	33	0,21	65	0,29	107	0,42
Papier und andere	168	1,15	299	1,15	294	1,15

[1] Prozent des durchschnittlichen Gesamtimports.

Tabelle III.

Die wichtigsten serbischen Exportwaren in den Jahren 1845—1875.

Exportwaren	Durchschnittlicher Wert in den Jahren													
	1843—1845		1846—1850		1851—1855		1856—1860		1861—1865		1866—1870		1871—1875	
	in 1000 D.	%[1]	in 1000 D.	%	in 1000 D.	%	in 1000 D.	%	in 1000 D.	%	in 1000 D.	%	in 1000 D.	%
Cerealien	18	0,2	158	1,1	27	0,1	113	0,6	367	0,7	3520	12,1	2782	8,4
Gedörrte Pflaumen	0,3	0,004	32	0,4	21	0,1	21	0,1	73	0,4	554	1,7	2050	7,4
Rakija[2]	25	0,3	118	0,8	132	0,9	328	2,3	505	3,2	566	1,8	667	2,0
Wein	0,9	0,01	3	0,02	12	0,08	63	0,4	19	0,1	56	0,1	70	0,2
Schweine (gemästete u. magere)	3391	47,6	6127	47,2	6865	47,3	6259	44,0	7042	43,3	12084	41,2	13161	41,1
Rinder	704	10,1	1011	7,8	2038	14,4	1422	10,1	1554	9,4	2561	8,3	4153	12,5
Pferde	156	2,3	291	2,2	352	2,5	715	3,2	688	3,4	1659	5,2	2063	6,4
Schafe	248	3,6	329	2,3	492	3,6	392	2,4	380	2,1	412	1,7	495	1,4
Ziegen	88	1,2	103	0,7	74	0,2	285	2,1	137	0,7	109	0,5	63	0,1
Felle und Häute	1001	14,4	1173	8,2	1372	9,8	1336	8,2	1583	9,3	2752	9,6	2727	8,2
Wolle	210	3,0	517	4,0	613	4,7	702	5,0	1112	5,2	819	2,5	739	2,2
Andere Produkte	1312	17,8	3352	25,2	2616	16,3	3419	21,6	4100	22,2	5018	16,3	3637	10,1

[1] Prozent des Gesamtexports.
[2] Branntwein.

Tabelle IV.

Übersicht des Imports Serbiens aus den Bezugsländern in den Jahren 1879—1883.

Importiert aus den Staaten		In den Jahren 1879	1880	1881	1882	1883	Durchschnittlich
Österreich-Ungarn	in 1000 Din.	35929	41811	38725	44649	45613	41345
	%[1]	86,4	90,7	89,7	92,1	91,7	90,1
Bosnien	in 1000 Din.	742	457	360	357	190	421
	%	1,7	0,9	0,8	0,7	0,3	0,9
Bulgarien	in 1000 Din.	678	814	516	467	205	535
	%	1,6	1,7	1,2	0,9	0,4	1,2
Rumänien	in 1000 Din.	1813	1688	2268	1762	1791	1864
	%	4,3	3,6	5,2	3,6	3,6	4,2
Türkei	in 1000 Din.	2404	1324	1303	1213	1920	1633
	%	5,7	2,8	3,0	2,5	3,8	3,6

Tabelle V.

Übersicht des Exports Serbiens nach den Bestimmungsländern in den Jahren 1879—1883.

Exportiert nach den Staaten		In den Jahren 1879	1880	1881	1882	1883	Durchschnittlich
Österreich-Ungarn	in 1000 Din.	23167	26781	32991	34143	35695	30556
	%[1]	59,5	76,0	82,2	84,6	88,7	78,3
Bosnien	in 1000 Din.	7536	2536	1793	2257	666	2957
	%	19,3	7,2	4,4	5,5	1,6	7,7
Bulgarien	in 1000 Din.	3617	3690	3067	1500	1059	2587
	%	9,3	10,4	7,6	3,7	2,6	6,7
Rumänien	in 1000 Din.	834	713	641	619	1019	765
	%	2,1	2,0	1,6	1,5	2,5	1,9
Türkei	in 1000 Din.	3725	1490	1633	1812	1792	2090
	%	9,5	4,2	4,0	4,4	4,4	5,4

[1] Prozent des Gesamtimports.

Tabelle VI.

Die wichtigsten serbischen Importwaren in den Jahren 1879—1883.

Importwaren	Wert in 1000 Dinar in den Jahren					Durchschnittlich 1879—1883	
	1879	1880	1881	1882	1883	in 1000 Dinar	% des Gesamtimportes
Mühlenprodukte: Mehl, Gries u. a.	489	251	81	444	483	349	0,7
Eßwaren von Mehl und Fleisch.	719	564	359	587	525	550	1,2
Gartengewächse u. Gemüse	239	376	312	409	200	307	0,6
Wein	410	329	334	108	173	270	0,5
Südfrüchte und Gewürze	332	348	319	365	300	352	0,7
Reis	732	532	538	703	520	605	1,3
Kaffee	1265	1325	1767	1774	1425	1511	3,2
Zucker.	2690	2668	2378	1939	2211	2377	5,1
Salz	1985	2166	2215	2535	1834	2147	4,7
Öl.	839	1109	1030	1097	1648	1144	2,7
Tabak	542	359	508	663	273	469	1,2
Petroleum	464	729	839	755	1275	812	1,7
Wolle u. Wollengarn . .	94	124	240	154	493	221	0,4
Wollene Gewebe	2542	3468	1778	2862	3120	2754	6,0
Baumwolle u. deren Garn	2385	2410	2893	2999	4200	2977	6,5
Baumwollene Gewebe . .	4539	2903	2938	2798	4377	3511	7,6
Seide	650	886	718	703	1059	803	1,7
Hanf, Flachs und dessen Gewebe	737	1204	931	1689	919	1096	2,4
Fertige Kleider und Manufakturwaren	2993	3404	2378	3314	3027	3003	6,5
Seilerwaren.	212	196	178	228	152	193	0,4
Papier und dessen Waren	859	795	1111	1024	842	934	2,1
Hemikalien, Arzneien und Farbe	1578	1837	1511	1829	1520	1655	3,6
Rohe Häute	1124	1011	1096	756	1068	1011	2,2
Gegerbte Felle und Häute	1754	1755	2031	1442	1339	1664	3,7
Halbe und fertige Holzfabrikate.	1494	3171	3080	3443	3299	2897	6,4
Eisen und Eisenprodukte	2903	3024	2845	5154	4709	3727	8,1
Andere Metalle und deren Waren	475	575	542	615	748	591	1,3
Maschinen	599	670	621	488	373	550	1,2
Glas und Glaswaren . .	585	703	730	699	776	698	1,5
Kurzwaren	1490	1706	1896	1895	2101	1817	3,0
Schuhe und Opanken u. a.	309	373	364	346	439	366	0,7

Tabelle VII.

Die wichtigsten serbischen Exportwaren in den Jahren 1879—1883.

Exportwaren	Wert in 1000 Dinar in den Jahren					Durchschnittlich 1879—1883	
	1879	1880	1881	1882	1883	in 1000 Dinar	% des Gesamtexportes
Weizen und Roggen . .	1428	5144	4631	5528	6126	4571	11,7
Gerste und Hafer. . . .	632	430	565	690	162	495	1,2
Mais.	142	36	115	412	615	284	0,7
Mühlenprodukte: Mehl, Gries u. a.	278	124	130	129	66	145	0,3
Frisches Obst	44	123	80	71	72	78	0,2
Gedörrte Pflaumen . . .	3074	6479	5867	7313	7336	6053	15,5
Pflaumenmus.	176	43	3	5	25	50	0,1
Branntwein	710	181	230	142	191	291	0,7
Wein	457	1240	685	1418	669	894	2,3
Schweine	14128	9190	14815	13454	12225	12762	32,6
Rinder.	4263	2424	3830	2792	4658	3593	9,2
Pferde	1198	549	606	501	343	639	1,6
Schafe und Ziegen . . .	1265	968	899	405	847	876	2,2
Fleisch und Speck . . .	116	24	52	25	83	40	0,1
Honig und Wachs . . .	28	16	170	18	9	48	0,1
Käse und Butter	189	79	83	542	81	194	0,5
Rohe Schaf- u. Ziegenfelle	3303	2975	3671	3590	3599	3427	8,8
Wolle und Haare . . .	318	494	454	254	111	326	0,9
Seilerwaren.	1419	837	961	979	998	1039	2,6
Einfache Holzverarbeitungen	278	1420	338	503	434	594	1,5
Brennholz	120	100	108	78	96	100	0,2
und andere.							

Tabelle VIII.

Der serbische Außenhandel von 1884—1910.

In den Jahren		Wert in 1000 Dinar			
		Import	Export	Zusammen	Differenz: Export — Import
Die I. Vertragsperiode	1884	50947	39969	90916	— 10978
	1885	40473	37625	78098	— 2848
	1886	51694	40719	92413	— 10975
	1887	36479	36130	72609	— 349
	1888	35184	38909	74093	3725
	1889	34843	39066	73909	4223
	1890	38045	45841	83886	7796
	1891	42806	52280	95086	9474
	1892	37070	46452	83522	9382
	1893	40923	48910	89833	7987
Die II. Vertragsperiode	1894	34881	46023	80904	11142
	1895	28240	43390	71630	15150
	1896	33448	53386	86834	19938
	1897	45314	55940	101254	10626
	1898	42102	56991	99093	14889
	1899	46429	65744	112173	19315
	1900	54027	66522	120549	12495
	1901	43835	65686	109521	21851
	1902	44821	72124	116944	27303
	1903	58235	59967	118202	1732
	1904	60926	62156	123082	1230
	1905	55601	71996	127597	16395
Vertragloser Zustand mit Österr.-Ungarn	1906	44329	71604	116033	27275
	1907	70538	81491	152029	10953
	1908	75635	77749	153384	2114
	1909	73535	92982	166117	19447
	1910	84696	98388	183084	13692

Tabelle IX: **Übersicht des Importes Serbiens nach den Provenienzländern von 1884—1910.**

In den Jahren	Wert in 1000 Dinar																					
	Gesamtimport	Amerika		Österreich-Ungarn		Belgien		Bosnien		Bulgarien		Griechenland		Dänemark		Ägypten		England		Italien	
		Absolut	%[1]	Absolut	%[1]	Absolut	%	Absolut	%[1]	Abs.	%[1]	Abs.	%[1]	Abs.	%[1]	Abs.	%[1]	Abs.	%	Abs.	%
1884	50947	2376	4,6	31802	62,4	31	0,06	388	0,7	272	0,5	296	0,5	—	—	—	—	4073	8,0	1301	2,5
1885	40473	528	1,0	39872	79,8	16	0,03	107	0,2	163	0,3	211	0,4	—	—	—	—	3405	6,7	1259	2,4
1886	51694	1301	2,5	37265	72,0	490	0,9	53	0,1	169	0,3	161	0,3	—	—	—	—	4103	7,9	657	1,2
1887	36479	248	0,6	27417	75,1	499	1,3	82	0,2	160	0,4	92	0,2	—	—	—	—	3179	8,7	482	1,3
1888	35184	1188	3,3	23773	67,5	215	0,6	49	0,1	127	0,3	52	0,1	—	—	—	—	3545	10,1	461	1,2
1889	34843	1081	3,1	22656	65,0	206	0,6	112	0,3	321	0,9	59	0,1	—	—	—	—	3742	10,7	469	1,3
1890	38045	1621	4,2	22819	59,9	211	0,5	70	0,1	1192	3,1	50	0,1	—	—	—	—	4888	12,8	367	0,2
1891	42806	1559	3,6	26141	61,0	209	0,5	75	0,1	284	0,6	77	0,1	—	—	—	—	5021	11,7	1017	2,3
1892	37070	1621	4,3	21956	59,2	517	1,4	103	0,2	92	0,2	94	0,2	—	—	—	—	3759	10,1	701	1,8
1893	40923	1595	3,9	23755	58,0	388	0,9	65	0,1	91	0,2	65	0,1	—	—	—	—	4548	11,1	1540	3,7
1894	34881	1447	4,1	20529	58,8	285	0,8	44	0,1	104	0,3	11	0,03	—	—	—	—	3592	10,3	637	1,8
1895	28240	1163	4,1	16624	58,8	181	0,6	45	0,1	111	0,3	19	0,07	—	—	—	—	2435	8,6	397	1,4
1896	33448	1428	4,2	19234	57,5	172	0,5	28	0,1	107	0,3	101	0,3	—	—	—	—	4122	12,3	499	1,4
1897	45314	1350	2,9	25501	56,2	201	0,4	34	0,1	646	1,4	198	0,4	—	—	—	—	6481	14,3	548	1,2
1898	42102	1053	2,5	22965	55,8	546	0,3	39	0,1	1526	3,7	353	0,8	—	—	—	—	3837	9,3	733	1,7
1899	46429	1078	2,3	27437	59,1	186	0,4	60	0,1	245	0,5	667	1,4	—	—	—	—	5732	12,3	876	1,8
1900	54027	1119	2,0	25529	47,3	357	0,6	41	0,07	279	0,6	431	0,8	—	—	—	—	3744	7,0	766	1,4
1901	43835	1191	2,7	23166	52,8	418	0,9	39	0,09	268	0,6	521	1,2	—	—	—	—	3931	9,1	900	2,0
1902	44821	941	2,1	25019	55,8	532	1,1	49	0,1	337	0,7	604	1,3	—	—	—	—	4810	10,7	979	2,1
1903	58235	766	1,3	35363	61,6	242	0,4	77	0,1	387	0,6	495	0,8	—	—	—	—	4921	7,3	1176	2,0
1904	60926	745	1,2	36584	60,1	561	0,9	56	0,09	2103	3,4	387	0,6	—	—	—	—	5002	8,2	977	1,6
1905	55601	1299	2,0	33376	60,0	356	0,6	38	0,07	2325	4,2	208	0,3	—	—	—	—	5314	9,5	782	1,4
1906	44329	—	—	22206	50,1	383	0,8	21	0,06	504	1,1	104	0,2	—	—	—	—	4563	10,3	937	2,1
1907	70538	186	0,2	25600	36,2	756	1,0	50	0,07	308	0,4	319	0,4	2	—	—	—	10220	14,4	2299	3,2
1908	75635	474	0,6	32152	42,5	1602	2,1	120	0,1	294	0,3	315	0,4	0,8	—	16	0,02	8803	11,6	2272	3,0
1909	73535	870	1,1	17797	24,2	1589	2,1	169	0,2	351	0,4	140	0,1	0,4	—	31	0,04	7585	10,3	2345	3,1
1910	84696	1011	1,1	16148	19,0	900	1,1	208	0,2	483	0,5	387	0,4	26	0,03	—	—	11425	13,4	3645	4,3

In den Jahren	Wert in 1000 Dinar																							
	Deutschland		Norwegen		Portugal		Rumänien		Rußland		Türkei		Frankreich		Holland		Montenegro		Schweiz		Schweden		Spanien	
	Abs.	%	Abs.	%	Abs.	%	Abs.	%	Abs.	%	Abs.	%	Abs.	%	Abs.	%	Abs.	%	Abs.	%	Abs.	%	Abs.	%
1884	7590	14,9	—	—	—	—	895	1,7	383	0,7	903	1,7	341	0,6	—	—	—	—	297	0,5	—	—	—	—
1885	2276	4,5	—	—	—	—	862	2,1	894	1,7	488	0,9	140	0,3	—	—	—	—	199	0,3	—	—	—	—
1886	2043	3,9	—	—	—	—	1096	2,1	742	1,4	726	1,4	2573	4,9	—	—	—	—	316	0,6	—	—	—	—
1887	1296	3,5	—	—	—	—	1178	3,2	830	2,2	578	1,5	93	0,2	—	—	—	—	347	0,9	—	—	—	—
1888	1476	4,2	—	—	—	—	977	2,7	1074	3,0	1685	4,8	143	0,4	—	—	—	—	420	1,2	—	—	—	—
1889	2055	5,9	—	—	—	—	1514	4,4	1057	3,0	854	2,4	180	0,5	—	—	—	—	521	1,4	—	—	—	—
1890	2868	7,5	—	—	—	—	977	2,5	1057	2,7	1057	2,7	157	0,6	—	—	—	—	609	1,6	—	—	—	—
1891	4285	10,0	—	—	—	—	1111	2,5	773	1,8	1199	2,8	257	0,6	—	—	—	—	565	1,3	—	—	—	—
1892	3846	10,3	—	—	—	—	892	2,4	719	1,9	1775	4,7	478	1,2	—	—	—	—	518	1,4	—	—	—	—
1893	4097	10,0	—	—	—	—	619	1,5	735	1,8	2486	6,0	476	1,1	—	—	—	—	453	1,1	—	—	—	—
1894	2814	8,0	—	—	—	—	1183	3,4	658	1,8	2517	7,2	447	1,2	35	0,09	5	0,01	573	1,6	—	—	—	—
1895	1928	6,8	—	—	—	—	1213	4,3	1341	4,7	2086	7,3	362	1,2	19	0,07	14	0,05	300	1,0	—	—	—	—
1896	3550	10,6	—	—	—	—	900	2,6	402	1,2	1609	4,8	606	1,8	61	0,1	46	0,1	572	1,7	—	—	—	—
1897	4808	10,6	—	—	—	—	619	1,3	450	0,9	2947	6,5	784	1,7	63	0,1	58	0,1	625	1,3	—	—	—	—
1898	4282	10,4	—	—	—	—	2357	5,7	291	0,7	1805	4,3	652	1,5	71	0,1	85	0,2	507	1,2	—	—	—	—
1899	4792	10,3	—	—	—	—	1058	2,2	663	1,4	1882	4,0	690	1,4	251	0,2	61	0,1	750	1,6	—	—	—	—
1900	15016	27,7	—	—	—	—	944	1,7	197	0,3	1239	2,2	3553	6,5	404	0,7	27	0,05	351	0,6	—	—	—	—
1901	6831	15,5	—	—	—	—	1199	2,5	680	1,5	2408	5,5	1238	2,8	426	0,9	34	0,08	581	1,3	—	—	—	—
1902	6798	15,1	—	—	—	—	941	2,0	668	1,4	1135	2,5	974	2,1	195	0,4	70	0,1	769	1,7	—	—	—	—
1903	7089	12,2	—	—	—	—	1122	1,9	727	1,2	1860	3,2	2735	4,6	329	0,5	73	0,1	873	1,4	—	—	—	—
1904	8055	13,2	—	—	—	—	1255	2,0	1072	1,7	1965	3,2	975	1,5	221	0,3	60	0,09	908	1,4	—	—	—	—
1905	6263	11,5	—	—	—	—	620	1,1	806	1,4	2603	4,6	819	1,4	103	0,1	35	0,06	653	1,1	—	—	—	—
1906	9733	21,9	—	—	—	—	769	1,7	1218	2,7	1846	4,1	1143	2,5	227	0,5	24	0,05	646	1,4	—	—	5	—
1907	20320	28,7	23	0,03	3	—	1752	2,4	354	0,5	3327	4,7	2429	3,4	1122	1,5	63	0,09	1424	2,0	12	0,02	16	0,02
1908	21361	28,2	3	—	2	—	734	0,9	1011	1,3	3147	4,1	1563	2,0	350	0,4	46	0,06	1337	1,7	22	0,03	11	0,01
1909	28852	39,1	2	—	11	0,01	1620	2,2	1932	2,6	4856	6,6	3536	4,8	351	0,4	44	0,06	1376	1,8	41	0,05	36	0,05
1910	34976	41,3	3	—	11	0,01	1180	1,3	1823	2,1	5935	7,0	3604	4,2	760	0,9	44	0,05	1968	2,3	73	0,09	86	0,10

[1] Prozent des Gesamtimportes.

Tabelle X: **Übersicht des Exports Serbiens nach den Destinationsländern von 1884—1890.**

In den Jahren	Wert in 1000 Dinar																						
	Gesamtexport	Algier		Amerika		Österreich-Ungarn		Belgien		Bosnien		Bulgarien		Griechenland		Dänemark		Ägypten		England		Italien	
		Abs.	%[1]	Abs.	%	Abs.	%	Abs.	%	Abs.	%	Abs.	%	Abs.	%	Abs.	%	Abs.	%	Abs.	%	Abs.	%
1884	39969	—	—	—	—	34458	86,2	—	—	493	1,2	1672	4,1	—	—	—	—	—	—	—	—	—	—
1885	37625	—	—	—	—	31932	84,8	—	—	555	1,4	1036	2,7	—	—	—	—	—	—	194	0,5	—	—
1886	40719	—	—	—	—	35503	87,1	—	—	542	1,3	830	2,5	—	—	—	—	—	—	57	0,1	173	0,4
1887	36130	—	—	—	—	31707	87,7	—	—	428	1,1	906	2,5	—	—	—	—	—	—	—	—	92	0,2
1888	38909	—	—	241	0,6	33475	86,0	—	—	220	0,5	660	1,6	—	—	—	—	—	—	81	0,2	25	0,06
1889	39066	—	—	107	0,2	34377	87,9	—	—	270	0,6	548	1,4	—	—	—	—	—	—	159	0,4	8	0,02
1890	45841	—	—	80	0,1	39397	85,9	—	—	455	0,9	808	1,7	—	—	—	—	—	—	210	0,5	19	0,04
1891	52280	—	—	—	—	45633	87,2	24	0,05	461	0,3	576	1,1	—	—	—	—	—	—	6	—	0,3	—
1892	46452	—	—	—	—	40749	87,7	19	0,04	174	0,3	487	1,0	—	—	—	—	—	—	29	0,06	21	0,05
1893	48910	—	—	—	—	43196	88,3	39	0,08	153	0,3	667	1,3	—	—	—	—	—	—	33	0,07	60	0,1
1894	46023	—	—	—	—	41117	89,3	—	—	241	0,5	649	1,4	—	—	—	—	—	—	—	—	5	0,01
1895	43390	—	—	—	—	38746	89,3	—	—	452	1,04	533	1,2	—	—	—	—	—	—	—	—	—	—
1896	53386	—	—	—	—	47035	88,1	—	—	107	0,2	608	1,1	—	—	—	—	—	—	—	—	—	—
1897	55940	—	—	—	—	49146	87,8	—	—	137	0,2	976	1,7	—	—	—	—	—	—	—	—	—	—
1898	56991	—	—	—	—	50982	89,4	—	—	167	0,2	956	1,6	46	0,08	—	—	—	—	—	—	3	0,01
1899	65744	—	—	—	—	54749	83,2	30	0,04	116	0,1	1046	1,5	—	—	—	—	—	—	—	—	13	0,02
1900	66522	—	—	—	—	56585	85,0	69	0,1	123	0,2	629	0,9	—	—	—	—	—	—	—	—	—	—
1901	65686	—	—	—	—	55613	84,6	309	0,4	210	0,3	605	0,9	78	0,12	—	—	—	—	580	0,8	40	0,06
1902	72124	—	—	—	—	57541	79,7	2785	3,8	202	0,2	725	1,0	—	—	—	—	—	—	1111	1,5	114	0,1
1903	59967	—	—	—	—	51325	85,5	353	0,5	159	0,2	780	1,2	0,2	—	—	—	—	—	261	0,4	283	0,4
1904	62156	—	—	1	—	55351	89,0	230	0,3	191	0,3	1013	1,6	6	—	—	—	—	—	3	—	138	0,2
1905	71996	—	—	—	—	64712	89,8	323	0,4	158	0,2	1221	1,7	—	—	—	—	—	—	—	—	65	0,09
1906	71604	13	0,02	—	—	30032	41,9	6260	8,7	61	0,09	3695	5,1	421	0,6	—	—	—	—	66	0,1	572	0,7
1907	81491	—	—	3	—	12032	15,8	13011	15,9	103	0,1	1995	2,4	60	0,07	8	0,01	1037	1,2	2337	2,8	4899	6,0
1908	77749	—	—	1986	2,6	21501	27,6	16134	20,7	65	0,09	1860	2,3	224	0,3	—	—	761	0,9	499	0,7	3490	4,4
1909	92982	—	—	3005	3,2	29097	31,3	9900	10,6	89	0,09	3633	3,9	191	0,2	—	—	1211	1,2	142	1,3	3047	3,2
1910	98388	—	—	3867	3,9	17822	18,1	16137	16,4	120	0,1	4132	4,2	—	—	—	—	—	—	1672	1,7	1070	1,0

In den Jahren	Wert in 1000 Dinar																					
	Deutschland		Norwegen		Rumänien		Rußland		Türkei		Frankreich		Holland		Montenegro		Schweiz		Schweden		Spanien	
	Abs.	%	Abs.	%	Abs.	%	Abs.	%	Abs.	%	Abs.	%	Abs.	%	Abs.	%	Abs.	%	Abs.	%	Abs.	%
1884	137	0,3	—	—	411	1,03	—	—	2597	6,5	201	0,5	—	—	—	—	—	—	—	—	—	—
1885	55	0,1	—	—	281	0,7	—	—	3100	8,2	327	0,8	—	—	—	—	145	0,3	—	—	—	—
1886	36	0,09	—	—	89	0,2	—	—	2619	6,4	870	2,1	—	—	—	—	—	—	—	—	—	—
1887	533	1,4	—	—	20	0,06	—	—	1813	5,0	525	1,4	—	—	—	—	106	0,3	—	—	—	—
1888	1141	2,9	—	—	156	0,4	—	—	1332	3,4	1535	3,9	—	—	—	—	42	0,1	—	—	—	—
1889	782	2,0	—	—	278	0,7	—	—	1547	3,9	738	1,8	—	—	—	—	352	0,6	—	—	—	—
1890	811	1,7	—	—	277	0,6	—	—	3338	7,2	353	0,7	—	—	—	—	92	0,2	—	—	—	—
1891	1002	1,9	—	—	834	1,5	2	—	1521	6,7	467	0,8	—	—	—	—	56	0,1	—	—	—	—
1892	1184	2,5	—	—	545	1,1	—	—	1962	6,3	282	0,6	—	—	—	—	—	—	—	—	—	—
1893	1656	3,4	—	—	826	1,6	—	—	2099	4,2	187	0,3	—	—	—	—	—	—	—	—	—	—
1894	1982	4,3	—	—	252	0,5	—	—	1543	3,3	235	0,5	—	—	—	—	—	—	—	—	—	—
1895	1617	3,7	—	—	185	0,4	—	—	1421	3,2	428	0,9	—	—	—	—	10	0,02	—	—	—	—
1896	2508	4,7	—	—	675	1,2	—	—	1989	3,7	437	0,8	—	—	3	0,01	22	0,04	—	—	—	—
1897	3738	6,6	—	—	116	0,2	—	—	1488	2,6	313	0,5	—	—	10	0,02	17	0,03	—	—	—	—
1898	2243	3,9	—	—	201	0,3	—	—	1969	3,4	378	0,6	—	—	32	0,06	14	0,02	—	—	—	—
1899	5922	9,0	—	—	1312	2,0	8	0,01	2156	3,2	182	0,2	22	0,03	64	0,1	124	0,1	—	—	—	—
1900	3913	5,8	—	—	3063	4,6	81	0,1	1456	2,1	369	0,5	19	0,02	—	—	115	0,2	—	—	—	—
1901	4125	6,2	—	—	539	0,8	893	1,2	1737	2,6	721	1,1	—	—	19	0,03	216	0,3	—	—	—	—
1902	5503	7,6	—	—	1499	2,0	104	0,1	1482	2,0	675	0,9	43	0,06	8	0,01	329	0,4	—	—	—	—
1903	3053	5,0	—	—	1334	2,3	4	—	2199	3,5	135	0,2	98	0,1	2	—	62	0,1	—	—	—	—
1904	2607	4,2	—	—	843	1,3	45	0,07	1707	2,7	22	0,03	—	—	—	—	—	—	—	—	—	—
1905	2117	2,9	—	—	1097	1,5	15	0,02	2246	3,1	37	0,07	—	—	3	—	2	—	—	—	—	—
1906	19054	26,6	46	—	2354	3,2	152	0,2	5411	7,5	3353	4,6	87	0,1	8	0,1	18	0,03	—	—	—	—
1907	32926	40,4	255	—	1187	1,4	3134	3,8	4379	5,3	2704	3,3	—	—	1	—	316	0,3	204	—	—	—
1908	14018	18,0	—	—	3004	3,8	23	0,03	10968	14,0	3043	3,9	—	—	9	—	91	0,1	—	—	72	—
1909	15595	16,7	—	—	2282	2,4	20	0,02	21974	23,6	2429	2,6	201	0,2	10	0,01	156	0,1	—	—	—	—
1910	21915	22,2	16	—	6571	6,6	14	0,01	23471	23,8	1191	1,2	302	0,3	30	0,04	58	0,07	—	—	—	—

[1] Prozent des Gesamtexports.

Tabelle XV.

Die wichtigsten serbischen Importwaren in den Jahren 1906—1910.

Importwaren	Wert in 1000 Dinar in den Jahren				
	1906	1907	1908	1909	1910
Baumwolle und Baumwollengarne	3953	6012	6573	5224	7328
Baumwollene Gewebe	3586	7287	7250	5716	7463
Wolle	732	660	1111	1482	976
Wollengarne	984	1015	900	759	1180
Wollene Gewebe	1834	3733	2291	3175	3976
Seide	404	1106	1088	1162	1425
Hanf- und Flachswaren (Gewebe)	446	794	1899	1373	1828
Konfektions- und Manufakturwaren	1078	1644	1756	2573	1904
Schuhe und Opanken	70	110	150	114	170
Gegerbte Felle, Leder und Lederwaren	2100	2760	2440	2712	2788
Rohe Felle und Häute	3100	4602	2078	2117	2678
Papier und dessen Waren	1462	2174	2190	1979	2890
Hemikalien, Arzneien und Farbe[1]	1592	2285	2448	2527	3014
Fette Produkte	275	620	580	970	675
Brennholz, halbe und fertige Holzfabrikate	1500	1400	4760	2525	1400
Edle Metalle	107	263	300	317	845
Eisen, Stahl und dessen Waren	5351	8688	11849	11695	10020
Andere Metalle und deren Ware	1100	1600	1800	1700	2700
Maschinen	5240	1860	4870	3220	4700
Elektrotechnische Apparate	438	615	424	1163	643
Steinkohle, Briketts und Koks	380	637	1310	1880	2310
Stein-, Erde-, Ton-, Fossillenprodukte und Zement	510	836	1150	1030	960
Glas und Glaswaren	555	899	1177	874	793
Kurzwaren aus Eisen, Knochen, Horn und Holz	1120	1696	1810	1885	2415
Kaffee	725	907	872	983	1036
Zucker	1785	1640	990	950	27
Salz	704	1712	700	1120	1990
Speiseöl	579	718	398	166	246
Öle anderer Art wie Mineral-, Hanf- und Rizinusöle für technische und medizinische Zwecke	520	1180	1170	1580	2080
Petroleum	591	800	355	773	706
Tabak	267	914	1117	1514	996
Reis	544	674	710	840	872
Südfrüchte	209	241	207	232	337
Eßwaren von Mehl, Fleisch und Fisch	810	570	850	770	1140
Mühlenprodukte	109	110	90	39	26
Gartengewächse und Gemüse	204	258	409	506	270
Obst—Trauben	710	1453	400	1180	2440
Wein	70	30	115	90	392
Pferde	101	110	440	766	124

Tabelle XVI.

Die wichtigsten serbischen Exportwaren in den Jahren von 1906—1910.

	Exportwaren	Wert in 1000 Dinar in den Jahren				
		1906	1907	1908	1909	1910
Cerealien	Weizen	11353	10303	16767	29180	12481
	Gerste	3848	4040	4234	7501	3298
	Hafer	1645	1112	189	926	1033
	Roggen	1066	497	751	991	681
	Mais	4254	11820	5818	12647	21405
	Hülsenfrüchte und Gartengewächse	375	159	132	695	1625
	Pflanzen für Viehnahrung, industrielle und medizinische Zwecke	200	90	260	290	315
	Tabak in Blättern	274	719	184	127	315
Obst	Frisches Obst	1100	2412	1475	2125	2530
	Gedörrte Pflaumen	12067	15743	10350	2168	10488
	Pflaumenmus	3175	4257	3251	400	2843
Tiere	Schweine: magere	57	73	21	296	72
	Schweine: halbgemästete	—	—	—	257	542
	Schweine: gemästete	7869	1530	766	571	504
	Rinder und Büffel	1762	2033	2960	6399	7509
	Pferde, Maultiere und Esel	280	280	385	237	475
	Schafe und Ziegen	810	593	880	1017	835
	Geflügel	1218	141	570	425	80
Tierische Produkte	Frisches und gesalzenes Fleisch aller Art	1885	3875	6820	3350	2680
	Speck	0,4	365	814	560	721
	Konserven, eingemachtes Fleisch, Salami u. a.	0,5	145	480	566	696
	Fette	819	2000	1100	1980	2650
	Häute und Felle	4740	3055	4098	2730	3560
	Honig, Eier, Geflügelfedern, Seidenkokons und Wachs	1862	3649	1581	2084	3266
	Käse, Sahne und Butter	227	500	895	490	845
	Wolle, Haare und deren Produkte	112	55	43	90	100
Andere Produkte	Mühlenprodukte: Mehl und Kleie, Gries	1870	1965	1950	2068	3284
	Hanf und Seilerwaren	732	2534	1778	1421	1638
	Brennholz und einfache Holzverarbeitungen	1470	1561	2949	1604	1249
	Stein-, Braunkohle und Briketts	850	633	520	500	300
	Metalle	71	2636	3645	5236	8022
	Erze aller Art	2534	1691	766	2077	772
	Wein, Branntwein und Bier	180	220	315	220	84

Tabelle XVII.

Gattung der Tiere	Stück der exportierten Tiere in den Jahren				
	1906	1907	1908	1909	1910
Rinder	10928	13248	20690	35309	36546
Schweine	67509	14825	11216	20362	13454
Pferde	3138	3071	4059	2649	4554
Schafe und Ziegen	66194	65850	90844	109844	91458

Graphische Darstellung der Bilanzen des serbischen auswärtigen Specialhandels in den Jahren von 1879–1910.

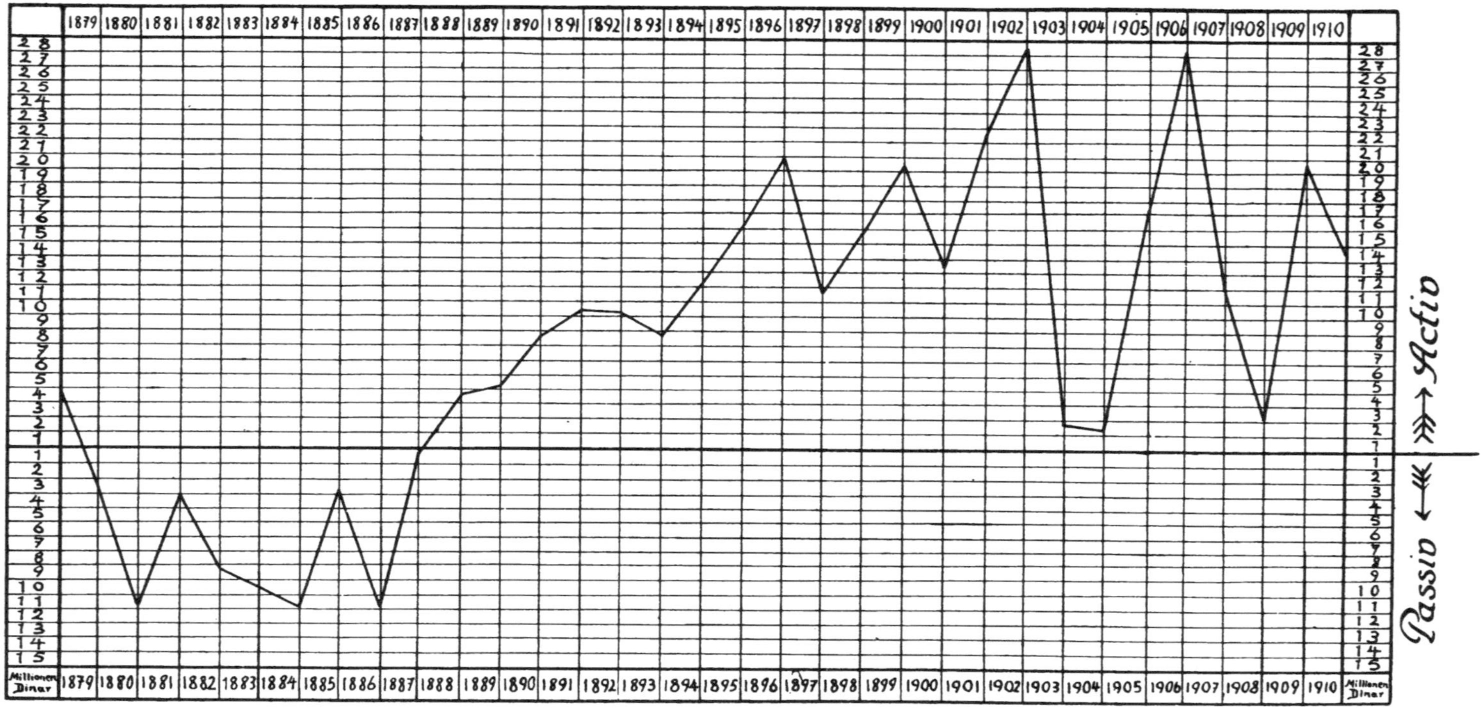

Graphische Darstellung des Außenhandels Serbiens.
Specialhandel von 1879–1910.

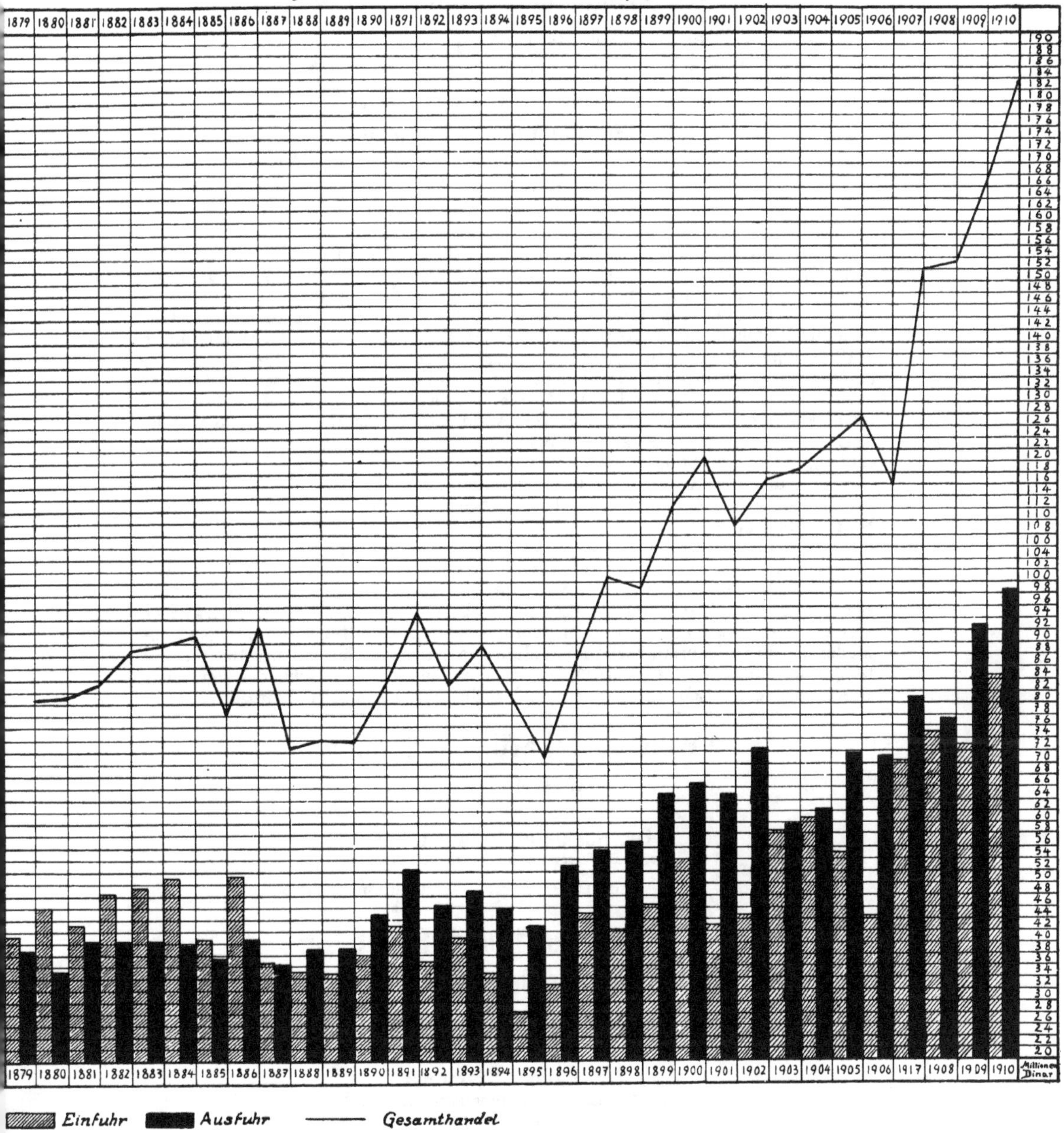

Metzger & Wittig, Leipzig.

www.ingramcontent.com/pod-product-compliance
Lightning Source LLC
LaVergne TN
LVHW060621300926
849162LV00008B/1676
9783112675717